Völkerrechtliche Probleme beim Einsatz autonomer Waffensysteme

Menschenrechtszentrum der Universität Potsdam
Human Rights Centre of the University of Potsdam

begründet von/founded by

Eckart Klein

Hrsg./eds.:

Logi Gunnarsson
Andreas Zimmermann

Band 41

ISBN 978-3-8305-3684-0

Rieke Arendt

Völkerrechtliche Probleme beim Einsatz autonomer Waffensysteme

BWV • BERLINER WISSENSCHAFTS-VERLAG

Bibliografische Information der Deutschen Nationalbibliothek

Die Deutsche Nationalbibliothek verzeichnet diese Publikation in der Deutschen Nationalbibliografie; detaillierte bibliografische Daten sind im Internet über http://dnb.d-nb.de abrufbar.

ISBN Print 978-3-8305-3684-0
ISBN E-Book 978-3-8305-2173-0

ISSN Print 2367-2641
ISSN Online 2367-2676

Vorwort

Diese Arbeit wurde im Juli 2015 von der Juristischen Fakultät der Universität Potsdam als Dissertation angenommen.

An erster Stelle möchte ich meinem Doktorvater Prof. Dr. Andreas Zimmermann, LL.M. (Harvard) für die tatkräftige Unterstützung bei der Themensuche und die anschließende Betreuung dieser Arbeit danken. Ihm und Prof. Dr. Logi Gunnarsson danke ich ebenfalls für die Aufnahme in diese Schriftenreihe. Prof. Dr. Norman Weiß gilt mein Dank für die zügige Erstellung des Zweitgutachtens.

Meiner gesamten Familie möchte ich dafür danken, mich stets in allem unterstützt zu haben. Insbesondere danke ich Mario Arendt für die wöchentliche Frage nach dem Fortschritt dieser Arbeit.

Für die anregenden Diskussionen, Denkanstöße und konstruktive Kritik im Rahmen unserer Doktorandengruppe und außerhalb danke ich Manuela Ludewig, Berit-Kristina Morris-Take, Olaf Seiring, Gabriella Piras, Raphael Callsen und Elisabeth Henn. Ein ganz besonderer Dank gilt Ulrike Auffarth-Krapoth für das Korrekturlesen dieser Arbeit.

Der FAZIT-Stiftung danke ich für die großzügige finanzielle Förderung dieser Arbeit.

Mein besonderer Dank gilt Darren O'Byrne dafür, mich immer wieder motiviert zu haben.

Berlin, September 2016

Inhaltsverzeichnis

Kapitel 2
Die Vereinbarkeit autonomer Waffensysteme mit den Vorschriften des internationalen bewaffneten Konflikts 43

Kapitel 3

Abkürzungsverzeichnis

A. A.	andere Ansicht
Abs.	Absatz
AC	Appeals Chamber
Art.	Artikel
BGBl.	Bundesgesetzblatt
Beschl.	Beschluss
CCW	Convention on Certain Conventional Weapons (Übereinkommen über das Verbot oder die Beschränkung des Einsatzes bestimmter konventioneller Waffen, die übermäßig Leiden verursachen oder unterschiedslos wirken können vom 10. Oktober 1980)
ENMOD	Environment Modification Convention (Übereinkommen über das Verbot der militärischen oder einer sonstigen feindseligen Nutzung umweltverändernder Techniken vom 18. Mai 1977)
Entsch.	Entscheidung
Fn.	Fußnote
GA I	I. Genfer Abkommen vom 12. August 1949 zur Verbesserung des Loses der Verwundeten und Kranken der Streitkräfte im Felde
GA II	II. Genfer Abkommen vom 12. August 1949 zur Verbesserung des Loses der Verwundeten, Kranken und Schiffbrüchigen der Streitkräfte zur See
GA III	III. Genfer Abkommen vom 12. August 1949 über die Behandlung der Kriegsgefangenen
GA IV	IV. Genfer Abkommen vom 12. August 1949 zum Schutze von Zivilpersonen in Kriegszeiten
HLKO	Haager Landkriegsordnung
h. M.	Herrschende Meinung
Hrsg.	Herausgeber
IGH	Internationaler Gerichtshof
IKRK	Internationales Komitee des Roten Kreuzes
ILC	International Law Commission

IStGH	Internationaler Strafgerichtshof
IStGH-Statut	Römisches Statut des Internationalen Strafgerichtshofs
i. V. m.	in Verbindung mit
JStGH	Internationaler Strafgerichtshof für das ehemalige Jugoslawien
JStGH-Statut	Statut des Internationalen Strafgerichtshofs für das ehemalige Jugoslawien
lit.	littera
mwN	mit weiteren Nachweisen
NGO	Nongovernmental Organization
OTP-Report	Office of the Prosecutor Report (Final Report to the Prosecutor by the Committee Established to Review the NATO Bombing Campaign Against the Federal Republic of Yugoslavia vom 8. Juni 2002)
ParlBG	Parlamentsbeteiligungsgesetz
PTC	Pre Trial Chamber
RFID	Radio Frequency Identification
RGBl.	Reichsgesetzblatt
Rn.	Randnummer
Rspr.	Rechtsprechung
RStGH	Internationaler Strafgerichtshof für Ruanda
RStGH-Statut	Statut des Internationalen Strafgerichtshofs für Ruanda
S.	Satz
SGSL	Sondergerichtshof für Sierra Leone
SGSL-Statut	Statut des Sondergerichtshofs für Sierra Leone
SRÜ	Seerechtsübereinkommen der Vereinten Nationen vom 10. Dezember 1982
TC	Trial Chamber
Urt.	Urteil
UAS	Unmanned Aerial System
UGS	Unmanned Ground System
U.K.	United Kingdom
U.S.	United States
USS	Unmanned Surface System

UUS	Unmanned Underwater System
v.	vom
VN	Vereinte Nationen
WVK	Wiener Vertragsrechtskonvention (Wiener Übereinkommen über das Recht der Verträge vom 23. Mai 1969)
ZaöRV	Zeitschrift für ausländisches öffentliches Recht und Völkerrecht
ZP I	Zusatzprotokoll zu den Genfer Abkommen vom 12. August 1949 über den Schutz der Opfer internationaler bewaffneter Konflikte (Protokoll I) vom 8. Juni 1977
ZP II	Zusatzprotokoll zu den Genfer Abkommen vom 12. August 1949 über den Schutz der Opfer nicht internationaler bewaffneter Konflikte (Protokoll II) vom 8. Juni 1977
ZStW	Zeitschrift für die gesamte Strafrechtswissenschaft

Kapitel 1

Einleitung

Es ist ein häufig zu beobachtendes Phänomen, dass die politischen und militärischen Realitäten den Entwicklungen des humanitären Völkerrechts vorauseilen. So dauerte es immerhin zehn Jahre, bis die betroffenen Nationen nach den Giftgaseinsätzen im ersten Weltkrieg über ein Einsatzverbot dieser Waffen verhandelten. Schließlich wurde im Jahr 1925 mit dem Genfer Protokoll der Gebrauch chemischer und biologischer Waffen im Krieg verboten.[1] Allerdings sollte es noch bis zum Jahr 1972 beziehungsweise 1993 dauern, bis mit der Bio- beziehungsweise Chemiewaffenkonvention umfassende Abkommen geschlossen wurden, die auch die Entwicklung, Herstellung und Lagerung solcher Waffen unter Strafe stellten.[2] Dieses Beispiel verdeutlicht, dass das humanitäre Völkerrecht deutliche Schwierigkeiten hat, den realen technischen Entwicklungen zu folgen.[3]

Auch in der heutigen Welt sind Entwicklungen zu beobachten, bei denen fraglich ist, ob das humanitäre Völkerrecht in seiner jetzigen Form diese adäquat erfassen kann. Hierzu gehört die Entwicklung von autonomen Waffensystemen. Ein autonomes Waffensystem ist – einmal in Gang gesetzt – dazu in der Lage, selbstständig eine Zielauswahl zu treffen und ohne Rückkopplung zu einem menschlichen Entscheidungsträger tödliche Gewalt gegen Menschen einzusetzen.[4] Zwar konnte bis zum heutigen Tag noch kein voll-

1 Genfer Protokoll über das Verbot der Verwendung von erstickenden, giftigen oder ähnlichen Gasen sowie von bakteriologischen Mitteln im Kriege vom 17. Juni 1925.

2 Übereinkommen über das Verbot der Entwicklung, Herstellung und Lagerung bakteriologischer (biologischer) Waffen und von Toxinwaffen sowie über die Vernichtung solcher Waffen vom 10. April 1972 und Übereinkommen über das Verbot der Entwicklung, Herstellung, Lagerung und des Einsatzes chemischer Waffen und über die Vernichtung solcher Waffen vom 13. Januar 1993.

3 *Daillier/Forteau/Pellet,* Droit international public, 8. Auflage 2009, Rn. 576; *Boothby,* Conflict law, 2014, S. 5.

4 *Schmitt,* Autonomous Weapon Systems and International Humanitarian Law: A Reply to the Critics, Harvard National Security Journal – Online Feature (Februar 2013), S. unter http://harvardnsj.org/2013/02/autonomous-weapon-sy

ständig autonomes, im bewaffneten Konflikt einsetzbares Waffensystem entwickelt werden, viele Staaten arbeiten jedoch verstärkt an der Entwicklung solcher Systeme.[5] Prognosen zufolge soll das erste autonome Waffensystem bereits im Jahr 2025 einsatzbereit sein.[6] Sollte es zu einer erfolgreichen Entwicklung autonomer Waffensysteme kommen, wird wohl auch ihr Einsatz im bewaffneten Konflikt nicht lange auf sich warten lassen. In der Literatur wurde eine breite Debatte zu diesem Thema angestoßen, zwei Sonderberichterstatter der Vereinten Nationen,[7] die Menschenrechtsorganisation Human Rights Watch[8] und das Internationale Komitee des Roten Kreuzes[9] beschäftigen sich intensiv mit diesem Thema. Eine eigens gegründete Initiative hat sich ein präventives Entwicklungsverbot für autonome Waffensysteme zum Ziel gesetzt.[10] In der bestehenden Debatte verschwimmen jedoch bereits die Begrifflichkeiten – so wird bereits von vielen Akteuren nicht

stems-and-international-humanitarian-law-a-reply-to-the-critics/, zuletzt abgerufen am 30. März 2015 (S. 4).

5 Zum Beispiel die USA, China, Russland, Iran und das Vereinigte Königreich, vergleiche *Sharkey,* The evitability of autonomous robot warfare, International Review of the Red Cross 94 (2012), S. 787 (788); *Liu,* Categorization and Legality of Autonomous and Remote Weapons Systems, International Review of the Red Cross 94 (2012), S. 627 (634).

6 Studie des U.S. Joint Forces Command, “Unmanned Effects: Taking the Human Out of the Loop”, nicht länger öffentlich zugänglich, jedoch zitiert von: *Krishnan,* Automating War: The Need for Regulation, Contemporary Security Policy 30 (2009), S. 172 (173).

7 *Heyns,* Report of the Special Rapporteur on extrajudicial, summary or arbitrary executions, 9. April 2013, insbes. S. 6; *Alston,* Lethal Robotic Technologies: The Implications for Human Rights and International Humanitarian Law, Journal of Law, Information and Science 21 (2011/2012), S. 35, der zu dem Zeitpunkt seines Artikels nicht mehr UN-Sonderberichterstatter war, sich aber auf die im Amt geleistete Untersuchung gestützt hat.

8 *Human Rights Watch,* Losing humanity, 2012.

9 So wurde im Juni 2014 ein Expertentreffen zu autonomen Waffensystemen in Genf abgehalten, ein weiteres folgte im November 2014. Der Bericht über das Expertentreffen vom Juni 2014 ist zugänglich unter https://www.icrc.org/eng/assets/files/2014/expert-meeting-autonomous-weapons-icrc-report-2014-05-09.pdf, zuletzt abgerufen am 30. März 2015.

10 Die im Oktober 2012 gegründete *Campaign to Stop Killer Robots* ist ein Zusammenschluss verschiedener NGOs, welche sich für ein weltweites Entwicklungsverbot stark macht, http://www.stopkillerrobots.org/, zuletzt abgerufen am 30. März 2015. Teil der Initiative ist auch das im Jahr 2009 gegründete *International Comittee for Robotic Arms Control,* http://icrac.net/, zuletzt abgerufen am 30. März 2015.

zwischen autonomen und automatischen Systemen unterschieden.[11] Häufig werden auch Aspekte der Kampfführung mit ferngesteuerten Drohnen mitdiskutiert. Diese Arbeit hat sich daher eine Systematisierung der Begrifflichkeiten, sowie eine umfassende völkerrechtliche Analyse der Entwicklung und des Einsatzes autonomer Waffensysteme zum Ziel gesetzt. Hierbei wird die Prognose zu Grunde gelegt, dass es in Zukunft auch tatsächlich gelingen wird, autonom arbeitende Waffensysteme zu entwickeln.

§1 Grundlegung

In einem ersten Teil wird zunächst der Hintergrund der Entwicklung unbemannter und autonomer Systeme skizziert (§ 1), bevor die für die Untersuchung relevanten Begriffe definiert werden (§ 2). Anschließend wird auf die Problematik autonomer Systeme eingegangen (§ 3).

§2 Der Trend zu einer Kriegsführung ohne den Menschen

In unserer hochtechnisierten Welt wird auch der Krieg immer technisierter. Waren Ideen eines Kampfroboters im Sinne eines Terminators[12] bis vor kurzem noch den Filmszenarien von Hollywoodregisseuren vorbehalten, so könnten diese nach dem Willen der Staaten demnächst Wirklichkeit werden. Im Militärhaushalt der USA wurden allein im Jahr 2013 4,1 Milliarden Dollar für die Entwicklung von unbemannten und autonomen Waffensystemen veranschlagt.[13] Zwar versichern die USA und Großbritannien momentan, nur Systeme einzusetzen, welche sich unter der vollständigen Kontrolle

11 Ebenfalls kritisch *Boothby,* Conflict law, 2014, S. 106.

12 „Terminator“ – ein Film von James Cameron aus dem Jahr 1984.

13 *U.S. Department of Defense,* Unmanned Systems Integrated Roadmap 2013–2039, S. 3.

eines Menschen befinden,[14] eine Garantie hierfür gibt es jedoch nicht.[15] Der Trend zur Entfernung des Menschen vom Schlachtfeld selbst und auch von den Kontrollstellen über das dortige Geschehen ist damit klar erkennbar.

A. Historische Entwicklung

Der wohl erste Versuch mit unbemannten Waffensystemen im heutigen Sinn wurde bereits im Jahr 1898 gemacht. Der serbische Erfinder Nikola Tesla baute ein elektrisches Boot und führte es Vertretern des amerikanischen Militärs vor. Das Boot wurde per Fernsteuerung betrieben und sollte nach Teslas Vorstellung später mit Waffen bestückt werden. Er hatte damit allerdings keinen Erfolg, das amerikanische Militär war nicht an einem Erwerb interessiert.[16] Im ersten Weltkrieg arbeiteten die USA zusammen mit der Sperry Gyroscope Company dann an unbemannten Fluggeräten, dies waren jedoch noch relativ einfache Fluggeräte ohne Piloten.[17] Die deutsche Marine experimentierte – ebenfalls nicht erfolgreich – mit ferngesteuerten Torpedos.[18] Im Zuge der Technologieverbesserung und neuer Erfindungen wie zum Beispiel Funk wurden dann kurz vor Ausbruch und während des zweiten Weltkrieges verbesserte Versionen unbemannter Waffen geschaffen. Zum ersten Mal war nun auch eine funktionierende Fernsteuerung von Torpedos und Flugzeugen aus einer mittleren Entfernung möglich.[19] Mit den technischen und elektronischen Neuerungen der Nachkriegsjahre, so wie zum Beispiel Radar, ergaben sich dann auch neue Möglichkeiten zur Entwicklung unbemannter – und automatisierter – Systeme. Zu keiner Zeit schritt die Entwicklung jedoch so rasant fort wie im neuen Jahrtausend. Im

14 *U.S. Department of Defense,* Directive Number 3000.09 Autonomy in Weapon Systems, 21. November 2012; *U.K. Ministry of Defence,* The UK Approach to Unmanned Aircraft Systems, 30. März 2011.

15 Ebenfalls kritisch *Heyns,* Report of the Special Rapporteur on extrajudicial, summary or arbitrary executions, 9. April 2013, Rn. 29.

16 *Krishnan,* Killer Robots – Legality and Ethicality of autonomous weapons, 2009, S. 15.

17 *Adams,* Future Warfare and the Decline of Human Decisionmaking, Parameters (2001/2002), S. 57.

18 *Krishnan,* Killer Robots – Legality and Ethicality of autonomous weapons, 2009, S. 15.

19 Für eine umfassende Darstellung der historischen Entwicklung von unbemannten Waffen, vergleiche *Krishnan,* Killer Robots – Legality and Ethicality of autonomous weapons, 2009, S. 13–32.

Jahr 2000 legte der US-Kongress in einem Beschluss fest, dass bis zum Jahr 2010 ein Drittel aller von den USA für Angriffe eingesetzter Flugsysteme unbemannt sein sollen.[20] Bis zum Jahr 2015 soll zusätzlich ein Drittel aller im Rahmen des Future Combat System eingesetzten Bodensysteme unbemannt sein.[21] So ist insgesamt die Anzahl der von den USA eingesetzten unbemannten Systeme von 50 im Jahr 2000 auf über 6000 im Jahr 2008 angestiegen.[22] Auch in Deutschland werden bereits unbemannte Systeme eingesetzt – weitere sollen angeschafft werden, wie nicht zuletzt die Affäre um das EuroHAWK-Debakel zeigte.[23]

B. Militärisches Interesse

Woher rührt das verstärkte Interesse der Staaten an einer Entwicklung unbemannter autonomer Systeme? Zum einen wird hierfür das Kosteninteresse angeführt. So seien unbemannte Systeme kostengünstiger als menschliche Soldaten. Relativ hohen Entwicklungskosten stehen vergleichsweise niedrige Herstellungs-, Instandhaltungs- und Einsatzkosten entgegen.[24] Bei autonomen Systemen verringerten sich die Personalkosten noch weiter, da

20 Abschnitt 220 des Floyd D. Spence National Defense Authorization Act for Fiscal Year (FY) 2001, Public Law 106–398.

21 Abschnitt 220 des Floyd D. Spence National Defense Authorization Act for Fiscal Year (FY) 2001, Public Law 106–398.

22 *Petermann/Grünwald,* Stand und Perspektiven der militärischen Nutzung unbemannter Systeme, Mai 2011, S. 19; mit geringfügig anderen Zahlen: *Krishnan,* Automating War: The Need for Regulation, Contemporary Security Policy 30 (2009), S. 172 (173).

23 *Petermann/Grünwald,* Stand und Perspektiven der militärischen Nutzung unbemannter Systeme, Mai 2011; *Bundesregierung,* Antwort der Bundesregierung auf die Kleine Anfrage der Abgeordneten Alexander Bonde, Winfried Nachtwei, Omid Nouripour, weiterer Abgeordneter und der Fraktion BÜNDNIS 90/DIE GRÜNEN, 26.03.2009.

24 *Adams,* Future Warfare and the Decline of Human Decisionmaking, Parameters (2001/2002), S. 57 (62); *Krishnan,* Killer Robots – Legality and Ethicality of autonomous weapons, 2009, S. 2. Laut einer Studie des Pentagons kostet ein US-Soldat im Durchschnitt 4 Millionen Dollar im Laufe seines Lebens, Roboter würden ein Zehntel oder weniger davon kosten, *Weiner,* New Model Army Soldier Rolls Closer to Battle, New York Times (16. Februar 2005. Eine Studie der Bundeswehr ist konservativer in ihren Schätzungen und geht davon aus, dass ein unbemanntes System ca. 30% von dem eines bemannten Systems kosten würde, zitiert in: *Petermann/Grünwald,* Stand und Perspektiven der militärischen Nutzung unbemannter Systeme, Mai 2011, S. 152.

nun auch kein Personal für die Bedienung und Überwachung des Systems abgestellt werden müsse. Zum anderen seien unbemannte und autonome Systeme politisch vorteilhafter als menschliche Soldaten.[25] So falle es den Regierungen regelmäßig leichter, Zustimmung für einen Einsatz der Truppen im Ausland zu erhalten, wenn hierbei keine eigenen Soldaten auf dem Schlachtfeld stürben.[26] Auch die physischen, emotionalen und finanziellen Belastungen, welche mit verwundeten Soldaten einhergingen, fielen hierdurch weg.[27] Zusätzlich hierzu wird angeführt, dass unbemannte und autonome Systeme auf dem Schlachtfeld mehr leisten können, als menschliche Soldaten. So können sie Informationen aus verschiedenen Quellen effizienter verarbeiten als menschliche Soldaten, haben eine größere Reichweite, seien schneller, präziser und leistungsfähiger[28] und resistent gegen biologische und chemische Waffen. Zudem haben sie keine Gefühle, welche ihre Handlungen oder Situationseinschätzungen beeinflussen könnten. Das Interesse an ihrer Konservierung sei verhältnismäßig gering, so dass sie auch für Selbstmordeinsätze einsetzbar seien[29] oder bei drohender Feindübernahme durch einen Selbstzerstörungsmechanismus zerstört werden können. Automatisierte Waffensysteme eignen sich damit besonders für unbeliebte Arbeiten – die *dull, dirty, dangerous tasks*.[30]

25 *Krishnan,* Automating War: The Need for Regulation, Contemporary Security Policy 30 (2009), S. 172 (175).

26 *Sharkey,* Automated killers and the computing profession, Computer Journal (2007), S. 122 (122).

27 *Canning,* „Weaponized Unmanned Systems: A Transformational Warfighting Opportunity, Government Roles in Making it Happen"; *Krishnan,* Automating War: The Need for Regulation, Contemporary Security Policy 30 (2009), S. 172 (176).

28 *Marchant/Allenby, et al.,* International governance of autonomous military robots, The Columbia Science and Technology Law Review 12 (2011), S. 272 (275).

29 *Arkin,* Ethical robots in warfare, IEEE Technology and Society Magazine 28 (2009), S. 30.

30 *Altmann,* Preventive Arms Control for Uninhabited Military Vehicles in: Capurro/Nagenborg (Hrsg.), Ethics and Robotics, 2009, S. 69 (70). Zusammenfassend das Zitat eines Mitarbeiters des Pentagons: „They don't get hungry. They're not afraid. They don't forget their orders. They don't care if the guy next to them has just been shot. Will they do a better job than humans? Yes.", zitiert in: *Singer,* Robots at war: the new battlefield, Wilson Quarterly 33 (2009), S. 30 (36); *Weiner,* New Model Army Soldier Rolls Closer to Battle, New York Times (16. Februar 2005).

§3 Eingrenzung des Untersuchungsgegenstandes und Begriffsbestimmung

Für eine umfassende Analyse der Entwicklung und des Einsatzes autonomer Waffensysteme muss zunächst einmal der Untersuchungsgegenstand eingegrenzt und definiert werden.

A. Grunddefinition: Unbemannte Systeme

Eine gängige Definition im deutschen Sprachraum ist zur Zeit jene des Berichts des Büros für Technikfolgen-Abschätzung beim Deutschen Bundestag. Hiernach sind unbemannte Systeme „zumeist wiederverwendbare angetriebene Geräte, die keinen Bediener tragen und autonom oder ferngesteuert Missionen durchführen. [...].“[31] Hierbei ist der Unterschied zwischen unbemannten Systemen und unbemannten Fahrzeugen zu beachten. Während ein unbemanntes Fahrzeug nur das Fahrzeug im engeren Sinne bezeichnet, meint der Begriff System das Fahrzeug inklusive der weiteren, für eine Betreibung notwendigen Technologie, wie zum Beispiel Start- oder Absetzvorrichtungen, Kommunikationsverbindungen, Lande- oder Aufnahmesysteme.[32] Hierzu zählt dann auch das auf dem Fahrzeug montierte Gerät, welches je nach dem Zweck des Systems variiert. Dies kann zum einen bei für den Kampfeinsatz bestimmten Systemen eine (oder mehrere) Waffe(n) sein; bei Systemen, welche der Aufklärung dienen sind es zum Beispiel Foto- oder Videokameras. Grundlage dieser Arbeit ist die Untersuchung unbemannter Systeme, da nur diese auch die technischen Teile des – rechtlich problematischen – Entscheidungsfindungsprozesses umfassen.

31 *Petermann/Grünwald,* Stand und Perspektiven der militärischen Nutzung unbemannter Systeme, Mai 2011, S. 6.

32 *Petermann/Grünwald,* Stand und Perspektiven der militärischen Nutzung unbemannter Systeme, Mai 2011, S. 6. Die amerikanische Armee will in ihre Definition (vorliegend des unbemannten Luftsystems) auch die Personen miteinschließen, welche das unbemannte System steuern, vergleiche zum Beispiel *U.S. Department of Defense,* Unmanned Aircraft Systems Roadmap 2010–2035, S.8 und *U.S. Department of Defense,* Dictionary of Military and Associated Terms, vom 8. November 2010, zuletzt geändert am 15. August 2014, S. 266. Dies ist jedoch abzulehnen, da das menschliche Element keine Frage der Grunddefinition ist, sondern vielmehr gesondert unter dem Punkt der menschlichen Kontrollmöglichkeit zu behandeln ist, hierzu *infra* S. 17.

B. Kategorisierung von unbemannten Systemen

Eine Kategorisierung unbemannter Systeme kann nach unterschiedlichen Kriterien erfolgen.

I. Qualifizierung nach Art des eingesetzten Mediums

Zunächst bietet sich eine Abgrenzung nach der Art des Mediums an, in dem die unbemannten Systeme eingesetzt werden. Man unterscheidet hierbei zwischen Luft-, Boden-, Überwasser- und Unterwassersystemen.[33]

1. Unbemannte Luftsysteme (UAS)

Unbemannte Luftsysteme oder UAS (*Unmanned Aerial Systems*) sind solche Systeme, deren hauptsächlicher Einsatzort und Fortbewegungsmedium der Luftraum ist. Unter den unbemannten Systemen sind UAS diejenigen, bei denen der Stand der Technik momentan am weitesten fortgeschritten ist.[34] Dies liegt vor allem daran, dass die Luft als Medium eine weniger komplexe Einsatzumgebung darstellt, da zum Beispiel die Hindernisse, auf die ein UAS stoßen kann, gering sind und es ihnen in drei Dimensionen ausweichen kann.[35] Dies hält die Anforderungen an die Elektronik geringer und es treten weniger technische Schwierigkeiten bei der Entwicklung auf. Dementsprechend sind die meisten derzeit eingesetzten unbemannten Systeme

33 *Petermann/Grünwald,* Stand und Perspektiven der militärischen Nutzung unbemannter Systeme, Mai 2011, S. 29; *U.S. Department of Defense,* Unmanned Systems Integrated Roadmap 2011–2036, S. 21 ff; *Quintana,* The Ethics and Legal Implications of Military Unmanned Vehicles, S. 1; *Saxon,* Introduction in: Saxon (Hrsg.), International Humanitarian Law and the Changing Technology of War, 2013, S. 1 (3). In neueren Klassifizierungen sind zum Teil auch schon Weltraum-UVs aufgeführt, vergleiche zum Beispiel *LeMieux,* Introduction to unmanned systems, 2013; *Cho,* Unmanned Aerial Vehicles: Emerging Policies and Regulatory Issues, Journal of Law, Information and Science 22 (2013), S. 201 (208 f), welche in dieser Arbeit allerdings nicht behandelt werden.

34 *Schörnig,* Die Automatisierung des Krieges: Eine kritische Bestandsaufnahme in: Schmidt-Radefeldt/Meissler (Hrsg.), Automatisierung und Digitalisierung des Krieges, 2012, S. 33 (35).

35 *Schörnig,* Die Automatisierung des Krieges: Eine kritische Bestandsaufnahme in: Schmidt-Radefeldt/Meissler (Hrsg.), Automatisierung und Digitalisierung des Krieges, 2012, S. 33 (35).

UAS.[36] Die bekanntesten Vertreter der bewaffneten Variante dürften momentan wohl die MQ-1 (Predator)[37] und die MQ-9 (Reaper)-Drohnen[38] der amerikanischen Firma General Atomics sein.

2. Unbemannte Bodensysteme (UGS)

Ein Forschungsschwerpunkt liegt zur Zeit auf unbemannten Bodensystemen, beziehungsweise UGS (*Unmanned Ground Systems*). Ihre Entwicklung ist deutlich schwieriger als die von UAS, da die Komplexität ihrer Bewegungsumgebung in eine Programmierung mit einbezogen werden muss.[39] Momentan werden UGS noch hauptsächlich für das Erkennen von Sprengmunition verwendet.[40] Ihr Einsatz für Aufklärung, Überwachung und Zielbestimmung wird aber zunehmend bedeutender.[41] Momentan aktive Bodensysteme umfassen zum Beispiel die Packbot- und die Warrior-Serie der amerikanischen Firma iRobot[42] oder die Modelle BigDog[43] und AlphaDog[44] der Firma Boston Dynamics. Während die Packbotmodelle auch mit Waffen ausgerüstet sind und bei Patrouillengängen als Unterstützung dienen sollen,[45] sind die BigDog und AlphaDog-Systeme als Tragesysteme konzipiert.[46]

36 *Marra/McNeil,* Understanding „The Loop": Regulating the Next Generation of War Machines, Harvard Journal of Law and Public Policy 36 (2013), S. 1139 (1167).

37 Technische Daten unter: http://www.af.mil/AboutUs/FactSheets/Display/tabid/224/Article/104469/mq-1b-predator.aspx, zuletzt abgerufen am 30. März 2015.

38 Technische Daten unter: http://www.af.mil/AboutUs/FactSheets/Display/tabid/224/Article/104470/mq-9-reaper.aspx, zuletzt abgerufen am 30. März 2015.

39 *Sparrow,* Killer Robots, Journal of Applied Philosophy 24 (2007), S. 62 (64).

40 *Quintana,* The Ethics and Legal Implications of Military Unmanned Vehicles, S. 1.

41 *Wagner,* Autonomy in the Battlespace: Independently Operating Weapon Systems and the Law of Armed Conflict in: Saxon (Hrsg.), International Humanitarian Law and the Changing Technology of War, 2013, S. 99 (104)

42 Technische Daten unter: http://www.irobot.com/us/learn/defense/packbot.aspx, zuletzt abgerufen am 30. März 2015.

43 Technische Daten unter: http://www.bostondynamics.com/robot_bigdog.html, zuletzt abgerufen am 30. März 2015.

44 Technische Daten unter: http://www.bostondynamics.com/robot_ls3.html, zuletzt abgerufen am 30. März 2015.

45 *Akerson,* The Illegality of Offensive Lethal Autonomy in: Saxon (Hrsg.), International Humanitarian Law and the Changing Technology of War, 2013, S. 65 (66).

46 *Akerson,* The Illegality of Offensive Lethal Autonomy in: Saxon (Hrsg.), International Humanitarian Law and the Changing Technology of War, 2013, S. 65

3. Unbemannte Überwassersysteme (USS)

Unbemannte Überwassersysteme oder USS (*Unmanned Surface Systems*) sind solche Systeme, die in ihrer Bewegung hauptsächlich mit der Wasseroberfläche in Kontakt bleiben.[47] Sie liegen in der technischen Entwicklung etwas zurück und werden momentan nur beschränkt eingesetzt.[48] Ihre hauptsächlichen Verwendungszwecke sind Minenräumung und Gebietsaufklärung.[49] Ein Beispiel für USS ist zum Beispiel das Remote Minehunting System (RMS) der amerikanischen Firma Lockheed Martin.[50]

4. Unbemannte Unterwassersysteme (UUS)

Auch unbemannte Unterwassersysteme oder UUS (*Unmanned Underwater Systems*) werden momentan nur eingeschränkt verwendet.[51] Sie dienen hauptsächlich zur Räumung von Unterwasserminen.[52] Die bekannteste UUS-Plattform ist die REMUS-Technik der amerikanischen Firma Hydroid,[53] welche es in verschiedenen Ausführungen gibt.[54]

II. Qualifizierung nach Grad der Autonomie

Ein zweiter Kategorisierungsansatz orientiert sich an dem Operationsmodus der unbemannten Systeme. Je nach Grad der Abhängigkeit von einer

(66).

47 *U.S. Department of Defense,* Unmanned Systems Integrated Roadmap 2011–2036, S. 25.

48 *Petermann/Grünwald,* Stand und Perspektiven der militärischen Nutzung unbemannter Systeme, Mai 2011, S. 6.

49 *U.S. Department of Defense,* Unmanned Systems Integrated Roadmap 2011–2036, S. 25 f.

50 Technische Daten unter: http://www.lockheedmartin.com/us/products/remote-minehunting-system.html, zuletzt abgerufen am 30. März 2015.

51 *Petermann/Grünwald,* Stand und Perspektiven der militärischen Nutzung unbemannter Systeme, Mai 2011, S. 6.

52 *Petermann/Grünwald,* Stand und Perspektiven der militärischen Nutzung unbemannter Systeme, Mai 2011, S. 6.

53 Für eine der Varianten: http://auvac.org/platforms/view/148, zuletzt abgerufen am 30. März 2015.

54 Modelle sind zum Beispiel Mk18 Mod1 Swordfish oder Mk18 Mod2 Kingfish, vergleiche *U.S. Department of Defense,* Unmanned Systems Integrated Roadmap 2011–2036, S. 26.

menschlichen Steuerperson unterscheidet man zwischen ferngelenkten, automatischen und autonomen Systemen.[55]

1. Ferngelenkte Systeme

Ferngelenkte Systeme sind Systeme, welche sich zu jedem Zeitpunkt vollständig unter menschlicher Kontrolle befinden. Sie führen somit keine Aufgaben selbstständig durch – ein Mensch am Steuerungsmechanismus bestimmt sowohl ihre Bewegungsrichtung und -geschwindigkeit, als auch – bei bewaffneten Systemen – die Zielauswahl und den Zeitpunkt des Einsatzes

55 So auch: *Wagner,* Autonomy in the Battlespace: Independently Operating Weapon Systems and the Law of Armed Conflict in: Saxon (Hrsg.), International Humanitarian Law and the Changing Technology of War, 2013, S. 99 (103); *Asaro,* On banning autonomous weapon systems: human rights, automation, and the dehumanization of lethal decision-making, International Review of the Red Cross 94 (2012), S. 687 (690, insbesondere Fn. 5); *Backstrom/ Henderson,* New Capabilities in warfare: an overview of contemporary technological developments and the associated legal and engineering issues in article 36 weapons review, International Review of the Red Cross 94 (2012), S. 483 (488–490); *Boothby,* How Far Will the Law Allow Unmanned Targeting to Go? in: Saxon (Hrsg.), International Humanitarian Law and the Changing Technology of War, 2013, S. 45 (48); *Marra/McNeil,* Understanding „The Loop": Regulating the Next Generation of War Machines, Harvard Journal of Law and Public Policy 36 (2013), S. 1139 (1144); *Heyns,* Report of the Special Rapporteur on extrajudicial, summary or arbitrary executions, 9. April 2013, Rn. 42. Andere Autoren unterscheiden hingegen nicht zwischen Autonomie und Automatisierung, vergleiche zum Beispiel *Liu,* Categorization and Legality of Autonomous and Remote Weapons Systems, International Review of the Red Cross 94 (2012), S. 627 (628, insbesondere Fn. 2); *Krishnan,* Automating War: The Need for Regulation, Contemporary Security Policy 30 (2009), S. 172 (174); *Quintana,* The Ethics and Legal Implications of Military Unmanned Vehicles, S. 1; wohl auch *Kellenberger,* International Humanitarian Law and New Weapons Technologies – 34th Round Table on current issues of international humanitarian law, San Remo, 8–10 September 2011, International Review of the Red Cross 94 (2012), S. 809 was zum Teil daran liegt, dass eine andere Definition der Begriffe Autonomie und Automatisierung zu Grunde gelegt wird. Andere Autoren stellen bei der Kategorisierung unbemannter Systeme gar nicht auf den Operationsmodus, sondern nur auf den Grad der menschlichen Einwirkungsmöglichkeiten ab, vergleiche zum Beispiel *Human Rights Watch,* Losing humanity, 2012, S. 2; *Akerson,* The Illegality of Offensive Lethal Autonomy in: Saxon (Hrsg.), International Humanitarian Law and the Changing Technology of War, 2013, S. 65 (71) und greifen damit zu kurz.

tödlicher Gewalt.[56] Die Mehrzahl der sich momentan im Einsatz befindlichen unbemannten Systeme wird in einem ferngelenkten Modus betrieben.[57]

2. Automatische Systeme

Von Automatik spricht man immer dann, wenn nach der Erfüllung bestimmter Startbedingungen und nach Erteilen des Startkommandos ein vorher festgelegter Prozess selbstständig ausgeführt wird.[58] Charakteristisch ist hierbei, dass der Prozess immer gleich abläuft, dass bei einer festen Eingangsgröße, also nur ein mögliches Ergebnis am Ende des Prozesses steht.[59] Hierbei gibt es nicht nur voll-automatische Systeme (a.), sondern auch Systeme, welche teilweise automatisch funktionieren (b.).

a. Teilautomatische Systeme

Teilautomatische Systeme operieren nur für einen Teil ihrer Funktionen automatisch. Man unterscheidet bei den Funktionen eines Systems zwischen den am Verständnis menschlicher Entscheidungsfindung orientierten Kategorien *observe*, *orient*, *decide* und *act* (sog. OODA-Loop).[60] Überträgt man dies auf technische Systeme, so kommt man zu den folgenden vier Kategorien: Informationsbeschaffung, Informationsanalyse, Entscheidungsfin-

56 *Lawand,* Fully autonomous weapons systems, 2013.

57 *Alston,* Lethal Robotic Technologies: The Implications for Human Rights and International Humanitarian Law, Journal of Law, Information and Science 21 (2011/2012), S. 35 (42).

58 *Mahn-Gauseweg,* Automated Warfare – Operationen unbemannter Systeme in: Frau (Hrsg.), Drohnen und das Recht, 2014, S. 1 (9). Ähnlich *Marra/McNeil,* Understanding „The Loop": Regulating the Next Generation of War Machines, Harvard Journal of Law and Public Policy 36 (2013), S. 1139 (1155); *Sharkey,* Automating Warfare: Lessons Learned from the Drones, Journal of Law, Information and Science 21 (2011/2012), S. 140 (141); *Boothby,* Conflict law, 2014, S. 104. Mit einer etwas anderen Definition von Automatik *Heyns,* Report of the Special Rapporteur on extrajudicial, summary or arbitrary executions, 9. April 2013, Rn. 42.

59 *Gillespie/West,* Requirements for autonomous unmanned air systems set by legal issues, The international C2 journal 4 (2010), S. 1 (2, Fn 2).

60 Der Begriff OODA-Loop wurde von John Boyd entwickelt (hierzu ausführlich *Osinga,* Science, Strategy and War, 2007) und wird in der Debatte in Bezug auf Autonomie/Automatik allgemein verwendet, vergleiche zum Beispiel *Marra/McNeil,* Understanding „The Loop": Regulating the Next Generation of War Machines, Harvard Journal of Law and Public Policy 36 (2013), S. 1139 (1144 ff); *Mahn-Gauseweg,* Automated Warfare – Operationen unbemannter Systeme in: Frau (Hrsg.), Drohnen und das Recht, 2014, S. 1.

dung/Handlungsauswahl sowie Handlungsausführung.[61] Übertragen auf die hier untersuchten Geräte entspricht die Kategorie „Informationsanalyse" der Identifizierung einer legitimen Zielperson oder eines legitimen Zielobjekts. Die Kategorie „Entscheidungsfindung und Handlungsauswahl" entspricht einer Entscheidung für oder gegen einen Angriff in der konkreten Situation sowie die Art des Angriffs, sofern dem Gerät hierfür mehrere Möglichkeiten zur Verfügung stehen. „Handlungsausführung" ist der Angriff an sich. Bei einer teilweisen Automatisierung sind nur eine, zwei oder drei der OODA-loop Kategorien automatisiert, die andere(n) operieren in einem ferngelenkten Modus.

b. Vollautomatische Systeme

Von einer vollständigen Automatisierung ist hingegen dann auszugehen, wenn alle vier der OODA-loop Kategorien automatisch ablaufen. Vollautomatische Prozesse sind allerdings eher für strukturierte, vorhersagbare Umgebungen geeignet.[62] In der Praxis sind vollautomatische Systeme momentan nur bei der Erfüllung defensiver Aufgaben relevant, ihr Einsatz ist besonders da nützlich, wo kurze, durch Menschen nicht realisierbare Reaktionszeiten erforderlich sind.[63]

3. Autonome Systeme

Autonomie ist – funktional gesehen – die Fähigkeit eines Systems zur Wahrnehmung, Verarbeitung, Kommunikation, Planung, Entscheidungsfindung und Ausführung, um ein definiertes Ziel zu erreichen.[64] Übertragen auf technische Systeme bedeutet dies, dass das System über einen längeren Zeitraum selbstständig und ohne menschliche Kontrolle operieren und die Aufga-

61 *Marra/McNeil,* Understanding „The Loop": Regulating the Next Generation of War Machines, Harvard Journal of Law and Public Policy 36 (2013), S. 1139 (1146); *Mahn-Gauseweg,* Automated Warfare – Operationen unbemannter Systeme in: Frau (Hrsg.), Drohnen und das Recht, 2014, S. 1 (10).

62 *Heyns,* Report of the Special Rapporteur on extrajudicial, summary or arbitrary executions, 9. April 2013, Rn. 42.

63 *Mahn-Gauseweg,* Automated Warfare – Operationen unbemannter Systeme in: Frau (Hrsg.), Drohnen und das Recht, 2014, S. 1 (10).

64 *Mahn-Gauseweg,* Automated Warfare – Operationen unbemannter Systeme in: Frau (Hrsg.), Drohnen und das Recht, 2014, S. 1 (11) mit Verweis auf: *Huang,* Autonomy Levels for Unmanned Systems (ALFUS) Framework: Safety and Application Issues, 2007.

benstellung verfolgen kann, sobald es in Betrieb genommen ist.[65] In Bezug auf unbemannte Waffensysteme bedeutet dies, dass das System sowohl die Zielperson als auch den Zeitpunkt des Angriffs selbstständig und ohne Rückkopplung zu einer menschlichen Entscheidung bestimmen kann.[66] Die Zielauswahl sowie die Entscheidung, ob und wann angegriffen wird, werden hierbei direkt vom Gerät getroffen.[67] Der Unterschied zur Automatik besteht darin, dass die Funktionsabläufe bei autonomen Systemen nicht vorhersagbar sind, da das autonome System selbstständig über das „Ob“ und „Wie“ der jeweiligen Aufgabe entscheidet.[68] Insofern kann nicht bereits mit dem Aktivieren des Systems das Ergebnis des Einsatzes vorausgesagt wer-

65 *Lin/Bekey/Abney,* Autonomous Military Robotics: Risk, Ethics, and Design, 20.12.2008, S. 4; *Marra/McNeil,* Understanding „The Loop“: Regulating the Next Generation of War Machines, Harvard Journal of Law and Public Policy 36 (2013), S. 1139 (S. 1152); *Borenstein,* The ethics of autonomous military robots, Studies in Ethics, Law and Technology 2 (2008), S. 1 (2). Mit einer etwas anderen Definition: *Krishnan,* Automating War: The Need for Regulation, Contemporary Security Policy 30 (2009), S. 172 (174).

66 So auch: *U.S. Department of Defense,* Directive Number 3000.09 Autonomy in Weapon Systems, 21. November 2012, S. 13 f; *Heyns,* Report of the Special Rapporteur on extrajudicial, summary or arbitrary executions, 9. April 2013, Rn. 38; *Schmitt,* Autonomous Weapon Systems and International Humanitarian Law: A Reply to the Critics, Harvard National Security Journal – Online Feature (Februar 2013), S. unter http://harvardnsj.org/2013/02/autonomous-weapon-systems-and-international-humanitarian-law-a-reply-to-the-critics/, zuletzt abgerufen am 30. März 2015 (S. 4); *Boothby,* Conflict law, 2014, S. 107.

67 *Boothby,* How Far Will the Law Allow Unmanned Targeting to Go? in: Saxon (Hrsg.), International Humanitarian Law and the Changing Technology of War, 2013, S. 45 (48); *Schmitt,* Autonomous Weapon Systems and International Humanitarian Law: A Reply to the Critics, Harvard National Security Journal – Online Feature (Februar 2013), S. unter http://harvardnsj.org/2013/02/autonomous-weapon-systems-and-international-humanitarian-law-a-reply-to-the-critics/, zuletzt abgerufen am 30. März 2015 (S. 4); *Bolt,* The Use of Autonomous Weapons and the Role of the Legal Advisor in: Saxon (Hrsg.), International Humanitarian Law and the Changing Technology of War, 2013, S. 123 (127).

68 *Mahn-Gauseweg,* Automated Warfare – Operationen unbemannter Systeme in: Frau (Hrsg.), Drohnen und das Recht, 2014, S. 1 (11); *Marra/McNeil,* Understanding „The Loop“: Regulating the Next Generation of War Machines, Harvard Journal of Law and Public Policy 36 (2013), S. 1139 (1154). Im Ergebnis wohl auch: *Gillespie/West,* Requirements for autonomous unmanned air systems set by legal issues, The international C2 journal 4 (2010), S. 1 (2, Fn 2), wenngleich diese bei ihrer Betrachtung keine Unterscheidung zwischen ferngelenkt und automatisch treffen.

den.[69] Während bei automatisierten Systemen damit nur ein mögliches Ergebnis am Ende des Prozesses steht, sind bei autonomen Systemen mehrere Ergebnisse möglich.[70]

a. Teilautonome Systeme

Ebenso wie bei der Automatik gibt es teil- und vollautonome Systeme.[71] Auch für die Einteilung der Autonomielevel gibt es verschiedene Modelle, wovon das einschlägigste das NASA SMART Modell sein dürfte.[72] Dieses Modell orientiert sich an den vier OODA-Kategorien und besteht aus insgesamt acht Levels, in denen jeweils die Kriterien für die einzelnen OODA-Kategorien festgelegt sind.[73] Hierbei besteht in den niedrigen Autonomielevels noch eine große Abhängigkeit von einem menschlichen Bediener, welche dann mit zunehmenden Autonomiegrad abnimmt.

b. Vollautonome Systeme

Unter welchen Bedingungen ein System als vollautonom gilt, hängt von dem gewählten Modell ab. Nach dem hier benutzen NASA-Smart-Modell werden Systeme der Level 7 und 8 als vollautonom gewertet.[74] Solche Sys-

69 *Mahn-Gauseweg,* Automated Warfare – Operationen unbemannter Systeme in: Frau (Hrsg.), Drohnen und das Recht, 2014, S. 1 (11).

70 *Mahn-Gauseweg,* Automated Warfare – Operationen unbemannter Systeme in: Frau (Hrsg.), Drohnen und das Recht, 2014, S. 1 (11); *Boothby,* Conflict law, 2014, S. 104.

71 Akerson benutzt daneben noch den Begriff *variable autonomy,* mit dem er Systeme bezeichnet, bei denen zwischen den Graden menschlicher Kontrolle hin- und hergeschaltet werden kann, *Akerson,* The Illegality of Offensive Lethal Autonomy in: Saxon (Hrsg.), International Humanitarian Law and the Changing Technology of War, 2013, S. 65 (72).

72 *Huang,* Autonomy Levels for Unmanned Systems (ALFUS) Framework: Safety and Application Issues, 2007, S. 23 f. Ein anderes ist das Sheridan-Modell. Thomas Sheridan hat eine Einteilung in zehn Autonomiestufen getroffen, von der kompletten Kontrolle des menschlichen Bedieners bis zur kompletten Selbstständigkeit der Maschine, vergleiche *Parasuraman/Sheridan, et al.,* A Model for Types and Levels of Human Interaction with Automation, IEEE Transactions on Systems, Man, and Cybernetics Part A: Systems and Humans 30 (2000), S. 286 (287).

73 *Huang,* Autonomy Levels for Unmanned Systems (ALFUS) Framework: Safety and Application Issues, 2007, S. 23.

74 *Huang,* Autonomy Levels for Unmanned Systems (ALFUS) Framework: Safety and Application Issues, 2007, S. 23.

teme können dann sowohl das Zielauswahl, als auch Angriffsentscheidung und – zeitpunkt selbstständig bestimmen und ausführen. In der Praxis spielen vollautonome Systeme momentan noch eine untergeordnete Rolle,[75] an ihrer Entwicklung wird aber verstärkt geforscht.

4. Abgrenzung Autonomie – Automatik: Einordnung bereits existierender Systeme

Der relativ schwierig zu erfassende Unterschied zwischen Autonomie und Automatik soll hier noch einmal durch die Einordnung existierenden Kriegsgeräts vertiefend dargestellt werden. Die einfachste Form von Automatik ist bei Landminen gegeben: Sobald die vorher festgelegten Parameter erfüllt sind (Belastung mit einem bestimmten Gewicht), läuft der Prozess ab (Detonation).[76] Allerdings können Landminen nach der hier vertretenen Definition mangels der Fähigkeit, sich fortzubewegen, nicht als Systeme eingestuft werden, sondern sind vielmehr Waffen;[77] dies wird in der Literatur zum Teil verkannt.[78] Der Kategorie der teilautomatischen Systeme kann man vielmehr Waffentechnologie wie Torpedos und Marschflugkörper zuordnen. Diese Systeme können sich selbst in ein (möglicherweise den Standort wechselndes) Ziel lenken, müssen aber zunächst von einem Menschen gestartet werden.[79] Systeme, welche als vollautomatisch qualifiziert werden

75 *Mahn-Gauseweg,* Automated Warfare – Operationen unbemannter Systeme in: Frau (Hrsg.), Drohnen und das Recht, 2014, S. 1 (11)

76 A. A. *Asaro,* welcher Landminen als teilautonom einstufen will, *Asaro,* How just could a robot war be?, S. 2.

77 Ebenso *Altmann,* Preventive Arms Control for Uninhabited Military Vehicles in: Capurro/Nagenborg (Hrsg.), Ethics and Robotics, 2009, S. 69 (71); *Backstrom/Henderson,* New Capabilities in warfare: an overview of contemporary technological developments and the associated legal and engineering issues in article 36 weapons review, International Review of the Red Cross 94 (2012), S. 483 (487).

78 *Asaro,* How just could a robot war be?, 2.

79 Das U.S. Verteidigungsministerium will auch Torpedos und Marschflugkörper nicht als „Systeme" einstufen, vergleiche *U.S. Department of Defense,* Unmanned Systems Roadmap 2007–2032, 2007, S. 1, zustimmend: *Krishnan,* Automating War: The Need for Regulation, Contemporary Security Policy 30 (2009), S. 172 (174). Diese Ansicht vermag jedoch nicht zu überzeugen, da es sich bei den modernen Formen um Geräte mit einem eigenen Antrieb handelt, welche neben der eigentlichen Munition auch Steuerungselemente enthalten. Ebenfalls kritisch *Altmann,* Preventive Arms Control for Uninhabited Military Vehicles in: Capurro/Nagenborg (Hrsg.), Ethics and Robotics, 2009, S. 69 (71). Für eine vermittelnde Ansicht *Petermann/Grünwald,* Stand und Perspek-

können, sind einige der sich momentan in Betrieb befindlichen Raketenabwehrsysteme, wie das auf Kreuzern der Aegis-Klasse eingesetzte Phalanx-System,[80] die Patriot-Systeme[81] sowie das israelische Iron Dome-System.[82] Allen diesen Systemen ist gemeinsam, dass sie bestehende Bedrohungen selbstständig erkennen (Informationsbeschaffung und Informationsanalyse) und auf diese reagieren können (Handlungsentscheidung und Handlungsausführung). Ihnen steht bei der Reaktion aber kein Ermessensspielraum und keine Wahl zwischen mehreren Handlungsalternativen zur Verfügung – sobald eine angreifende Rakete geortet wird und die Bedrohungsschwelle überschritten ist, reagieren die Systeme mit dem Absenden einer Abwehrrakete. Aus diesem Grund können sie nicht als (teil)autonome Systeme eingestuft werden, sondern sind vielmehr automatisch.[83] Auch *Sentry guns* und Suchzündermunition sind automatische Systeme.[84]

Insgesamt ist damit festzustellen, dass keines der heute existierenden Systeme die Kriterien einer (Teil)Autonomie erfüllt. Dies gilt auch für die

tiven der militärischen Nutzung unbemannter Systeme, Mai 2011, S. 27, welche zwischen unbemannten Systemen im engen Sinn und unbemannten Systemen im weiten Sinn unterscheiden.

80 Technische Daten unter http://www.globalsecurity.org/military/systems/ship/systems/mk-15.htm, zuletzt abgerufen am 30. März 2015.

81 Technische Daten unter http://www.globalsecurity.org/space/systems/patriot.htm, zuletzt abgerufen 30. März 2015.

82 Technische Daten unter http://www.armyrecognition.com/israel_israeli_military_missile_vehicles_systems_u/iron_dome_defense_system_against_short_range_artillery_rockets_technical_data_sheet_specifications.html, zuletzt abgerufen am 30. März 2015.

83 So auch: *Backstrom/Henderson,* New Capabilities in warfare: an overview of contemporary technological developments and the associated legal and engineering issues in article 36 weapons review, International Review of the Red Cross 94 (2012), S. 483 (488); *Evans,* At war with the robots: Autonomous Weapons Systems and the Martens Clause, Hofstra Law Review 41 (2012), S. 697 (705). A. A. *Akerson,* The Illegality of Offensive Lethal Autonomy in: Saxon (Hrsg.), International Humanitarian Law and the Changing Technology of War, 2013, S. 65 (68), welcher diese Systeme als autonom einstuft. Diesbezüglich widersprüchlich *Schmitt,* Autonomous Weapon Systems and International Humanitarian Law: A Reply to the Critics, Harvard National Security Journal – Online Feature (Februar 2013), S. unter http://harvardnsj.org/2013/02/autonomous-weapon-systems-and-international-humanitarian-law-a-reply-to-the-critics/, zuletzt abgerufen am 30. März 2015 (S. 4 f), welcher Aegis und Patriot als autonom, andere Nahbereichsverteidigungssysteme allerdings als automatisch einstuft.

84 *Lawand,* Fully autonomous weapons systems, 2013.

Samsung Techwin Sentry Gun[85], welche von mehreren Autoren als autonom qualifiziert wird.[86] Da aber auch diesem System kein Entscheidungsspielraum in Bezug auf sein Tätigwerden zukommt, ist eine solche Einstufung nach den hier vertretenen Definitionen unrichtig.

III. Qualifizierung nach Art der Ausrüstung: Bewaffnete Systeme

Ein weiteres Qualifizierungsmerkmal ist die Unterscheidung in bewaffnete und unbewaffnete Systeme. Bewaffnete Systeme im Sinne dieser Arbeit sind Systeme, welche für den Kampfeinsatz konstruiert und mit einer Waffe gleich welcher Art ausgestattet sind, welche sie auch einsetzen können. Unbewaffnete Systeme sind solche, deren Einsatzzweck die Aufklärung, Minenräumung oder sonstige unterstützende Arbeiten ist. Rechtlich relevante Probleme bestehen nur in Bezug auf bewaffnete Systeme, da sich nur hier Probleme der Zielauswahl und der Verantwortungsverlagerung im Fall einer Fehlfunktion stellen.[87]

IV. Sonstige Arten der Qualifizierung

Im Folgenden sollen der Vollständigkeit halber drei weitere, zum Teil verwendete Arten der Qualifizierung dargestellt werden.

1. Qualifizierung nach der Größenklasse

In technischen Berichten werden unbemannte Systeme häufig nach Größenklasse und Können unterschieden. Die genaue Klassifizierung variiert nach der Art des Mediums, in dem das Gerät eingesetzt wird. So werden UAS

85 Aktuelle technische Daten hierzu sind nicht verfügbar, jedoch ein Bericht der Organisation Global Security http://www.globalsecurity.org/military/world/rok/sgr-a1.htm, zuletzt abgerufen am 30. März 2015.

86 *Wagner,* Autonomy in the Battlespace: Independently Operating Weapon Systems and the Law of Armed Conflict in: Saxon (Hrsg.), International Humanitarian Law and the Changing Technology of War, 2013, S. 99 (104 f). Für Teilautonomie: *Akerson,* The Illegality of Offensive Lethal Autonomy in: Saxon (Hrsg.), International Humanitarian Law and the Changing Technology of War, 2013, S. 65 (68); *Quintana,* The Ethics and Legal Implications of Military Unmanned Vehicles, S. 3.

87 Ebenso *Boothby,* Weapons and the Law of Armed Conflict, 2009, S. 229 f.

nach ihrer Reichweite, Flughöhe und Flugdauer in Kategorien unterteilt.[88] Bei UUS bietet sich eine Unterteilung in tragbar, Leichtfahrzeug, schweres Fahrzeug und Großfahrzeug an.[89] Bei USS gibt es die Unterteilung in X-class, Snorkeler Class, Harbor Class und Fleet Class.[90]

2. Qualifizierung nach Art der Aufgabenstellung

Zum Teil wird auch vorgeschlagen, autonome Waffensysteme danach zu unterscheiden, ob sie eine defensive oder eine offensive Aufgabenstellung zum Zweck haben.[91] Als Argument hierfür wird vorgebracht, dass nur offensive Systeme aktiv Ziele identifizieren und angreifen, welche für sich genommen keine aktuelle Gefahr darstellten, wohingegen defensive Systeme nur auf Angriffe reagierten.[92] Eine solche Unterteilung erscheint jedoch nicht sinnvoll, da autonome Waffensysteme evidenterweise ein Recht zur Selbstverteidigung abzusprechen ist[93] und sich die Probleme der Unterscheidung und Verhältnismäßigkeit auch bei defensiven Systemen stellen.

88 So zum Beispiel die Einteilung von *Petermann/Grünwald,* Stand und Perspektiven der militärischen Nutzung unbemannter Systeme, Mai 2011, S. 33. Für eine andere Einteilung vergleiche *U.S. Department of Defense,* Unmanned Systems Integrated Roadmap 2013–2039, S. 6. Weiterführend *Cho,* Unmanned Aerial Vehicles: Emerging Policies and Regulatory Issues, Journal of Law, Information and Science 22 (2013), S. 201 (203).

89 *Petermann/Grünwald,* Stand und Perspektiven der militärischen Nutzung unbemannter Systeme, Mai 2011, S. 59 f mit Verweis auf *U.S. Department of the Navy,* The Navy Unmanned Undersea Vehicle (UUV) Master Plan, 9. November 2004, S. 67 ff.

90 *Petermann/Grünwald,* Stand und Perspektiven der militärischen Nutzung unbemannter Systeme, Mai 2011, S. 61 mwN.

91 *Akerson,* The Illegality of Offensive Lethal Autonomy in: Saxon (Hrsg.), International Humanitarian Law and the Changing Technology of War, 2013, S. 65 (73).

92 *Akerson,* The Illegality of Offensive Lethal Autonomy in: Saxon (Hrsg.), International Humanitarian Law and the Changing Technology of War, 2013, S. 65 (74).

93 So auch: *Backstrom/Henderson,* New Capabilities in warfare: an overview of contemporary technological developments and the associated legal and engineering issues in article 36 weapons review, International Review of the Red Cross 94 (2012), S. 483 (498).

3. Qualifizierung nach Eingriffsmöglichkeiten durch den Menschen

Zum Teil werden Systeme auch nach dem Maß an Kontrolle und Einflussmöglichkeit unterteilt, welche durch Menschen auf sie ausgeübt werden kann. Im englischen Sprachraum haben sich für das Maß an Einflussmöglichkeit die drei Begriffe *in the loop*, *on the loop* und *out of the loop* herausgebildet. Hierbei beschreibt der Begriff *in the loop* einen Zustand, in dem das System komplett von einem Menschen kontrolliert wird, der Begriff ist insoweit mit dem des ferngelenkten Systems identisch.[94] *On the loop* beinhaltet, dass der Prozess selbstständig – automatisch oder autonom – abläuft, ein menschlicher Bediener das Geschehen aber überwacht und jederzeit eingreifen kann.[95] Bei einem System *out of the loop* besteht diese Eingriffsmöglichkeit durch einen Menschen nicht mehr. Zum Teil werden die Begriffe *out of the loop* und automatisches, beziehungsweise autonomes Systeme synonym verwendet.[96] Dies verkennt jedoch, dass die Frage der Kontroll- und Eingriffsmöglichkeit durch den Menschen unabhängig von der Art des Operationsmodus besteht. Insofern ist allein der Begriff des ferngelenkten Systems mit dem Begriff *in the loop* deckungsgleich. Autonome und automatische Systeme hingegen können als *On-the-loop-* und *Out-of-the-loop-*Systeme bestehen.[97]

C. Eingrenzung des Untersuchungsgegenstandes: Bewaffnete, autonome unbemannte Systeme

Gegenstand dieser Arbeit sind ausschließlich autonome bewaffnete unbemannte Systeme. Automatisierte und ferngelenkte Systeme werden nicht

94 Zum Begriff des ferngelenkten Systems *supra* S. 10.

95 Heyns benutzt für autonome Systeme mit einem Menschen *on the loop* den Begriff *supervised autonomy*, *Heyns,* Report of the Special Rapporteur on extrajudicial, summary or arbitrary executions, 9. April 2013, Rn. 41.

96 So zum Beispiel *Alston,* Lethal Robotic Technologies: The Implications for Human Rights and International Humanitarian Law, Journal of Law, Information and Science 21 (2011/2012), S. 35 (40).

97 So auch im Ergebnis *Schmitt,* Autonomous Weapon Systems and International Humanitarian Law: A Reply to the Critics, Harvard National Security Journal – Online Feature (Februar 2013), S. unter http://harvardnsj.org/2013/02/autonomous-weapon-systems-and-international-humanitarian-law-a-reply-to-the-critics/, zuletzt abgerufen am 30. März 2015 (S. 4). Anders hingegen *Gillespie/West,* Requirements for autonomous unmanned air systems set by legal issues, The international C2 journal 4 (2010), S. 1 (2,4).

behandelt, da sich bei ihnen die Problematik einer Entscheidungsverlagerung auf eine Maschine nicht stellt. Unbewaffnete Systeme werden nicht untersucht, da sich bei ihnen die rechtlichen Probleme einer Zielauswahl und der Verantwortungsverlagerung im Fall einer Fehlfunktion nicht stellen. Insofern unterschiedliche Anforderungen an autonome Systeme in verschiedenen Medien zu stellen sind, wird hierauf in der Untersuchung gesondert eingegangen.

§4 Problematik

Die Entwicklung und der Einsatz autonomer Waffensysteme werden vielfach kritisch gesehen. Neben technische (I.) und ethische (II.) Bedenken, auf welche hier nur am Rande eingegangen werden kann, widmet sich diese Arbeit vor allem der Untersuchung der rechtlichen Bedenken (III.).

A. Technische Bedenken

Wenn sich die Prognose einiger Wissenschaftler bewahrheitet, wird die Technologie niemals so weit entwickelt sein, dass die Herstellung vollautonomer Waffensysteme möglich sein wird. Die in dieser Arbeit angestrebte rechtliche Untersuchung würde damit überflüssig. Andere Stimmen halten eine Entwicklung autonomer Waffensysteme in absehbarer Zeit jedoch durchaus für wahrscheinlich.[98] Gleichwohl wird vielfach auf die technischen Schwachstellen der so hergestellten Systeme hingewiesen.[99] So sei

98 *Herbach,* Into the Caves of Steel: Precaution, Cognition and Robotic Weapon Systems under the International Law of Armed Conflict, Amsterdam Law Forum 4 (2012), S. 3 (15); *Thurnher,* The Law that applies to Autonomous Weapon Systems, ASIL insights 17 (2013), S. http://harvardnsj.org/2013/02/autonomous-weapon-systems-and-international-humanitarian-law-a-reply-to-the-critics/ (S. 82). Auch der Special Rapporteur der UN geht im Hinblick auf die Nichtvorhersagbarkeit technischer Entwicklungen von der Möglichkeit der Herstellung aus, *Heyns,* Report of the Special Rapporteur on extrajudicial, summary or arbitrary executions, 9. April 2013, Rn. 44 f.

99 *Sharkey,* Automating Warfare: Lessons Learned from the Drones, Journal of Law, Information and Science 21 (2011/2012), S. 140 (143); *Herbach,* Into the Caves of Steel: Precaution, Cognition and Robotic Weapon Systems under the International Law of Armed Conflict, Amsterdam Law Forum 4 (2012),

zum einen die Sensortechnologie noch nicht weit genug entwickelt, als dass die Systeme auch ihre Umgebung wirklich so wahrnehmen können wie es nötig sei.[100] Zum Zweiten sei es fraglich, ob jemals Algorithmen entwickelt werden können, welche die Denk- und Entscheidungsprozesse menschlicher Soldaten zuverlässig imitieren können.[101] Ebenso sei es wohl schwierig, Algorithmen zu erschaffen, welche ein autonomes System dazu befähigen, menschliche Reaktionen zu verstehen.[102] Zusätzlich zu den Problemen in der Herstellung werden Schwierigkeiten des konkreten Einsatzes vorgebracht.[103] So sei zu erwarten, dass die Vielzahl an unerwarteten Situationen, welche im Kampfgeschehen auftreten könne, chaotisches Roboterverhalten hervorrufen könne.[104] Gleichfalls drohten so genannte *frame*-Probleme, also die Tatsache, dass der Roboter die komplexe Außensituation nicht vor seiner inneren Seite abbilden kann.[105] Auch die verschiedenen Umwelteinflüsse, denen ein System bei seinem Einsatz ausgesetzt sei, würden zu einer Fehlfunktion des Systems beitragen.[106]

S. 3 (18); *Cho,* Unmanned Aerial Vehicles: Emerging Policies and Regulatory Issues, Journal of Law, Information and Science 22 (2013), S. 201 (232).

100 *Sharkey,* Automating Warfare: Lessons Learned from the Drones, Journal of Law, Information and Science 21 (2011/2012), S. 140 (143); *Altmann,* Preventive Arms Control for Uninhabited Military Vehicles in: Capurro/Nagenborg (Hrsg.), Ethics and Robotics, 2009, S. 69 (76); *Adams,* Future Warfare and the Decline of Human Decisionmaking, Parameters (2001/2002), S. 57; *Herbach,* Into the Caves of Steel: Precaution, Cognition and Robotic Weapon Systems under the International Law of Armed Conflict, Amsterdam Law Forum 4 (2012), S. 3 (18).

101 *Borenstein,* The ethics of autonomous military robots, Studies in Ethics, Law and Technology 2 (2008), S. 1 (6).

102 *Borenstein,* The ethics of autonomous military robots, Studies in Ethics, Law and Technology 2 (2008), S. 1 (5).

103 *Asaro*: „It will be difficult or impossible to design systems capable of dealing with the fog and friction of war", *Asaro,* On banning autonomous weapon systems: human rights, automation, and the dehumanization of lethal decisionmaking, International Review of the Red Cross 94 (2012), S. 687 (692).

104 *Sharkey,* Automated killers and the computing profession, Computer Journal (2007), S. 122 (22).

105 *Krishnan,* Killer Robots – Legality and Ethicality of autonomous weapons, 2009, S. 98 f.

106 So gibt *Borenstein* zu bedenken, dass zum Beispiel im Golfkrieg technisches Equipment vielfach auf Grund von Hitze, Sand und ähnlichen Unwägbarkeiten unbrauchbar wurde. Bei hochkomplexen Systemen wie autonomen Waffensystemen sei diese Gefahr noch größer, vergleiche *Borenstein,* The ethics of auto-

Eine vertiefte Untersuchung der technischen Aspekte kann an dieser Stelle nicht erfolgen. Die geäußerten Bedenken werden der rechtlichen Untersuchung jedoch zu Grunde gelegt.

B. Ethische Bedenken

Neben den technischen Bedenken werden im Schrifttum auch verstärkt ethische Bedenken gegen den Einsatz autonomer Waffensysteme vorgebracht.[107] Während einige Autoren vertreten, dass der Einsatz autonomer Waffensysteme ethischer als der Einsatz menschlicher Soldaten und daher vorzugswürdig sei oder zumindest sein könne,[108] ist die Mehrheit im Schrifttum eher kritisch eingestellt.[109] Hauptargument der Befürworter autonomer Waffensysteme ist ein Vergleich mit dem Einsatz menschlicher Soldaten. Da auch menschliche Soldaten nicht immer ethisch und moralisch zuverlässig handelten, sei dies jedenfalls der Maßstab, an dem man den Einsatz von autonomen Waffensystemen messen müsse.[110] Die Kritiker von autonomen

nomous military robots, Studies in Ethics, Law and Technology 2 (2008), S. 1 (10).

107 Hierzu umfassend *Lin; Bekey; Abney,* Robots in War: Issues of Risk and Ethics in: Capurro/Nagenborg (Hrsg.), Ethics and Robotics, 2009, S. 49.

108 *Arkin,* Governing Lethal Behavior: Embedding Ethics in a Hybrid Deliberative/Reactive Robot Architecture, 2007, S. 7; *Schulzke,* Robots as Weapons in Just War, Philosophy and Technology 24 (2011), S. 293 (298 f); *Marchant/Allenby, et al.,* International governance of autonomous military robots, The Columbia Science and Technology Law Review 12 (2011), S. 272 (279 f). Wohl auch: *Lin; Bekey; Abney,* Robots in War: Issues of Risk and Ethics in: Capurro/Nagenborg (Hrsg.), Ethics and Robotics, 2009, S. 49 (50). *Canning,* „You've just been disarmed. Have a nice day!“, IEEE Technology and Society Magazine 28 (2009), S. 13 (14) nur mit der Einschränkung, dass das autonome System gegnerische Kombattanten nur entwaffnen, nicht aber töten kann.

109 *Asaro,* On banning autonomous weapon systems: human rights, automation, and the dehumanization of lethal decision-making, International Review of the Red Cross 94 (2012), S. 687 (695); *Sharkey,* The evitability of autonomous robot warfare, International Review of the Red Cross 94 (2012), S. 787 (708); *Altmann,* Arms control for armed uninhabited vehicles: an ethical issue, Ethics and Information Technology 15 (2013), S. 137 (150). Wohl auch *Sparrow,* Robotic Weapons and the Future of War in: Tripodi/Wolfendale (Hrsg.), New wars and new soldiers, 2011, S. 117 (125).

110 *Schulzke,* Robots as Weapons in Just War, Philosophy and Technology 24 (2011), S. 293 (298 f); *Lin; Bekey; Abney,* Robots in War: Issues of Risk and Ethics in: Capurro/Nagenborg (Hrsg.), Ethics and Robotics, 2009, S. 49 (60);

Waffensystemen führen gegen deren Einsatz ethische Ausschlussargumente an. Zum einen wird geltend gemacht, dass die Entscheidung über den Tod von Menschen – zumindest auch – von anderen Menschen getroffen werden müsse, sie dürfe nicht allein auf einer Maschinenentscheidung beruhen.[111] Zum anderen wird angeführt, dass der Einsatz von autonomen Waffensystemen grundsätzlich nicht mit den Grundsätzen der *Just War Theory* zu vereinbaren sei.[112] So beruhe die ethische Legitimation, im Krieg einen feindlichen Kombattanten zu töten darauf, dass auch man selbst von ihm getötet werden könne.[113] Setzte nun eine Konfliktpartei an Stelle von menschlichen Soldaten Maschinen ein, so könnte es an dieser Risikobalance fehlen. Schließlich verstoße es sowohl gegen allgemeine ethische Grundsätze, als auch gegen die *Just War Theory,* wenn kein Mensch für den Tod der anderen Menschen verantwortlich ist, wie dies bei einem autonomen Waffensystem der Fall sein werde.[114] Aus der Perspektive des *jus ad bellum* wird argumentiert, dass die Möglichkeit zum Einsatz von autonomen Waffensystemen die Hemmschwelle in Bezug auf einen Kriegseintritt senke, da die jeweilige Partei nicht mehr das Leben der eigenen Soldaten riskiere.[115]

Arkin, Governing Lethal Behavior: Embedding Ethics in a Hybrid Deliberative/Reactive Robot Architecture, 2007, S. 7.

111 *Asaro,* On banning autonomous weapon systems: human rights, automation, and the dehumanization of lethal decision-making, International Review of the Red Cross 94 (2012), S. 687 (695). Im Ergebnis neutral: *Anderson/Waxman,* Law and Ethics for Robot Soldiers, Policy Review (2012), S. 35 (42).

112 *Asaro,* How just could a robot war be?, 15. Weiterführend zur Just-War-Theory: *Walzer,* Just and Unjust Wars, 3. Auflage 1977 // 2000.

113 *Sparrow,* Building a Better WarBot: Ethical Issues in the Design of Unmanned Systems for Military Applications, Science and Engineering Ethics 15 (2009), S. 169 (170).

114 *Asaro,* How just could a robot war be?, 2.

115 So *Asaro,* On banning autonomous weapon systems: human rights, automation, and the dehumanization of lethal decision-making, International Review of the Red Cross 94 (2012), S. 687 (692); *Alston,* Lethal Robotic Technologies: The Implications for Human Rights and International Humanitarian Law, Journal of Law, Information and Science 21 (2011/2012), S. 35 (55); *Heyns,* Report of the Special Rapporteur on extrajudicial, summary or arbitrary executions, 9. April 2013, Rn. 57; *Wagner,* Autonomy in the Battlespace: Independently Operating Weapon Systems and the Law of Armed Conflict in: Saxon (Hrsg.), International Humanitarian Law and the Changing Technology of War, 2013, S. 99 (105); *Singer,* War of the Machines: What Is the Real Story of Robotic Weaponry in: Schmidt-Radefeldt/Meissler (Hrsg.), Automatisierung und Digitalisierung des Krieges, 2012, S. 23 (28); *Sparrow,* Predators or plowshares? arms control of robotic weapons, IEEE Technology and Society Magazine 28

C. Völkerrechtliche Bedenken?

Neben technischen und ethischen Argumenten werden zunehmend auch rechtliche Argumente ins Feld geführt. Zum einen wird geltend gemacht, dass der Einsatz autonomer Waffensysteme gegen die Vorschriften des humanitären Völkerrechts, insbesondere gegen den Unterscheidungs- und den Verhältnismäßigkeitsgrundsatz verstoße.[116] Dies wird vor allem mit den technischen Problemen begründet, auf welche eine Entwicklung vollautonomer Systeme stoßen würde.[117] Teilweise wird aber auch argumentiert, dass sich aus dem Grundgedanken des humanitären Völkerrechts ergebe, dass bestimmte Entscheidungen, darunter die Entscheidung über Tod oder Leben von Menschen nicht auf Maschinen übertragbar isei.[118]

Ein zweiter großer Kritikpunkt ist das Problem der Verantwortlichkeiten im Fall einer Fehlfunktion von autonomen Waffensystemen.[119] So gilt es zu

(2009), S. 25 (27). Dagegen: *Pagallo,* Robots and Just War: A Legal Perspective, Philosophy and Technology 24 (2011), S. 307 (317); *Arkin,* Governing Lethal Behavior: Embedding Ethics in a Hybrid Deliberative/Reactive Robot Architecture, 2007, S. 10.

116 *Backstrom/Henderson,* New Capabilities in warfare: an overview of contemporary technological developments and the associated legal and engineering issues in article 36 weapons review, International Review of the Red Cross 94 (2012), S. 483 (488); *Human Rights Watch,* Losing humanity, 2012, S. 32 f; *Schmitt/Thurnher,* „Out of the Loop“: Autonomous Weapon Systems and the Law of Armed Conflict, Harvard National Security Journal 5 (2013), S. 231 (231); *Wagner,* Autonomy in the Battlespace: Independently Operating Weapon Systems and the Law of Armed Conflict in: Saxon (Hrsg.), International Humanitarian Law and the Changing Technology of War, 2013, S. 99 (99 ff); *Akerson,* The Illegality of Offensive Lethal Autonomy in: Saxon (Hrsg.), International Humanitarian Law and the Changing Technology of War, 2013, S. 65 (79; 85); *Sharkey,* The evitability of autonomous robot warfare, International Review of the Red Cross 94 (2012), S. 787 (789); *Liu,* Categorization and Legality of Autonomous and Remote Weapons Systems, International Review of the Red Cross 94 (2012), S. 627 (641); *Alston,* Lethal Robotic Technologies: The Implications for Human Rights and International Humanitarian Law, Journal of Law, Information and Science 21 (2011/2012), S. 35 (54).

117 *Lawand,* Fully autonomous weapons systems, 2013.

118 *Human Rights Watch,* Losing humanity, 2012, S. 37 f; *Asaro,* On banning autonomous weapon systems: human rights, automation, and the dehumanization of lethal decision-making, International Review of the Red Cross 94 (2012), S. 687 (695); *O'Connell,* Banning Autonomous Killing: The Legal and Ethical Requirement That Humans Make Near-Time Lethal Decisions in: Evangelista/Shue/Biddle (Hrsg.), The American way of bombing, 2014, S. 224 (232).

119 *Lawand,* Fully autonomous weapons systems, 2013; *Liu,* Categorization and Legality of Autonomous and Remote Weapons Systems, International Review

untersuchen, ob sich nach dem Recht in seiner derzeitigen Form im Fall einer Fehlfunktion eines autonomen Waffensystems die Verantwortlichkeit einer Individualperson begründen lässt oder ob eine Verantwortungslücke entstünde, welche droht, die Vorschriften des Völkerstrafrechts im Zusammenhang mit den Einsätzen autonomer Waffensysteme ins Leere laufen zu lassen.

Die folgende Arbeit greift diese Bedenken auf und macht sich eine umfassende Untersuchung zum Ziel. In einem ersten Teil wird untersucht, ob die Entwicklung und der Einsatz autonomer Systeme gegen die Regeln des humanitären Völkerrechts verstoßen und, falls dies nicht festgestellt werden kann, welchen Anforderungen ein autonomes Waffensystem für einen völkerrechtskonformen Einsatz genügen muss (1. Teil). In einem zweiten Teil wird anschließend das Völkerrecht darauf untersucht, ob und inwiefern im Falle eines Völkerrechtsverstoßes durch ein autonomes Waffensystem persönliche Verantwortlichkeiten begründet werden können oder ob diesbezüglich eine Weiterentwicklung des bestehenden Rechts nötig ist um Strafbarkeitslücken zu vermeiden (2. Teil).

of the Red Cross 94 (2012), S. 627 (632); *Human Rights Watch,* Losing humanity, 2012, S. 42 f; *Asaro,* On banning autonomous weapon systems: human rights, automation, and the dehumanization of lethal decision-making, International Review of the Red Cross 94 (2012), S. 687 (693); *Alston,* Lethal Robotic Technologies: The Implications for Human Rights and International Humanitarian Law, Journal of Law, Information and Science 21 (2011/2012), S. 35 (51); *Sparrow,* Killer Robots, Journal of Applied Philosophy 24 (2007), S. 62 (67).

Kapitel 2

Die Vereinbarkeit autonomer Waffensysteme mit den Vorschriften des internationalen bewaffneten Konflikts

Dieser erste Teil widmet sich der Frage, ob die Entwicklung oder der Einsatz autonomer Waffensysteme gegen die Vorschriften des internationalen bewaffneten Konflikts verstoßen.

§1 Untersuchungsmaßstab

Nach einer kurzen Behandlung des Anwendungsbereichs des internationalen bewaffneten Konflikts (A), wird das für die Untersuchung verwendete Recht dargestellt (B). Abschließend findet eine Begriffseinordnung von autonomen Waffensystemen statt (C).

A. Anwendungsbereich des Rechts des internationalen bewaffneten Konflikts

Mit dem Begriff Recht des bewaffneten Konflikts beziehungsweise humanitäres Völkerrecht bezeichnet man das Recht, welches im Fall eines bewaffneten Konflikts Anwendung findet.[120] Es trägt der Tatsache Rechnung, dass die spezielle Situation des bewaffneten Konflikts nur durch spezielles Recht adäquat reflektiert werden kann – aus diesem Grund tritt das humanitäre Völkerrecht an die Stelle des in Friedenszeiten anwendbaren Rechts.[121]

120 Als weitere Synonyme sind die Begriffe Kriegsrecht oder Kriegsvölkerrecht gebräuchlich. Differenzierend zur Entstehung der Begriffe *Kolb,* Ius in bello, 2003, Rn. 11–15.

121 Das in Friedenszeiten anwendbare Recht wird hierbei aber nicht vollständig verdrängt, sondern bleibt teilweise anwendbar, *David,* Principes de droit des conflits armés, 2002, S. 70–73; *Kleffner,* Scope of Application of International Humanitarian Law in: Fleck/Bothe (Hrsg.), The Handbook of International Humanitarian Law, 3. Auflage 2013, S. 43 (Rn. 201). Zu der speziellen Problematik der Anwendbarkeit von Menschenrechten *Gasser,* Humanitäres Völ-

Man unterscheidet hierbei zwischen zwei Kategorien des bewaffneten Konflikts: dem internationalen bewaffneten Konflikt und dem nicht-internationalen bewaffneten Konflikt.[122] Von einem internationalen bewaffneten Konflikt spricht man dann, wenn der Konflikt zwischen zwei oder mehr Staaten besteht[123] oder im Rahmen eines Einsatzes der Vereinten Nationen erfolgt.[124] Von einem nicht-internationalen Konflikt hingegen, wenn er zwischen den Streitkräften einer Regierung und einer oder mehrerer bewaffneter Gruppen beziehungsweise zwischen zwei oder mehr bewaffneten Gruppen innerhalb desselben Staates besteht.[125]

kerrecht – Eine Einführung, 2007, S. 28 ff; *Dinstein,* The conduct of hostilities under the law of international armed conflict, 2. Auflage 2010, Rn. 44 ff.

122 *Bothe,* Friedenssicherung und Kriegsrecht in: Vitzthum/Bothe/Dolzer (Hrsg.), Völkerrecht, 6. Auflage 2013, S. 573 (Rn. 121); *Kellenberger,* Über humanitäres Völkerrecht, 2008, S. 121. Unter einem Konflikt versteht man hierbei jede Meinungsverschiedenheit, zwischen zwei Staaten, die zu einem Einsatz der bewaffneten Streitkräfte führt, *Pictet/Uhler/Griffin,* The Geneva Conventions of 12 August 1949, 1958, S. 20; *Kleffner,* Scope of Application of International Humanitarian Law in: Fleck/Bothe (Hrsg.), The Handbook of International Humanitarian Law, 3. Auflage 2013, S. 43 (Rn. 202); *Gasser,* Humanitäres Völkerrecht- Eine Einführung, 2007, S. 66. Darauf, dass die Staaten den Konflikt anerkennen oder einen Kriegsführungswillen haben, kommt es nicht an, *Kleffner,* Scope of Application of International Humanitarian Law in: Fleck/Bothe (Hrsg.), The Handbook of International Humanitarian Law, 3. Auflage 2013, S. 43 (Rn. 202); *Bothe,* Friedenssicherung und Kriegsrecht in: Vitzthum/Bothe/Dolzer (Hrsg.), Völkerrecht, 6. Auflage 2013, S. 573 (Rn. 62).

123 *Kleffner,* Scope of Application of International Humanitarian Law in: Fleck/Bothe (Hrsg.), The Handbook of International Humanitarian Law, 3. Auflage 2013, S. 43 (Rn. 202); *Ipsen,* Völkerrecht, 6. Auflage 2014, § 58 Rn. 9; *Gasser,* Humanitäres Völkerrecht- Eine Einführung, 2007, S. 66.

124 *h.M.* Hierbei aber differenzierend: *Ipsen,* Völkerrecht, 6. Auflage 2014, § 59 Rn. 19 nur insofern wie die Truppen Organe der VN-Mitgliedsstaaten bleiben, nicht bei Organleihe; in jedem Falle: *Bothe,* Friedenssicherung und Kriegsrecht in: Vitzthum/Bothe/Dolzer (Hrsg.), Völkerrecht, 6. Auflage 2013, S. 573 (Rn. 63); *Green,* The contemporary law of armed conflict, 3. Auflage 2008, S. 69. Eine Intensitätsschwelle wie beim nicht-internationalen bewaffneten Konflikt gibt es hierbei nicht, JStGH, Entsch. v. 2. Oktober 1995 (Dusko Tadic – Decision on the Defence Motion for Interlocutary Appeal on Jurisdiction), Rn. 70; *Ipsen,* Völkerrecht, 6. Auflage 2014, § 61 Rn. 1 f; *Gasser,* Humanitäres Völkerrecht – Eine Einführung, 2007, S. 60. Wohl A. A. *Bothe,* Friedenssicherung und Kriegsrecht in: Vitzthum/Bothe/Dolzer (Hrsg.), Völkerrecht, 6. Auflage 2013, S. 573 (Rn. 62).

125 JStGH, Entsch. v. 2. Oktober 1995 (Dusko Tadic – Decision on the Defence Motion for Interlocutary Appeal on Jurisdiction), Rn. 70; *Kleffner,* Scope of Application of International Humanitarian Law in: Fleck/Bothe (Hrsg.), The

Aus Gründen der Übersichtlichkeit beschränkt sich die vorliegende Arbeit auf die Untersuchung nach den Vorschriften einer Konfliktart. Hierbei fiel die Wahl auf den internationalen bewaffneten Konflikt, da dessen Vorschriften klarer ausgestaltet sind und sich daher besser eignen, die Problematik autonomer Waffensysteme gezielt zu untersuchen.[126] Die wesentlichen Probleme, wie die Frage des Unterscheidungs- und Verhältnismäßigkeitsgrundsatzes sind zudem im internationalen und nicht-internationalen Konflikt dieselben.[127]

B. Rechtsquellen

Die anwendbaren Rechtsquellen im internationalen bewaffneten Konflikt unterteilte man früher in Haager Recht und Genfer Recht,[128] das Haager Recht bezeichnete hierbei das Recht der Mittel und Methoden der Kampfführung,[129] wohingegen das Genfer Recht den Schutz der am Krieg beteiligten oder durch den Krieg betroffenen Personen in den Mittelpunkt stellte.[130] Eine solche Unterteilung ist heutzutage jedoch weitgehend hinfällig,[131] durch

Handbook of International Humanitarian Law, 3. Auflage 2013, S. 43 (Rn. 208); *Gasser,* Humanitäres Völkerrecht – Eine Einführung, 2007, S. 67.

126 So sind die Vorschriften zum internationalen bewaffneten Konflikt im ZP I ausführlich geregelt, welches in großen Teilen auch gewohnheitsrechtliche Geltung entfaltet. Das für den nicht- internationalen bewaffneten geltende ZP II ist nicht annähernd so umfangreich.

127 *Oeter,* Methods and Means of Combat in: Fleck/Bothe (Hrsg.), The Handbook of International Humanitarian Law, 3. Auflage 2013, S. 115 (Rn. 442.1). So muss im nicht-internationalen Konflikt zwar nicht zwischen Kombattanten und Zivilisten, dafür aber zwischen Kämpfern und Zivilisten unterschieden werden.

128 *David,* Principes de droit des conflits armés, 2002, Rn. 1.4; *Bothe,* Friedenssicherung und Kriegsrecht in: Vitzthum/Bothe/Dolzer (Hrsg.), Völkerrecht, 6. Auflage 2013, S. 573 (Rn. 56); *Gardam,* Necessity, proportionality, and the use of force by states, 2004, S. 60.

129 Dies sind zum Beispiel die St. Petersburger Erklärung betreffend Nichtanwendung der Sprenggeschosse im Krieg von 1868, der Brüsseler Entwurf einer Erklärung über die Gesetze und Gebräuche des Krieges von 1874 und die Verträge der Haager Friedenskonferenzen von 1899 und 1907.

130 Vergleiche die Genfer Konvention über die Verbesserung des Loses der verwundeten Soldaten der Armeen im Felde von 1864, bzw. die Genfer Abkommen von 1906, 1929 und 1949.

131 IGH, *Legality of the Threat or Use of Nuclear Weapons,* Advisory Opinion of 8. July 1996, I.C.J. Reports 1996, S. 226 ff, Rn. 75. Vergleiche auch: *David,* Principes de droit des conflits armés, 2002, Rn. 1.4.

die Annäherung der beiden Rechtsgebiete in den Vorschriften des Ersten Zusatzprotokolls zu den Genfer Konventionen vom 8. Juni 1977 (ZP I)[132], welches die aktuellste Kodifikation des Rechts des internationalen bewaffneten Konflikts enthält. Ein direkter Bezug auf die Vorschriften des ZP I in dieser Arbeit kommt jedoch deshalb nicht in Frage, weil zwei der Staaten, welche verstärkt an der Entwicklung autonomer Waffensysteme arbeiten – Israel und die USA – dem ZP I (noch?) nicht beigetreten sind. Aus diesem Grund beschränkt sich die folgende Bearbeitung im Wesentlichen auf eine Untersuchung des Völkergewohnheitsrechts.[133] Insofern sich aus den Regelungen des ZP I andere Anforderungen ergeben, wird hierauf gesondert eingegangen. Insofern Vorschriften aus völkerrechtlichen Verträgen wie dem Kulturgüterschutzabkommen[134] oder dem Seerechtsübereinkommen[135] untersucht werden, wird jeweils gesondert auf ihre Anwendbarkeit eingegangen.

C. Begriffsbestimmung

Einer rechtlichen Bewertung soll die Einordnung von autonomen Waffensystemen in die Begriffskategorien des humanitären Völkerrechts vorangestellt werden. Falls eine Zuordnung zu einem der beiden Primärstatus – Zivilist oder Kombattant – möglich ist, ergäben sich hieraus besondere Rechte und Pflichten für das autonome Waffensystem (I.).[136] Anderenfalls muss eine Zuordnung in eine der Gegenstandskategorien erwogen werden, wenn nicht überhaupt nur eine analoge Anwendung der Vorschriften des humanitären

132 Zusatzprotokoll zu den Genfer Abkommen vom 12. August 1949 über den Schutz der Opfer internationaler bewaffneter Konflikte (Protokoll I) vom 8. Juni 1977.

133 Hierbei wird schwerpunktmäßig die Kodifikation des Roten Kreuzes in seiner Customary Law Study zu Grund gelegt, *Henckaerts/Doswald-Beck,* Customary International Humanitarian Law – Vol. I: Rules, 2005. Zur Kritik an dieser Studie, für viele *Bellinger/Haynes,* A US government response to the International Committee of the Red Cross study Customary International Humanitarian Law, International Review of the Red Cross 89 (2007), S. 443.

134 Konvention zum Schutz vom Kulturgut bei bewaffneten Konflikten vom 14. Mai 1954 (Kulturgüterschutzabkommen).

135 Seerechtsübereinkommen der Vereinten Nationen vom 10. Dezember 1982 (SRÜ).

136 Als Kombattant des internationalen bewaffneten Konflikts hätten autonome Waffensysteme das Recht, aktiv an Kriegshandlungen teilzunehmen, Art. 43 Abs. 2 ZP I. Im Fall einer Gefangenahme würde ihm der Sekundärstatus des Kriegsgefangenen attribuiert, Art. 3 HLKO, Art. 4 GA III, Art. 44 ZP I.

Völkerrechts in Betracht kommen soll. Bei den Gegenstandskategorien ist insbesondere eine Einordnung als Mittel der Kriegführung (II.) zu erwägen.

I. Autonome Waffensysteme als „virtuelle" Kombattanten?

Zum Teil wird vertreten, dass autonome Waffensysteme als (virtuelle) Kombattanten einzustufen seien.[137] Dies wird damit begründet, dass sie Urteilsvermögen und Ermessen besitzen und insofern ähnliche Qualitäten wie ein Mensch aufweisen würden. Hieraus ergebe sich die Notwendigkeit sie rechtlich gleich zu behandeln.[138] Eine solche Ansicht vermag jedoch nicht zu überzeugen, da sie insbesondere nicht mit dem bestehenden Recht in Einklang zu bringen ist.[139]

Bei einer ergebnisoffenen Subsumtion unter Berücksichtigung der notwendigen Anpassung des humanitären Völkerrechts an sich verändernde Umstände der Kriegführung erscheint eine Einstufung von autonomen Waf-

137 So *Akerson,* The Illegality of Offensive Lethal Autonomy in: Saxon (Hrsg.), International Humanitarian Law and the Changing Technology of War, 2013, S. 65 (70; 88 ff). *Liu,* Categorization and Legality of Autonomous and Remote Weapons Systems, International Review of the Red Cross 94 (2012), S. 627 (632) diskutiert ebenfalls eine Einordnung als Kombattant, lehnt diese jedoch im Ergebnis ab.

138 *Akerson,* The Illegality of Offensive Lethal Autonomy in: Saxon (Hrsg.), International Humanitarian Law and the Changing Technology of War, 2013, S. 65 (70; 88).

139 Die Argumentation von *Akerson,* The Illegality of Offensive Lethal Autonomy in: Saxon (Hrsg.), International Humanitarian Law and the Changing Technology of War, 2013, S. 65 (88–90) ist überdies in sich nicht überzeugend, da er zwar annimmt, dass autonome Waffensysteme wegen ihrer Menschenähnlichkeit als Kombattanten zu qualifizieren seien, im gleichen Schritt aber feststellt, dass sie nicht die Definition von „Mitglieder der Streitkräfte" i.S.v. Art. 43 ZP I erfüllen. Der von ihm gezogene Schluss, dass sie deshalb „illegale" Kombattanten seien, verkennt, dass nicht Kombattant sein kann, wer die Definition des Kombattantenbegriffs nicht erfüllt. Einen illegalen Kombattanten kann es begrifflich nicht geben, ebenso *Wieczorek,* Unrechtmässige Kombattanten und humanitäres Völkerrecht, 2005; *Ipsen,* Combatants and Non-Combatants in: Fleck/Bothe (Hrsg.), The Handbook of International Humanitarian Law, 3. Auflage 2013, S. 79 (Rn. 302). Sein Gesamtergebnis, dass es sich bei autonomen Systemen um Nichtkombattanten ohne das Recht auf den Einsatz tödlicher Gewalt handele, findet ebenfalls keine Grundlage im humanitären Völkerrecht. Zum Begriff der Nichtkombattanten *Ipsen,* Combatants and Non-Combatants in: Fleck/Bothe (Hrsg.), The Handbook of International Humanitarian Law, 3. Auflage 2013, S. 79 (Rn. 314 ff).

fensystemen als Kombattanten zunächst möglich.[140] So sind autonome Waffensysteme eindeutig einer der Parteien des Konfliktes zuzuordnen, nämlich der Konfliktpartei, welche sie eingesetzt hat. Sie sind Teil einer Organisation militärischen Charakters, da sie aller Voraussicht nach im Rahmen der offiziellen Armee eingesetzt werden und unterstehen in diesem Rahmen einer verantwortlichen Führungsperson, welche effektive Kontrolle über sie ausübt – dies ist regelmäßig der Befehlshaber, welcher über den Einsatz des konkreten autonomen Waffensystems entscheidet und auch dessen Rückruf und Deaktivierung verfügen kann.[141] Die Einhaltung der Gesetze und Gebräuche des Krieges schließlich ist die Grundvoraussetzung für einen legitimen Einsatz von autonomen Waffensystemen.[142]

140 Der Begriff des Kombattanten im humanitären Völkerrecht umfasst alle Mitglieder der offiziellen Streitkräfte einer Partei (so implizit Art. 1 HLKO; Art. 4A Abs. 1 GA III; Art. 43 Abs. 2 ZP I), außer dem Sanitäts- und Seelsorgepersonal (dies wurde durch Art. 43 Abs. 2 ZP I neu eingeführt) sowie Angehörige von Milizen und Freiwilligenkorps, die Teil der offiziellen Streitkräfte (Art. 1 HLKO, Art. 4A Abs. 1 GA III) oder organisierter Widerstandsbewegungen sind (Art. 4A Abs. 1 GA III). Um die Einordnung als Kombattant einfacher zu gestalten, haben sich vier Kriterien entwickelt, an Hand derer man die Zuordnung zum Kombattantenstatus vornimmt: 1. Zugehörigkeit zu einer der Konfliktparteien; 2. Organisation militärischen Charakters; 3. Verantwortliche Führungsperson, die effektive Kontrolle über die Mitglieder der Organisation ausübt; 4. Einhaltung der Gesetze und Gebräuche des Krieges, *Sandoz/Zimmermann,* Commentary on Protocol Additional to the Geneva Conventions of 12 August 1949, and relating to the Protection of Victims of International Armed Conflicts (Protocol I), 8 June 1977, 1987, Rn. 1681; *Corn,* The law of armed conflict, 2012, S. 135 f. Die Elemente dieser Definition sind zwar an Art. 43 Abs. 1 ZP I angelehnt, sie ist allerdings universell anerkannt, und damit auch für die Staaten, die das ZP I nicht ratifiziert verbindlich, *Henckaerts/Doswald-Beck,* Customary International Humanitarian Law – Vol. I: Rules, 2005, S. 12 ff.

141 A. A. *Akerson,* The Illegality of Offensive Lethal Autonomy in: Saxon (Hrsg.), International Humanitarian Law and the Changing Technology of War, 2013, S. 65 (89), welcher vertritt, dass der Befehlshaber keine Verhaltensänderung in dem autonomen System bewirken könne, da dieses nur durch seine Algorithmen gesteuert werde. Ebenfalls könne dieses niemals Teil eines internen Disziplinierungssystems sein, da eine Bestrafung autonomer Waffensysteme unmöglich sei. *Akerson* vermischt hierbei jedoch Fragen der (völker)strafrechtlichen Verantwortlichkeit mit den Voraussetzungen des Kombattantenstatus und verkennt, dass es bei diesem Punkt vielmehr nur darauf ankommt, ob der Kombattant von einer vorgesetzten Stelle kontrolliert werden kann. Dies ist bei autonomen Systemen jedenfalls mittels eines Rückrufs und einer Deaktivierung möglich.

142 Auch hierzu ablehnend *Akerson,* The Illegality of Offensive Lethal Autonomy in: Saxon (Hrsg.), International Humanitarian Law and the Changing Technology of War, 2013, S. 65 (90) mit denselben Argumenten.

Gegen eine solche Einordnung sprechen jedoch Ziel und Zweck[143] des Kombattantenbegriffs, sowie der Wortlaut des Dritten Genfer Abkommens und des ZP I[144]. So sieht Art. 4A GA III vor, dass „Kriegsgefangene die in die Gewalt des Feindes gefallenen Personen […] sind".[145] Eine Subsumtion von Maschinen unter den Begriff „Person" erscheint auch bei weiter Auslegung des Begriffs nicht möglich und verstieße daher gegen den Wortlaut der Konvention. Eine ähnliche Beschränkung lässt sich aus dem ZP I herleiten. Art. 43 Abs. 2 ZP I definiert Kombattanten als „Angehörige der Streitkräfte einer am Konflikt beteiligten Partei".[146] Obwohl weniger eindeutig als der Wortlaut des GA III ist davon auszugehen, dass der Begriff „Angehöriger" nach „gewöhnlicher, […] [der] Bestimmung[…] in ihrem Zusammenhang zukommenden Bedeutung"[147] nur Menschen und keine Maschinen umfasst.[148]

Auch Ziel und Zweck des Kombattantenbegriffs sprechen gegen eine Ausdehnung auf Maschinen.[149] Der Begriff wurde ursprünglich aus humanitären Erwägungen geschaffen, so sollte Kriegsteilnehmern ein Mindestmaß an Rechten, und zwar insbesondere im Falle ihrer Gefangennahme der Kriegsgefangenenstatus, gesichert werden.[150] Ein solcher Schutz ist für Maschinen aber nicht nötig, da sie keine dem Menschen vergleichbare Vulnerabilität aufweisen.[151] Eine Einstufung von autonomen Waffensystemen als

143 Gemäß Art. 31 Abs. 1 WVK ist ein völkerrechtlicher Vertrag im Lichte seines Zieles und Zweckes auszulegen.

144 Gemäß Art. 31 Abs. 3 (c) WVK sind bei der Auslegung völkerrechtlicher Verträge alle zwischen den Parteien anwendbaren einschlägigen Völkerrechtssätze zu berücksichtigen.

145 Art. 4A GA III, welcher die Definition von Kriegsgefangenen und damit indirekt des Kombattantenbegriffs enthält.

146 Art. 43 Abs. 2 ZP I.

147 Art. 31 Abs. 1 WVK.

148 In diesem Sinne *Sandoz/Zimmermann,* Commentary on Protocol Additional to the Geneva Conventions of 12 August 1949, and relating to the Protection of Victims of International Armed Conflicts (Protocol I), 8 June 1977, 1987, Rn. 1672.

149 Ebenso *Liu,* Categorization and Legality of Autonomous and Remote Weapons Systems, International Review of the Red Cross 94 (2012), S. 627 (629).

150 *Crawford,* The treatment of combatants and insurgents under the law of armed conflict, 2010, S. 50.

151 So besteht zum Beispiel kein Bedürfnis, autonome Systeme vor Zwangsarbeit oder Repressalien durch die gegnerische Partei zu bewahren, so auch *Liu,* Categorization and Legality of Autonomous and Remote Weapons Systems, International Review of the Red Cross 94 (2012), S. 627 (629). Durch den Einbau von Selbstzerstörungsmechanismen in autonome Systeme kann zudem verhindert werden, dass die Geräte überhaupt in die Hand der gegnerischen Partei

Kombattanten ist auch nicht in Hinblick auf eine Limitierung ihres rechtlichen Dürfens notwendig,[152] da autonome Waffensysteme auch bei einer Qualifizierung als Waffe oder Mittel der Kriegführung in Kampfhandlungen eingesetzt und von der gegnerischen Partei angegriffen werden dürfen.

II. Autonome Waffensysteme als Waffen oder Mittel der Kriegführung

Eine Qualifizierung als Waffe oder Mittel der Kriegführung wird der Natur von autonomen Waffensystemen somit gerechter. Der Begriff der Waffe ist im humanitären Völkerrecht nicht gesondert definiert,[153] weshalb auf den allgemeinen Sprachgebrauch zurückgegriffen werden muss.[154] Waffen sind demnach alle Gegenstände, welche auf den ersten Blick typischerweise als solche einzuordnen sind, wie zum Beispiel Gewehre, Pistolen, Granatwerfer, Flammenwerfer, Maschinenpistolen oder Messer.[155] Der Begriff Mittel der

gelangen, mit diesem Vorschlag *White,* Brave New World: Neurowarfare and the limits of international humanitarian law, Cornell International Law Journal 41 (2008), S. 177 (185).

152 Vom Begriff des Kombattanten hängt auch ab, wer sich straffrei an den Kampfhandlungen beteiligen darf, Art. 43 Abs. 2 ZP I, sowie wer von der gegnerischen Partei angegriffen werden darf, Art. 48 ZP I; *Henckaerts/Doswald-Beck,* Customary International Humanitarian Law – Vol. I: Rules, 2005, Regel 1.

153 So wird der Ausdruck „Waffe“ zwar sowohl in der HLKO (Präambel, Art. 1, Art. 2, Art. 4, Art. 12, Art. 23), in den Genfer Abkommen von 1949 (Gemeinsamer Art. 3, Art. 13 GA I, Art. 22 GA I, Art. 32 GA I, Art. 13 GA II, Art. 35 GA II, Art. 4 GA III, Art. 18 GA III, Art. 42 GA III) und im ZP I (Art. 28 ZP I, Art. 35 ZP I, Art. 36 ZP I, Art. 44 ZP I, Art. 56 ZP I, Art. 59 ZP I, Art. 60 ZP I, Art. 65 ZP I), sowie in mehreren Spezialverträgen (zum Beispiel Atomwaffensperrvertrag von 1968, Biowaffenkonvention von 1972, Konvention über das Verbot oder die Beschränkung des Einsatzes bestimmter konventioneller Waffenbesonders inhumaner Waffen von 1980) verwendet, eine Legaldefinition enthält jedoch keines dieser völkerrechtlichen Instrumente.

154 *Grant/Barker,* Encyclopaedic Dictionary of International Law, 2009, S. 674; *Salmon,* Dictionnaire de droit international public, 2001, S. 81, Speziell für den Fall von Art. 36 ZP I: *McClelland,* The Review of Weapons in Accordance with Article 36 of Additional Protocol I, International Review of the Red Cross 85 (2003), S. 397 (404).

155 Nicht zuzustimmen ist der Definition von *Ipsen,* Völkerrecht, 6. Auflage 2014, § 59 Rn. 4, welcher Waffen als „alle Instrumentarium, dass eine Konfliktpartei zur Schädigung der anderen einsetzt“ definiert. Folgte man dieser Definition, so ist keine klare Unterscheidung zwischen Waffen und Mitteln der Kampfführung mehr gewährleistet.

Kriegführung[156] ist weiter und umfasst sowohl Waffen im weiteren Sinne, als auch die Art und Weise, in der sie eingesetzt werden.[157] Autonome Waffensysteme sind als Waffensysteme somit korrekterweise den Mitteln der Kriegführung zuzuordnen.[158]

Damit lassen sich autonome Waffensysteme in die Begrifflichkeiten des humanitären Völkerrechts in seiner jetzigen Form unproblematisch einordnen.

156 Der Begriff „Mittel der Kriegführung" wurde zum ersten Mal durch das ZP I eingeführt (Art. 35, 36, 54, 55, ZP I), und neben dem Begriff „Kampfmittel" verwendet (Art. 51 IV b) und c) ZP I). In den vorherigen Konventionen wurde der Begriff „Mittel zur Schädigung des Feindes" verwendet (vergleiche Art. 22 HLKO). Ein substantieller Unterschied zwischen den beiden Begriffen, besteht jedoch nicht.

157 *Sandoz/Zimmermann,* Commentary on Protocol Additional to the Geneva Conventions of 12 August 1949, and relating to the Protection of Victims of International Armed Conflicts (Protocol I), 8 June 1977, 1987, Rn. 1402; *Salmon,* Dictionnaire de droit international public, 2001, S. 703. *Haines* vertritt, dass die Begriffe „Waffe" und „Mittel der Kampfführung" synonym zu verwenden seien *Haines,* The Developing Law of Weapons: Humanity, Distinction and Precautions in Attack in: Clapham/Gaeta (Hrsg.), The Oxford Handbook of International Law in Armed Conflict, 2014, S. 273 (276).

158 So auch: *Schmitt/Thurnher,* „Out of the Loop": Autonomous Weapon Systems and the Law of Armed Conflict, Harvard National Security Journal 5 (2013), S. 231 (271); *Backstrom/Henderson,* New Capabilities in warfare: an overview of contemporary technological developments and the associated legal and engineering issues in article 36 weapons review, International Review of the Red Cross 94 (2012), S. 483 (493); *Reeves/Thurnher,* Are We Reaching a Tipping Point? How Contemporary Challenges Are Affecting the Military Necessity-Humanity Balance, Harvard National Security Journal – Online Feature (2013), S. unter http://harvardnsj.org/2013/06/are-we-reaching-a-tipping-point-how-contemporary-challenges-are-affecting-the-military-necessity-humanity-balance/, zuletzt abgerufen am 30. März 2015 (S. 7). Zum Teil werden autonome Waffensysteme in der Literatur als Waffen eingeordnet, so zum Beispiel *Kellenberger,* International Humanitarian Law and New Weapons Technologies – 34th Round Table on current issues of international humanitarian law, San Remo, 8–10 September 2011, International Review of the Red Cross 94 (2012), S. 809 (812). Dies wird aber der Tatsache nicht gerecht, dass sie neben der eigentlichen Waffe auch noch Trägersysteme und Steuerungseinheiten erfassen. *Liu* sieht keine der bestehenden Kategorien als ausreichend an und fordert die Schaffung neuer Kategorien speziell für autonome Systeme, *Liu,* Categorization and Legality of Autonomous and Remote Weapons Systems, International Review of the Red Cross 94 (2012), S. 627 (652).

§2 Grundlegender Verstoß gegen die Prinzipien des humanitären Völkerrechts?

Zum Teil wird vertreten, dass die Entwicklung und der Einsatz autonomer Waffensysteme mit den Grundprinzipien des humanitären Völkerrechts nicht vereinbar seien.[159] Dies ist allerdings nur unter zwei Aspekten denkbar: zum einen, wenn die Entwicklung und der Einsatz autonomer Waffensysteme einen Verstoß gegen die in der Martens'schen Klausel angeführten Gesetze der Menschlichkeit und der Forderungen des öffentlichen Gewissens darstellen (A), zum anderen wenn sich die Entwicklung und der Einsatz als Verstoß gegen die immanenten Prinzipien der Genfer Konventionen und des humanitären Völkerrechts erweist (B). Im Folgenden sollen beide Möglichkeiten kritisch beleuchtet werden.

A. Unvereinbarkeit mit den Gesetzen der Menschlichkeit und den Forderungen des öffentlichen Gewissens?

Insoweit ein Verbot aus einer Unvereinbarkeit mit den in der Martens'schen Klausel[160] angeführten Gesetzen der Menschlichkeit und Forderungen des öffentlichen Gewissens abgeleitet wird,[161] ist dies nicht zutreffend. Ein solches direktes Verbot scheitert daran, dass den Gesetzen der Menschlichkeit und der Forderungen des öffentlichen Gewissens keine rechtliche Bin-

159 *Akerson,* The Illegality of Offensive Lethal Autonomy in: Saxon (Hrsg.), International Humanitarian Law and the Changing Technology of War, 2013, S. 65 (90 ff). Wohl auch *Lawand,* Fully autonomous weapons systems, 2013.

160 Die Martens'sche Klausel stand ursprünglich in der Präambel des II. Haager Abkommens von 1899. Im Folgenden wurde sie immer wieder zum Teil in abgeänderter Form in verschiedenen Instrumentarien des humanitären Völkerrechts aufgenommen, so zum Beispiel in der Präambel des IV. Haager Abkommens von 1907, Art. 63 Abs. 4 GK I, Art. 62 Abs. 4 GK II, Art. 142 Abs. 4 GK III, Art. 158 Abs. 4 GK IV, Art. 1 Abs. 2 ZP I, Präambel des ZP II, Ziffer 5 der Präambel der CCW. Für die Entstehungsgeschichte der Martens'schen Klausel umfassend *Cassese,* The Martens Clause: Half a loaf or simply pie in the sky?, European Journal of International Law 11 (2000), S. 187 (193 ff).

161 So *Akerson,* The Illegality of Offensive Lethal Autonomy in: Saxon (Hrsg.), International Humanitarian Law and the Changing Technology of War, 2013, S. 65 (90 ff). Die Menschenrechtsorganisation Human Rights Watch, nimmt einen Verstoß nur dann an, wenn die Mehrheit der Bevölkerung auch tatsächlich gegen die Entwicklung und den Einsatz von autonomen Systemen sind, *Human Rights Watch,* Losing humanity, 2012, S. 35 f.

dungswirkung zukommt (I.). Allerdings lässt sich aus diesen Grundsätzen ein Handlungsgebot an die Staatengemeinschaft ableiten (II.).

I. Keine rechtliche Bindungswirkung der Gesetze der Menschlichkeit und der Forderungen des öffentlichen Gewissens

Die in der Martens'schen Klausel neben den „unter gesitteten Staaten geltenden Gebräuche“[162] aufgeführten „Gesetze der Menschlichkeit und Forderungen des öffentlichen Gewissens“ entfalten keine rechtliche Bindungswirkung. Zwar ist die Rechtsverbindlichkeit der Martens'schen Klausel als Ganzes im internationalen bewaffneten Konflikt nach ganz überwiegender Ansicht relativ unstreitig,[163] über den genauen Umfang ihrer Geltung besteht jedoch ein umfassendes Meinungsspektrum.

Zum Teil wird vertreten, dass die Martens'sche Klausel nur eine Erinnerung daran ist, dass unabhängig von völkervertragsrechtlichen Regelungen eine Situation auch immer am Maßstab des Völkergewohnheitsrechts zu messen ist.[164] Nach dieser Ansicht kann die Martens'sche Klausel keine über die Regelungen des bestehenden Völkergewohnheitsrechts hinausgehende Geltung der Begriffe der Menschlichkeit und der Forderungen des öffentlichen Gewissens begründen. Andere verstehen die Klausel in dem Sinne, dass sie die Entkräftung des *a contrario* Arguments bezwecken solle, dass im humanitären Völkerrecht alles erlaubt sei, was nicht explizit verboten

162 In späteren Versionen lautet diese Formulierung auch „Interessen der Menschlichkeit und den sich immer steigernden Forderungen der Zivilisation“ (Präambel des IV. Haager Abkommens von 1907) oder „Grundsätze der Menschlichkeit und Forderungen des öffentlichen Gewissens“ (Präambel des ZP II).

163 Insofern wohl allein ablehnend: Russland, “Written statement and comments of the Russian Federation on the issue of the legality of the threat or use of nuclear weapons”, 16. Juni 1995, S. 13, unter http://www.icj-cij.org/docket/files/95/8796.pdf, zuletzt abgerufen am 30. März 2015.

164 *O'Connell,* Historical Development and Legal Basis in: Fleck/Bothe (Hrsg.), The Handbook of International Humanitarian Law, 3. Auflage 2013, S. 1 (Rn. 131); *Danner/Martinez,* Guilty Associations: Joint Criminal Enterprise, Command Responsibility, and the Development of International Criminal Law, California Law Review 93 (2005), S. 75 (87); *Boothby,* The law of targeting, 2012, S. 9. Dies dürfte die konservativste und daher am wenigsten kontroverse Ansicht sein, da das Völkergewohnheitsrecht auch ohne eine Erinnerung der Martens'schen Klausel anwendbar ist. Die Vertreter dieser Ansicht beziehen sich bei ihrer Ansicht hauptsächlich auf die Formulierung der „feststehende Gebräuche“.

ist.[165] Auch nach dieser Ansicht lässt sich keine eigenständige Rechtsgeltung herleiten. Wieder andere sehen die Martens'sche Klausel als notwendige Interpretationshilfe im Zusammenhang mit anderen Rechtsnormen des humanitären Völkerrechts.[166] So diene die Formulierung „Gesetze der Menschlichkeit und Forderungen des öffentlichen Gewissens" dazu, bestehendes Recht – vertragliches oder Gewohnheitsrecht – auszulegen. Auch nach dieser Ansicht, welcher an dieser Stelle zugestimmt wird, bedarf es also zusätzlicher Normen, um ein Verbot zu begründen.

Nur eine Minderheit von Autoren vertritt, dass die Gesetze der Menschlichkeit und die Forderungen des öffentlichen Gewissens in der Martens'schen Klausel einen eigenen Regelungsgehalt aufweisen und eine selbstständige Rechtsquelle bilden, welche als Maßstab für Geschehnisse dienen könne.[167]

165 *Sandoz/Zimmermann,* Commentary on Protocol Additional to the Geneva Conventions of 12 August 1949, and relating to the Protection of Victims of International Armed Conflicts (Protocol I), 8 June 1977, 1987, Rn. 55; *Schwarzenberger,* The legality of nuclear weapons, 1958, S. 10. Vergleiche ebenfalls die Rechtsansichten des Vereinigten Königreiches im *Nuclear Weapons-* Fall, „Legality of the Threat or Use of Nuclear Weapons – Statement of the Government of Kingdom", 16. Juni 1995, Rn. 3.58, unter http://www.icj-cij.org/docket/files/95/8802.pdf 3.58, zuletzt abgerufen am 30. März 2015.

166 Insoweit überzeugend *Crawford,* The Modern Relevance of the Martens Clause, ISIL Yearbook of International Humanitarian and Refugee Law VI (2006), S. 1 (17); *Meron,* The Martens Clause, Principle of Humanity, and Dictates of Public Conscience, American Journal of international law 94 (2000), S. 78 (88). Ebenso: JStGH, Urt. v. 14. Januar 2000 (Kupreskic et al., TC), Rn. 525. Dies meinen wohl auch *Sandoz/Zimmermann,* Commentary on Protocol Additional to the Geneva Conventions of 12 August 1949, and relating to the Protection of Victims of International Armed Conflicts (Protocol I), 8 June 1977, 1987, Rn. 55, welche davon sprechen, dass die Klausel als dynamischer Faktor für die Anwendbarkeit des humanitären Völkerrechts auf neue Technologien gilt. Für eine Zusammenstellung der *opinio iuris* der Staaten, vergleiche IGH *Nuclear Weapons* „Written Observations submitted by the Government of Solomon Islands to the International Court of Justice, 20. Juni 1995, Rn. 3.73.

167 *Strebel,* Martens' Clause in: Bernhardt (Hrsg.), Encyclopedia of public international law – Vol. III, 1997, S. 326 (327). Wohl auch: *Ticehurst,* The Martens Clause and the Laws of Armed Conflict, International Review of the Red Cross 37 (1997), S. 125 (133), welcher in der Martens'schen Klausel einen kodifizierten Verweis auf naturrechtliche und moralische Prinzipien sieht. Auch das IKRK scheint von einem eigenständigen Regelungsgehalt auszugehen, *Lawand,* A Guide to the Legal Review of New Weapons, Means and Methods of Warfare, 2006, S. 17. Für die *opinio iuris* einiger Staaten IGH "Legality of the use of or the threat of use of Nuclear Weapons – Republic of Nauru Response to submissions of other states", 15. Juni 1995, S. 13, unter http://www.icj-cij.org/docket/files/95/8794.pdf, zuletzt abgerufen am 30. März 2015; IGH „Legality

Begründet wird dies hauptsächlich mit einem Textargument. So lasse der Wortlaut der ursprünglichen Version „herrschende[n] Grundsätzen des Völkerrechts [...], wie sie sich aus den unter gesitteten Staaten geltenden Gebräuchen, aus den Gesetzen der Menschlichkeit und aus den Forderungen des öffentlichen Gewissens herausgebildet haben“ darauf schließen, dass sich die Grundsätze des Völkerrechts aus allen drei genannten Rechtsquellen zusammensetzen und diese hierbei gleichberechtigt nebeneinander stünden.[168] Andere argumentieren ergebnisorientiert und sprechen den Forderungen des öffentlichen Gewissens eine eigenständige Rechtskraft zu, weil dies die einzige Möglichkeit sei, die Rechtsansichten kleinerer Staaten in das humanitäre Völkerrecht einfließen zu lassen.[169] Insgesamt vermag diese Ansicht aber nicht zu überzeugen. So kann man dem Wortlautargument mit einem anderen Wortlautargument entgegnen, dass nur solche Grundsätze des Völkerrechts erfasst sind, welche sich bereits aus den drei Quellen „herausgebildet haben“. In dem Moment, in dem bindendes Völkerrecht vorliegt, kommt es dann aber auch nicht mehr auf die Quelle an. Zum Zweiten ist die Klausel zu vage gehalten, um rechtlich verbindlich zu sein.[170] Zwar kommen unbestimmte Rechtsbe-

of the use of or the threat of use of Nuclear Weapons – Written Statement by the government of Mexico on the request for an advisory opinion submitted to the International Court of Justice by the forty-ninth United Nations General Assembly (Resolution 49/75k), unter http://www.icj-cij.org/docket/files/95/8694.pdf, zuletzt abgerufen am 30. März 2015. *Shahabuddeen* geht davon aus, dass die Grundsätze der Menschlichkeit und die Forderungen des öffentlichen Gewissens eigenständige Rechtskraft entfalten, auf welche die Martens'sche Klausel lediglich verweist, IGH „Legality of the use of or the threat of use of Nuclear Weapons – Dissenting Opinion of Judge Shahabuddeen“, S. 186 ff.

168 *Strebel,* Martens‘ Clause in: Bernhardt (Hrsg.), Encyclopedia of public international law – Vol. III, 1997, S. 326 (327). *Shahabuddeen*, welcher ebenfalls mit dem Wortlaut der ursprünglichen Fassung argumentiert, stützt sich auf die Formulierung „verbleiben“. Seiner Argumentation nach müssen die Grundsätze der Menschlichkeit und die Forderungen des öffentlichen Gewissens zum Zeitpunkt der Entstehung der Martens'schen Klausel bereits Rechtsgeltung erlangt haben, da ansonsten nicht unter ihrem Schutz „verblieben“ werden könne, IGH „Legality of the use of or the threat of use of Nuclear Weapons – Dissenting Opinion of Judge Shahabuddeen“, S. 186.

169 *Ticehurst,* The Martens Clause and the Laws of Armed Conflict, International Review of the Red Cross 37 (1997), S. 125 (133).

170 So auch *O'Connell,* Historical Development and Legal Basis in: Fleck/Bothe (Hrsg.), The Handbook of International Humanitarian Law, 3. Auflage 2013, S. 1 (Rn. 131); *Crawford,* The Modern Relevance of the Martens Clause, ISIL Yearbook of International Humanitarian and Refugee Law VI (2006), S. 1 (17); *Evans,* At war with the robots: Autonomous Weapons Systems and the Martens Clause, Hofstra Law Review 41 (2012), S. 697 (732).

griffe auch im humanitären Völkerrecht vor,[171] allerdings setzen diese jeweils einen bestimmbaren Minimumkern voraus. Dieser ist aber bei einem rein subjektiven Begriff wie dem „öffentlichen Gewissen“ nicht gegeben.[172] Die Schaffung eines eigenen rechtlich verbindlichen Tatbestandes war auch ursprünglich nicht von Martens und den unterzeichnenden Staaten intendiert[173] und konnte sich auch im Nachhinein nicht in der Staatenpraxis etablieren.[174]

Die in der Martens'schen Klausel angeführten Gesetze der Menschlichkeit und Forderungen des öffentlichen Gewissens können damit mangels Rechtsgeltung nicht bereits für sich genommen die Entwicklung und den Einsatz autonomer Waffensysteme verbieten.[175]

171 Vergleiche nicht zuletzt die Formulierung „eindeutiger militärische Vorteil“ in Art. 52 Abs. 2 ZP I.

172 So ist schon der Maßstab des öffentlichen Gewissens unklar – sollte diesbezüglich auf die Meinung der Weltbevölkerung als ganzes oder vielmehr auf die Meinung der Bevölkerung einzelner Staaten abgestellt werden? In diesem Sinne bereits zweifelnd *Meron,* The Martens Clause, Principle of Humanity, and Dictates of Public Conscience, American Journal of international law 94 (2000), S. 78 (85). Für einen diesbezüglichen Vorschlag IGH, Legality of the use or threat of use of nuclear weapons – Republic of Nauru Response to Submissions of other States”, 15. Juni 1995, S. 13, zugänglich unter http://www.icj-cij.org/docket/files/95/8794.pdf, zuletzt abgerufen am 30. März 2015.

173 Überzeugend *Cassese,* The Martens Clause: Half a loaf or simply pie in the sky?, European Journal of International Law 11 (2000), S. 187 (193-202).

174 So wurde bei den Verhandlungen zum ZP I zunächst vom IKRK eine andere Formulierung der Martens'schen Klausel in der Präambel vorgeschlagen, welche die Gesetze der Menschlichkeit und die Forderungen des öffentlichen Gewissens als eigenständige Rechtsquellen neben dem bestehenden Völkerrecht vorsah. Eine solche Formulierung wurde aber von der Mehrheit der Staaten abgelehnt und der jetzigen Version des Art. 1 Abs. 2 ZP I der Vorzug gegeben, *Bothe/Partsch/Solf/Eaton,* New rules for victims of armed conflicts, 2. Auflage 2013, Art. 1, Rn. 2.10. Im Rahmen der Debatte um das Atomwaffengutachten des IGH haben sich ebenfalls mehrere Staaten gegen eine solche Position gestellt, „Legality of the Threat or Use of Nuclear Weapons – Statement of the Government of Kingdom”, 16. Juni 1995, Rn. 3.58, unter http://www.icj-cij.org/docket/files/95/8802.pdf 3.58, zuletzt abgerufen am 30. März 2015. Nicht klar positioniert hat sich bisher der IGH, vergleiche insoweit nur die ausweichende Formulierung in IGH, *Legality of the Threat or Use of Nuclear Weapons,* Advisory Opinion of 8. July 1996, I.C.J. Reports 1996, S. 226 ff, Rn. 79 und 87.

175 Mit demselben Ergebnis: *Boothby,* The law of targeting, 2012, S. 9; *Evans,* At war with the robots: Autonomous Weapons Systems and the Martens Clause, Hofstra Law Review 41 (2012), S. 697 (726); *Schmitt,* Autonomous Weapon Systems and International Humanitarian Law: A Reply to the Critics, Harvard National Security Journal – Online Feature (Februar 2013), S. unter http://harvardnsj.org/2013/02/autonomous-weapon-systems-and-international-humanitarian-law-a-reply-to-the-critics/, zuletzt abgerufen am 30. März 2015 (S. 32).

II. Handlungsanweisung de lege ferenda

Allerdings ist die Formulierung der „Gesetze der Menschlichkeit und der Forderungen des öffentlichen Gewissens" in der Martens'schen Klausel auch nicht völlig ohne Regelungsgehalt. So lässt sich aus ihr nach überzeugender Ansicht eine Handlungsanweisung für Staaten ableiten, sofern eine Praxis der Kampfführung oder eine Waffe die öffentliche Meinung in grober Weise verletzt. Hierfür spricht, dass die Formulierung ansonsten redundant wäre, eine redundante Klausel würde aber nicht immer wieder erneut von den Staaten in die Verträge eingefügt. Überdies besteht auch Staatenpraxis, um zu zeigen, dass sich die Staaten auch hieran gebunden fühlen.[176]

Insofern kommt es darauf an, inwiefern die Entwicklung und der Einsatz von autonomen Waffensystemen gegen die öffentliche Meinung verstoßen, was zu dem jeweils relevanten Zeitpunkt ermittelt werden muss.[177] Mögliche Anhaltspunkte für eine ablehnende öffentliche Meinung sind zum jetzigen Zeitpunkt bereits zunehmende Bewegungen in der Zivilbevölkerung, wie die Gründung des International Committee for Robot Arms Control,[178] Tätigkeiten bestehender NGOs[179] sowie die zunehmende Befassung der Vereinten Nationen mit dem Thema.[180]

176 So wurde zum Beispiel das Protokoll IV der CCW im Zuge einer weltweiten Protestkampagne gegen Blendlaserwaffen geschaffen, *Akerson,* The Illegality of Offensive Lethal Autonomy in: Saxon (Hrsg.), International Humanitarian Law and the Changing Technology of War, 2013, S. 65 (70); *Henckaerts/Doswald-Beck,* Customary International Humanitarian Law – Vol. I: Rules, 2005, S. 293.

177 Darüber, wie die Ermittlung der öffentlichen Meinung erfolgen soll, besteht Unklarheit. *Meron* gibt zu bedenken, dass man hierbei entweder auf die Weltbevölkerung oder auf die Bevölkerung des kriegführenden Staates abstellen kann, *Meron,* The Martens Clause, Principle of Humanity, and Dictates of Public Conscience, American Journal of international law 94 (2000), S. 78 (85). *Shahabuddeen* hingegen will die Resolutionen der VN-Generalversammlung als Ausdruck des öffentlichen Gewissens verstehen, IGH „Legality of the use of or the threat of use of Nuclear Weapons – Dissenting Opinion of Judge Shahabuddeen", S. 188.

178 Für eine Beschreibung der Tätigkeit, vergleiche http://icrac.net/, zuletzt abgerufen am 30. März 2015.

179 So hat das IKRK zu dem Thema vom 26.-28. März 2014 ein informelles Expertentreffen abgehalten haben, zu welchem auch ein Bericht vorliegt, *IKRK,* Report of the ICRC Expert Meeting on 'Autonomous weapon systems: technical, military, legal and humanitarian aspects', 26–28 March 2014, Geneva. Die Menschenrechtsorganisation Human Rights Watch hat bereits im Jahr 2012 einen Bericht zu dem Thema vorgelegt, *Human Rights Watch,* Losing humanity, 2012.

180 Bericht des VN Sonderberichterstatters zu extralegalen, summarischen und willkürlichen Hinrichtungen aus dem Jahr 2013, *Heyns,* Report of the Special Rapporteur on extrajudicial, summary or arbitrary executions, 9. April 2013.

B. Verstoß gegen Ziel und Zweck der Genfer Konventionen?

Ein Verbot der Entwicklung und des Einsatzes autonomer Waffensysteme lässt sich auch nicht auf Ziel und Zweck der Genfer Konventionen stützen. Nach den Grundsätzen des Völkervertragsrechts haben Staaten zwar alles zu unterlassen, was gegen Ziel und Zweck der von ihnen unterzeichneten Verträge verstößt.[181] Ziel und Zweck der Genfer Konventionen ist aber primär die Verminderung des Leidens der durch den Krieg betroffenen Personen.[182] Hieraus lässt sich kein Verbot einer Waffe auf Grund ihrer selbst ableiten, vielmehr kann es höchstens darauf ankommen, welche Wirkung diese Waffe hat. Insofern kommt insbesondere ein Verbot von autonomen Waffensystemen auf Grund der Tatsache, dass nun eine Maschine die Entscheidung über einen Angriff trifft, nicht in Betracht. Denn die Genfer Abkommen sehen nicht vor, dass nur Menschen die Entscheidung treffen dürfen, einen Menschen zu töten. Auch wenn dies von der Gründungsversammlung vermutlich vorausgesetzt wurde, lässt sich hieraus nicht ableiten, dass dies notwendigerweise so sein muss. Auch ein Verstoß gegen Sinn und Zweck des Haager Rechts – der Begrenzung der Mittel und Methoden der Kriegführung[183] – kann nicht festgestellt werden. Denn um ein bestimmtes Mittel der Kriegführung zu ächten, ist es immer erforderlich, dass ein ausdrückliches Verbot besteht.[184]

181 Dies ergibt sich aus dem Prinzip des guten Glaubens, wie es in Art. 26 WVK zum Ausdruck kommt, weiterführend *Daillier/Forteau/Pellet,* Droit international public, 8. Auflage 2009, Rn. 139. Im Falle autonomer Systeme bietet sich eine Bezugnahme auf die Genfer Konventionen an, da diese von allen Staaten ratifiziert worden sind.

182 *Schlögel,* Geneva Red Cross Conventions and Protocols in: Bernhardt (Hrsg.), Encyclopedia of Public International Law – Vol. 2, 1995, S. 531 (S. 531); *Ipsen,* Völkerrecht, 6. Auflage 2014, § 58 Rn. 3. Darüber hinaus für eine friedenssichernde Funktion: *Bothe,* Friedenssicherung und Kriegsrecht in: Vitzthum/Bothe/Dolzer (Hrsg.), Völkerrecht, 6. Auflage 2013, S. 573 (Rn. 58).

183 *Ipsen,* Völkerrecht, 6. Auflage 2014, § 58 Rn. 3. *Gasser,* Humanitäres Völkerrecht – Eine Einführung, 2007, S. 18: „Die Gewaltanwendung in Schranken zu halten."

184 In diesem Sinne *Ipsen,* Völkerrecht, 6. Auflage 2014, § 58 Rn. 4.

C. Ergebnis

Ein Verbot der Entwicklung und des Einsatzes autonomer Waffensysteme lässt sich damit nicht bereits unmittelbar aus den allgemeinen Prinzipien des humanitären Völkerrechts ableiten. Insbesondere die Martens'sche Klausel sollte aber als Handlungsanweisung an die Staaten verstanden werden, wonach diese völkervertragsrechtlich auf ein Verbot hinwirken sollen, sofern die öffentliche Meinung dies gebietet.

Es kommt nunmehr darauf an, ob sich ein Verbot des Einsatzes autonomer Waffensysteme auf konkrete Vorschriften des humanitären Völkerrechts stützen lässt.

§3 Vereinbarkeit mit dem Unterscheidungs- und dem Verhältnismäßigkeitsgrundsatz

Die häufigsten Argumente, welche für die Illegalität autonomer Waffensysteme angeführt werden, sehen einen Verstoß gegen den Unterscheidungs- und den Verhältnismäßigkeitsgrundsatz[185].[186] Hieraus leiten einige Autoren

185 Andere Autoren im deutschen Sprachraum bevorzugen den Ausdruck Exzessverbot, vergleiche zum Beispiel *Wagner,* Aspekte des „Kriegsrechts" – Erwiderung auf Kay Wächter, JZ 2007, 61–68.

186 *Schmitt/Thurnher,* „Out of the Loop": Autonomous Weapon Systems and the Law of Armed Conflict, Harvard National Security Journal 5 (2013), S. 231 (231); *Wagner,* Autonomy in the Battlespace: Independently Operating Weapon Systems and the Law of Armed Conflict in: Saxon (Hrsg.), International Humanitarian Law and the Changing Technology of War, 2013, S. 99 (99 ff); *Akerson,* The Illegality of Offensive Lethal Autonomy in: Saxon (Hrsg.), International Humanitarian Law and the Changing Technology of War, 2013, S. 65 (79; 85); *Sharkey,* The evitability of autonomous robot warfare, International Review of the Red Cross 94 (2012), S. 787 (789); *Liu,* Categorization and Legality of Autonomous and Remote Weapons Systems, International Review of the Red Cross 94 (2012), S. 627 (641); *Backstrom/Henderson,* New Capabilities in warfare: an overview of contemporary technological developments and the associated legal and engineering issues in article 36 weapons review, International Review of the Red Cross 94 (2012), S. 483 (488); *Human Rights Watch,* Losing humanity, 2012, S. 30; *Alston,* Lethal Robotic Technologies: The Implications for Human Rights and International Humanitarian Law, Journal of Law, Information and Science 21 (2011/2012), S. 35 (54).

bereits ein Entwicklungsverbot,[187] andere jedenfalls ein Einsatzverbot[188] ab. Diesbezüglich gilt es jedoch zu bedenken, dass bis zum heutigen Tage noch keine autonomen Waffensysteme entwickelt wurden. Eine verbindliche Aussage darüber, ob der Einsatz eines autonomen Waffensystems tatsächlich gegen den Unterscheidungs- und den Verhältnismäßigkeitsgrundsatz verstößt, lässt sich daher noch nicht treffen.[189] Was jedoch bereits jetzt untersucht werden kann ist, inwiefern diese Grundsätze überhaupt einer Programmierung zugänglich sind. Hierbei kommt es im Wesentlichen darauf an, ob es sich um objektivierbare (und damit programmierfähige) oder um subjektive Standards handelt. Dies soll in der folgenden Darstellung zunächst für den Unterscheidungsgrundsatz (A) und anschließend für den Verhältnismäßigkeitsgrundsatz (B) untersucht werden. Gleichzeitig werden konkrete Vorschläge für eine mögliche Programmierung zukünftiger autonomer Waffensysteme unterbreitet.[190]

A. Das Verbot unterschiedsloser Angriffe

Das humanitäre Völkerrecht enthält das Verbot, unterschiedslose Angriffe zu führen.[191] Dies bedeutet, dass bei einem Angriff jederzeit zwischen militärischen Zielen und nicht-militärischen Zielen (I.) unterschieden wer-

187 *Sharkey,* The evitability of autonomous robot warfare, International Review of the Red Cross 94 (2012), S. 787 (799); *Human Rights Watch,* Losing humanity, 2012. Wohl auch *Akerson,* The Illegality of Offensive Lethal Autonomy in: Saxon (Hrsg.), International Humanitarian Law and the Changing Technology of War, 2013, S. 65 (98).

188 *Herbach,* Into the Caves of Steel: Precaution, Cognition and Robotic Weapon Systems under the International Law of Armed Conflict, Amsterdam Law Forum 4 (2012), S. 3 (18). Für eine sehr beschränkte Einsatzmöglichkeit *Wagner,* Autonomy in the Battlespace: Independently Operating Weapon Systems and the Law of Armed Conflict in: Saxon (Hrsg.), International Humanitarian Law and the Changing Technology of War, 2013, S. 99 (122).

189 Insbesondere können autonome Systeme deshalb noch nicht als unterscheidungslose Waffen qualifiziert werden, vergleiche hierzu *infra* S.74.

190 Teile des folgenden Abschnitts wurden bereits in *Arendt,* Der Einsatz autonomer Waffensysteme im Lichte des Verhältnismäßigkeits- und des Unterscheidungsgrundsatzes in: Frau (Hrsg.), Drohnen und das Recht, 2014, S. 19 veröffentlicht.

191 *Henckaerts/Doswald-Beck,* Customary International Humanitarian Law – Vol. I: Rules, 2005, Regel 11, sowie Art. 51 Abs. 4 ZP I für die Vertragsstaaten des ZP I.

den muss. Gleichfalls muss eine Unterscheidung zwischen Zivilisten und Kombattanten beziehungsweise Zivilisten, welche ihren Schutzstatus verloren haben, gewährleistet werden (II.). Nur militärische Ziele und Kombattanten sowie Zivilisten, welche sich unmittelbar an Kampfhandlungen beteiligen, dürfen Ziel eines direkten Angriffs sein.[192] Im Folgenden werden diese Punkte auf ihre Programmierfähigkeit untersucht. Abschließend wird auf den Standard eingegangen, welcher einer Programmierung zu Grunde gelegt werden muss (III.).

I. Unterscheidung militärisches Ziel – nicht militärisches Ziel

Eine Programmierung muss zunächst gewährleisten, dass das autonome Waffensystem jederzeit in der Lage ist, eine Unterscheidung zwischen militärischen Zielen und nicht-militärischen Zielen zu treffen.[193]

1. Das militärische Ziel – ein zweistufiger Test

Einen ersten Anhaltspunkt für eine Programmierung bietet zunächst die Definition des Begriffs „militärisches Ziel". Militärische Ziele sind

> „solche Objekte, die auf Grund ihrer Beschaffenheit, ihres Standortes, ihrer Zweckbestimmung oder ihrer Verwendung wirksam zu militärischen Handlungen beitragen und deren gänzliche oder teilweise Zerstörung, deren Inbesitznahme oder Neutralisierung unter den in dem betreffenden Zeitpunkt gegebenen Umständen einen eindeutigen militärischen Vorteil darstellt."[194]

192 Zum Teil wird auch nur zwischen militärischen und nicht-militärischen Zielen unterschieden. Kombattanten und Zivilpersonen werden insoweit als Unterkategorien des militärischen Ziels behandelt, vergleiche *Bothe/Partsch/Solf/Eaton,* New rules for victims of armed conflicts, 2. Auflage 2013, Einleitung zu Part IV, Section I, S. 317. In dieser Arbeit wird jedoch der ebenfalls gängigen Unterteilung in vier Kategorien gefolgt, ebenso *Dinstein,* The conduct of hostilities under the law of international armed conflict, 2. Auflage 2010, Rn. 225. Im Ergebnis macht die Art Kategorisierung für die Zielidentifizierung keinen Unterschied.

193 Dies ergibt sich aus Art. 48, 52 Abs. 1 und 2 ZP I. Für den gewohnheitsrechtlichen Charakter *Henckaerts/Doswald-Beck,* Customary International Humanitarian Law – Vol. I: Rules, 2005, Regel 7.

194 Art. 52 Abs. 2 S. 2 ZP I, für den gewohnheitsrechtlichen Charakter dieser Definition *Henckaerts/Doswald-Beck,* Customary International Humanitarian Law – Vol. I: Rules, 2005, Regel 8; OTP Report, Rn. 42. Für eine ausführliche Darstellung der Entstehungsgeschichte und Entwicklung des Begriffs „mili-

Der Begriff des „militärischen Ziels“ ist damit nicht deckungsgleich mit dem Begriff „militärisches Objekt“, sondern umfasst auch zivile und Dual-use Objekte, sofern diese im Einzelfall wirksam zu militärischen Handlungen beitragen.[195] Es genügt daher nicht, ein autonomes Waffensystem so zu programmieren, dass es militärische Objekte identifizieren kann. Dies wäre relativ problemlos möglich, da die Objekte in diesem Fall bestimmten Objektkategorien zuzuordnen sind (zum Beispiel Panzer, Kasernen) und somit relativ eindeutig identifizierbar wären. Vielmehr ist es notwendig, dass das autonome Waffensystem in jedem Fall eine Subsumtion unter die gesamte Definition des „militärischen Ziels“ vornimmt. Einer Programmierung müssen daher die einzelnen Definitionsteile zu Grunde liegen. In einem ersten Schritt muss ein autonomes Waffensystem prüfen, ob das anvisierte Objekt wirksam zu militärischen Handlungen beiträgt (a), in einem zweiten Schritt muss es bestimmen, ob die gänzliche oder teilweise Zerstörung, Inbesitznahme oder Neutralisierung des Objekts unter den in dem betreffenden Zeitpunkt gegebenen Umständen einen eindeutigen militärischen Vorteil darstellt (b).[196]

a. Die erste Stufe – Objekt trägt wirksam zu militärischen Handlungen bei

Dieser erste Prüfungsschritt wird in der Literatur häufig als objektiver Test charakterisiert,[197] was auf den ersten Blick für eine Quantifizierbarkeit spricht. Das autonome Waffensystem muss demnach zunächst feststellen, ob die Beschaffenheit, der Standort, die Zweckbestimmung und die Verwendung des anvisierten Objekts wirksam zu militärischen Handlungen beitragen. Zur Auslegung dieser doch relativ abstrakten[198] Rechtsbegriffe „Be-

tärisches Objekt“ *Sandoz/Zimmermann,* Commentary on Protocol Additional to the Geneva Conventions of 12 August 1949, and relating to the Protection of Victims of International Armed Conflicts (Protocol I), 8 June 1977, 1987, Rn. 1995 bis 2010.

195 *Bothe/Partsch/Solf/Eaton,* New rules for victims of armed conflicts, 2. Auflage 2013, Art. 52, Rn. 2.4.2.

196 *Bothe/Partsch/Solf/Eaton,* New rules for victims of armed conflicts, 2. Auflage 2013, Art. 52, Rn. 2.4.1; *Sandoz/Zimmermann,* Commentary on Protocol Additional to the Geneva Conventions of 12 August 1949, and relating to the Protection of Victims of International Armed Conflicts (Protocol I), 8 June 1977, 1987, Rn. 2018; *Henderson,* The contemporary law of targeting, 2009, S. 49.

197 *Henderson,* The contemporary law of targeting, 2009, S. 52.

198 *Dinstein* kritisiert die Terminologie als „abstrakt und generisch“, *Dinstein,* The conduct of hostilities under the law of international armed conflict, 2. Auflage

schaffenheit“, „Standort“, „Zweckbestimmung“ und „Verwendung“ kann auf gefestigte Definitionen im Schrifttum zurückgegriffen werden:

Unter den Begriff „Beschaffenheit“ fallen alle Objekte, welche direkt von den Streitkräften verwendet werden.[199] Dies können zum Beispiel Waffen, Ausrüstung, Logistik, Depots oder ähnliches sein.[200] „Standort“ bezieht sich auf Objekte, die an sich keinen militärischen Wert aufweisen, diesen aber durch ihren Standort bekommen[201], so zum Beispiel Brücken.[202] Der Begriff „Zweckbestimmung“ bezieht sich auf die zukünftige Verwendung eines Gegenstandes.[203] Eine Zweckbestimmung wird dann bejaht, wenn die Absicht der gegnerischen Seite vorliegt, einen Gegenstand zukünftig für militärische Zwecke zu verwenden, die bloße Möglichkeit einer militärischen Verwendung genügt nicht.[204] Diese Kategorie bezieht sich vor allem auf zivile Objekte wie zum Beispiel Schulen oder Hotels, welche für mi-

2010, Rn. 221. Ebenfalls kritisch: *Oeter,* Methods and Means of Combat in: Fleck/Bothe (Hrsg.), The Handbook of International Humanitarian Law, 3. Auflage 2013, S. 115 (Rn. 443.5).

199 *Sandoz/Zimmermann,* Commentary on Protocol Additional to the Geneva Conventions of 12 August 1949, and relating to the Protection of Victims of International Armed Conflicts (Protocol I), 8 June 1977, 1987, Rn. 2020; zustimmend *Henderson,* The contemporary law of targeting, 2009, S. 54; *Corn,* The law of armed conflict, 2012, S. 176.

200 *Sandoz/Zimmermann,* Commentary on Protocol Additional to the Geneva Conventions of 12 August 1949, and relating to the Protection of Victims of International Armed Conflicts (Protocol I), 8 June 1977, 1987, Rn. 2020; *Corn,* The law of armed conflict, 2012, S. 176.

201 *Sandoz/Zimmermann,* Commentary on Protocol Additional to the Geneva Conventions of 12 August 1949, and relating to the Protection of Victims of International Armed Conflicts (Protocol I), 8 June 1977, 1987, Rn. 2021; zustimmend *Corn,* The law of armed conflict, 2012.

202 *Sandoz/Zimmermann,* Commentary on Protocol Additional to the Geneva Conventions of 12 August 1949, and relating to the Protection of Victims of International Armed Conflicts (Protocol I), 8 June 1977, 1987, Rn. 2021; *Henderson,* The contemporary law of targeting, 2009, S. 56.

203 *Sandoz/Zimmermann,* Commentary on Protocol Additional to the Geneva Conventions of 12 August 1949, and relating to the Protection of Victims of International Armed Conflicts (Protocol I), 8 June 1977, 1987, Rn. 2022; zustimmend *Henderson,* The contemporary law of targeting, 2009, S. 59; *Dinstein,* The conduct of hostilities under the law of international armed conflict, 2. Auflage 2010, Rn. 241.

204 *Henderson,* The contemporary law of targeting, 2009, S. 60.

litärischen Gebrauch zweckentfremdet werden,[205] sowie auf Dual-use-Objekte.[206] Die „Verwendung" eines Gegenstandes bezieht sich auf seine gegenwärtige Funktion.[207] Auch diese Kategorie ist vor allem relevant für zivile Objekte, welche für militärische Zwecke zweckentfremdet werden, sowie für Dual-use-Objekte.[208]

Es kann also festgestellt werden, dass auch die einschlägigen Definitionen nur teilweise genügen, die Begriffe trennscharf zu umreißen, da sie zum Teil unbestimmte Rechtsbegriffe und Werturteile enthalten. Insbesondere die Bewertung der gegenwärtigen und zukünftigen Verwendung eines Gegenstands ist problematisch, da diese jeweils für den Einzelfall in der konkreten Situation bestimmt werden muss.[209] Relativ eindeutig und damit für eine Programmierung geeignet ist die Kategorie der Beschaffenheit von Objekten. Da hiervon nur die Objekte umfasst sind, welche direkt von den Streitkräften verwendet werden,[210] ist die Programmierung einer abschließenden Liste von Armeegütern denkbar. Diese Objekte können im Vorhinein von einem Kommandanten festgelegt und in das autonome Waffensys-

205 *Sandoz/Zimmermann,* Commentary on Protocol Additional to the Geneva Conventions of 12 August 1949, and relating to the Protection of Victims of International Armed Conflicts (Protocol I), 8 June 1977, 1987, Rn. 2022.

206 *Sandoz/Zimmermann,* Commentary on Protocol Additional to the Geneva Conventions of 12 August 1949, and relating to the Protection of Victims of International Armed Conflicts (Protocol I), 8 June 1977, 1987, Rn. 2023. Mit dem Beispiel kriegswichtiger Industrie: *Henderson,* The contemporary law of targeting, 2009, S. 58.

207 *Sandoz/Zimmermann,* Commentary on Protocol Additional to the Geneva Conventions of 12 August 1949, and relating to the Protection of Victims of International Armed Conflicts (Protocol I), 8 June 1977, 1987, Rn. 2022; zustimmend *Henderson,* The contemporary law of targeting, 2009, S. 58; *Corn,* The law of armed conflict, 2012, S. 177.

208 *Sandoz/Zimmermann,* Commentary on Protocol Additional to the Geneva Conventions of 12 August 1949, and relating to the Protection of Victims of International Armed Conflicts (Protocol I), 8 June 1977, 1987, Rn. 2022 f. Mit dem Beispiel kriegswichtiger Industrie: *Henderson,* The contemporary law of targeting, 2009, S. 58.

209 Indirekt *Sandoz/Zimmermann,* Commentary on Protocol Additional to the Geneva Conventions of 12 August 1949, and relating to the Protection of Victims of International Armed Conflicts (Protocol I), 8 June 1977, 1987, Rn. 2022.

210 A. A. *Dinstein,* welcher mehrere Beispiele von Armeegütern nennt, die für ihn kein militärisches Objekt mehr darstellen, *Dinstein,* The conduct of hostilities under the law of international armed conflict, 2. Auflage 2010, Rn. 224. Hierbei handelt es sich jedoch m.E. um konstruierte Einzelfälle.

tem einprogrammiert werden.[211] Auch die zweite Kategorie scheint einer Programmierbarkeit nicht schon auf den ersten Blick zu widersprechen. Da für diese Kategorie auf den Standort des Objekts abgestellt wird, gibt es einen konkreten Bezugspunkt, an den für eine Programmierung angeknüpft werden kann und der im Vorhinein bestimmbar ist.[212] So können, sofern das autonome Waffensystem für eine konkrete, auf einen bestimmten Bereich beschränkte Mission eingesetzt wird, bei seiner Programmierung die einzelnen Gebiete mit einer Prioritätsstufe versehen werden. Strategisch wichtige Gebiete wie Gebiete in und um Brücken oder sonstige Verkehrsknotenpunkte können dann bei der vorherigen Programmierung mit einer höheren Prioritätsstufe versehen werden und sich dort befindliche Objekte würden dann dementsprechend vom autonomen Waffensystem höher gewichtet. Die Festlegung der strategisch wichtigen Gebiete würde im Vorhinein von den mit der Planung betrauten Offizieren vorgenommen. In der Vergangenheit gab es bereits Versuche, Listen konkreter Objekte – für alle vier Kategorien – zu entwickeln und so Gewissheit über legitime militärische Ziele zu schaffen.[213] Diese Listen haben sich jedoch – zu Recht – nicht durchsetzen können.[214] Wenn solche Listen auch für die erste und zweite Kategorie, also die Beschaffenheit und der Standort des Objekts eine denkbare Möglichkeit für eine Programmierung sind, so sind sie jedenfalls für die dritte und vierte Kategorie, die gegenwärtige und zukünftige Verwendung des Gegenstands nicht geeignet, da diese notwendigerweise aus im Einzelfall vorzunehmenden Wertungen bestehen. Unabhängig davon, welche Kategorie von Objekten tangiert ist, muss zudem in jedem Einzelfall für das in Frage

211 So auch *Backstrom/Henderson,* New Capabilities in warfare: an overview of contemporary technological developments and the associated legal and engineering issues in article 36 weapons review, International Review of the Red Cross 94 (2012), S. 483 (492).

212 *Dinstein,* The conduct of hostilities under the law of international armed conflict, 2. Auflage 2010, Rn. 246.

213 Vergleiche bereits die vom IKRK vorgeschlagene Liste aus dem Jahr 1976, abgedruckt in: *Sandoz/Zimmermann,* Commentary on Protocol Additional to the Geneva Conventions of 12 August 1949, and relating to the Protection of Victims of International Armed Conflicts (Protocol I), 8 June 1977, 1987, S. 632–633. *Rogers,* Law on the battlefield, 3. Auflage 2012, S. 122 und *Dinstein,* Legitimate Military Objectives Under The Current Jus In Bello in: Wall (Hrsg.), International Law Studies, Vol. 78, Legal and Ethical Lessons of NATO's Kosovo Campaign, 2002, S. 139 (146 f) unternahmen dann weitere Versuche, solche Listen aufzustellen.

214 Hierzu ausführlich *Oeter,* Methods and Means of Combat in: Fleck/Bothe (Hrsg.), The Handbook of International Humanitarian Law, 3. Auflage 2013, S. 115 (Rn. 444.5 ff).

stehende Objekt festgestellt werden, dass es auch tatsächlich wirksam zu militärischen Handlungen beiträgt.[215]

Insgesamt wird daher an dieser Stelle vorgeschlagen, autonome Waffensysteme nur gegen Objekte einzusetzen, welche ihrer Beschaffenheit und ihres Standorts nach militärische Objekte sind, da nur in diesem Fall eine ausreichende Identifizierung möglich ist.[216]

b. Die zweite Stufe – Militärischer Vorteil durch Zerstörung

Nach der Zuordnung zu einer der oben genannten Objektkategorien muss das autonome Waffensystem anschließend in einem zweiten Schritt prüfen, ob die Zerstörung des Objekts unter den zum Zeitpunkt des Angriffs gegebenen Umständen auch einen eindeutigen militärischen Vorteil darstellt. Ein solcher militärischer Vorteil liegt immer dann vor, wenn die Zerstörung des konkreten Objekts einen wichtigen Schritt in Bezug auf das Erreichen eines militärischen Ziels darstellt.[217] Konkret wird dies bei gewonnenem Terrain, sowie der Schwächung der gegnerischen Partei angenommen.[218] Sowohl das

215 *Bothe/Partsch/Solf/Eaton,* New rules for victims of armed conflicts, 2. Auflage 2013, Art. 52, Rn. 2.4.2. Aus diesem Grund schlägt *Henderson,* The contemporary law of targeting, 2009, S. 54, vor, die vier Subkategorien des Art. 52 Abs. 2 ZP I gänzlich abzuschaffen und einen Test einzuführen, welcher allein auf die effektive Verwendung eines Objekts für militärische Zwecke abstellt. Für eine Kritik an der zunehmenden Ausweitung des Begriffs auch auf für die Kriegswirtschaft wichtige Objekte *Dinstein,* The conduct of hostilities under the law of international armed conflict, 2. Auflage 2010, Rn. 233 f; *Oeter,* Methods and Means of Combat in: Fleck/Bothe (Hrsg.), The Handbook of International Humanitarian Law, 3. Auflage 2013, S. 115 (Rn. 443.5).

216 Ähnlich: *Backstrom/Henderson,* New Capabilities in warfare: an overview of contemporary technological developments and the associated legal and engineering issues in article 36 weapons review, International Review of the Red Cross 94 (2012), S. 483 (496), welche vorschlagen, autonome Systeme nur gegen militärische Objekte im klassischen Sinn einzusetzen. Die Autoren begründen dies allerdings nicht so sehr mit rechtlichen, als vielmehr mit praktischen Argumenten.

217 *Gardam,* Necessity, proportionality, and the use of force by states, 2004, S. 100; *Corn,* The law of armed conflict, 2012, S. 178. *Oeter* geht zu weit, indem er fordert, dass die Zerstörung im Einzelfall auch militärisch notwendig sein muss, *Oeter,* Methods and Means of Combat in: Fleck/Bothe (Hrsg.), The Handbook of International Humanitarian Law, 3. Auflage 2013, S. 115 (Rn. 443.6). Dies kann aus dem bestehenden Recht so nicht abgeleitet werden.

218 Unter Berufung auf die Präambel der Petersburger Erklärung *Sandoz/Zimmermann,* Commentary on Protocol Additional to the Geneva Conventions of 12 August 1949, and relating to the Protection of Victims of International Armed

gewonnene Terrain als auch die Schwächung der gegnerischen Partei sind messbare Begriffe und daher für eine Programmierung auf den ersten Blick grundsätzlich geeignet. Gewonnenes Terrain liegt dann vor, wenn neues Gebiet kontrolliert wird, das sich zuvor unter der Kontrolle der gegnerischen Partei befunden hat. Eine Programmierung ist mithin mittels elektronischer Landkarten möglich, auf denen die von der Konfliktpartei kontrollierten Gebiete vermerkt sind. Eine Schwächung der gegnerischen Partei liegt zum Beispiel bei dem Verlust militärischer Ausrüstungsgegenstände, sowie dem Tod gegnerischer Kombattanten vor.[219] Auch dies sind objektive Begriffe, welche grundsätzlich programmierbar sind.

Während der Begriff des „militärischen Vorteils" damit grundsätzlich objektivierbar und damit programmierbar ist[220], erfordern die weiteren unbestimmten Rechtsbegriffe des Art. 52 Abs. 2 ZP I ebenfalls eine Objektivierbarkeit. So muss der militärische Vorteil zum einen „konkret" sein. Die Literatur geht von einem konkreten Vorteil immer dann aus, wenn der Vorteil tatsächlich greifbar und nicht lediglich hypothetisch ist.[221] Dies ist wiederum relativ vage, so dass es an Anhaltspunkten für eine Quantifizierung fehlt. Allerdings wäre es denkbar, diesen Begriff mittels einer bestimmten Wahrscheinlichkeitsquote zu programmieren. Das autonome Waffensystem wäre dann in der Lage zu berechnen, mit welcher Wahrscheinlichkeit die Zerstörung des anvisierten Objekts einen Terraingewinn oder eine Schwächung des Gegners zur Folge hätte. Im Vorhinein müsste dann der vorzuliegende Grad an Wahrscheinlichkeit einprogrammiert werden, ab dem ein Angriff erfolgen darf. Die genaue Festlegung des Wahrscheinlichkeitsgrades obläge einem Menschen.

Weitere unbestimmte Rechtsbegriffe sind jene, die besagen, dass der militärische Vorteil „unmittelbar" und „eindeutig" sein muss. Eine Unmittelbarkeit wird regelmäßig darin gesehen, dass der militärische Vorteil – zeitlich – nicht zu sehr von dem Angriff selber entfernt ist.[222] Von einer „Eindeutig-

Conflicts (Protocol I), 8 June 1977, 1987, Rn. 2218; zustimmend *Henderson,* The contemporary law of targeting, 2009, S. 61.

219 *Henderson,* The contemporary law of targeting, 2009, S. 61 f.

220 A. A. *Akerson,* The Illegality of Offensive Lethal Autonomy in: Saxon (Hrsg.), International Humanitarian Law and the Changing Technology of War, 2013, S. 65 (79).

221 *Bothe/Partsch/Solf/Eaton,* New rules for victims of armed conflicts, 2. Auflage 2013, Art. 52, Rn. 2.4.6; zustimmend *Dinstein,* The conduct of hostilities under the law of international armed conflict, 2. Auflage 2010, Rn. 226.

222 *Gardam,* Necessity, proportionality, and the use of force by states, 2004, S. 101. *Bothe/Partsch/Solf/Eaton,* New rules for victims of armed conflicts, 2. Auf-

keit“ wird ausgegangen, wenn die Vorteile nicht nur potentiell oder unbestimmt sind.[223] Auch diese beiden Punkte kann man mittels einer Programmierung des Wahrscheinlichkeitsgrades abdecken. Die Eindeutigkeit des Vorteils kann direkt durch die Wahrscheinlichkeit festgelegt werden. In Bezug auf die Unmittelbarkeit muss man eine zeitliche Komponente in die Programmierung aufnehmen, welche die wahrscheinliche Erfolgszeit berechnet.

2. Im Zweifel ziviles Objekt

Bei Programmierung muss zusätzlich noch die in Art. 52 Abs. 3 ZP I festgelegte und auch gewohnheitsrechtlich geltende[224] Zweifelsregelung berücksichtigt werden. Diese besagt, dass

> „Im Zweifelsfall […] vermutet [wird], dass ein in der Regel für zivile Zwecke bestimmtes Objekt, wie beispielsweise eine Kultstätte, ein Haus, eine sonstige Wohnstätte oder eine Schule, nicht dazu verwendet wird, wirksam zu militärischen Handlungen beizutragen.“[225]

Die Programmierung eines autonomen Waffensystems muss also so gestaltet sein, dass das autonome Waffensystem zivile Objekte und Dual-use-Objekte im Zweifel nicht angreift.[226] Der Standard des Zweifels, das heißt die Wahrscheinlichkeit mit der eine Identifizierung des militärischen Objekts vorgenommen wird, kann hierbei für jeden Einsatz gesondert festgelegt werden und wird sich an den Einsatzumständen orientieren.[227] Insofern be-

lage 2013, Art. 52, Rn. 2.4.6 vertritt, dass das Wort ebenfalls auf die Notwendigkeit aktueller und verlässlicher militärischer Aufklärung hinweist.

223 *Sandoz/Zimmermann,* Commentary on Protocol Additional to the Geneva Conventions of 12 August 1949, and relating to the Protection of Victims of International Armed Conflicts (Protocol I), 8 June 1977, 1987, Rn. 2024; *Bothe/Partsch/Solf/Eaton,* New rules for victims of armed conflicts, 2. Auflage 2013, Art. 52, Rn. 2.4.6.

224 Beachte aber die ablehnende Haltung der USA, hierzu *Dinstein,* The conduct of hostilities under the law of international armed conflict, 2. Auflage 2010, Rn. 240 mwN.

225 Art. 52 Abs. 3 ZP I. Der gewohnheitsrechtliche Charakter dieser Regel ist allerdings umstritten, *Henckaerts/Doswald-Beck,* Customary International Humanitarian Law – Vol. I: Rules, 2005, S. 35 f mwN.

226 Nach der hier vertretenen Ansicht ist dies dann nur noch für dem Standort nach legitime militärische Objekte relevant.

227 In einem Einsatzgebiet mit tendenziell hohem Anteil von Zivilisten, wie in urbanen Gebieten bietet es sich an, die Zweifelsschwelle etwas höher zu setzen. *Boothby* scheint zu vertreten, dass die Zweifelsregelung bei Null anzusetzen ist, vergleiche *Boothby,* Conflict law, 2014, S. 108.

steht keine Besonderheit zu einem von Menschen durchgeführten Zielauswahlprozess.[228] Wenn man der hier vertretenen Ansicht folgt, dass ein autonomes Waffensystem nur Angriffe gegen Objekte, welche auf Grund ihrer Beschaffenheit und ihres Standorts militärische Objekte sind, führen sollte, ist die praktische Relevanz der Zweifelsregelung aber gering.

II. Unterscheidung zwischen Kombattanten und Zivilisten

Die zweite Komponente des Unterscheidungsgrundsatzes beinhaltet, dass bei Angriffen jederzeit zwischen Zivilisten (1.) und Kombattanten (2.) unterschieden werden muss.[229] Nur Kombattanten, sowie Zivilpersonen, welche unmittelbar an den Feindseligkeiten teilnehmen (3.) sind legitimes Ziel eines direkten Angriffs. Im Zweifel ist anzunehmen, dass eine Person Zivilist ist (4.). Im Folgenden wird untersucht, inwiefern diese Kategorien sich für eine Programmierung eignen.

1. Die Definition von Zivilisten

Eine Programmierung ausgehend von dem Begriff des Zivilisten erscheint auf Grund der rechtlichen Bestimmungen nicht praktikabel, da der Begriff des Zivilisten im humanitären Völkerrecht in negativer Weise definiert ist. Zivilisten sind demnach alle Personen, welche nicht Kombattanten oder sonstige Angehörige der Streitkräfte sind.[230] Eine Programmierung muss sich daher notwendigerweise an dem Begriff des Kombattanten orientieren.[231]

228 Weiterführend *Schmitt,* Precision attack and international humanitarian law, International Review of the Red Cross 87 (2005), S. 445.

229 Art. 48 ZP I. Für den gewohnheitsrechtlichen Status *Henckaerts/Doswald-Beck,* Customary International Humanitarian Law – Vol. I: Rules, 2005, Regel 1.

230 Art. 50 Abs. 1 S. 1 ZP I i. V. m. GA III und Art. 43 ZP I. Diese Definition entspricht ebenfalls dem Gewohnheitsrecht, *Henckaerts/Doswald-Beck,* Customary International Humanitarian Law – Vol. I: Rules, 2005, Regel 5.

231 Insofern ist die Argumentation von *Sharkey* unzutreffend, welcher aus der fehlenden Definition für Zivilisten schließt, dass die Programmierung einer Unterscheidung zwischen Zivilisten und Kombattanten nicht möglich sein wird, *Sharkey,* The evitability of autonomous robot warfare, International Review of the Red Cross 94 (2012), S. 787 (789). Auch *Boothby* verkennt, dass Ansatzpunkt für eine Programmierung nicht ein Angriffsverbot auf Zivilisten, sondern vielmehr eine Angriffserlaubnis auf Kombattanten sein muss, *Boothby,* Conflict law, 2014, S. 145.

2. Die Definition von Kombattanten

Hierfür muss zunächst eine verbindliche Definition des Begriffs „Kombattant“ gefunden werden. Wie bereits ausgeführt wurde,[232] wird der Begriff des Kombattanten im humanitären Völkerrecht in drei verschiedenen Zusammenhängen verwendet. Zum einen ist der Kombattantenstatus dann relevant, wenn es um das Anrecht auf eine Behandlung als Kriegsgefangener geht.[233] Des Weiteren bestimmt der Kombattantenstatus welche Personen sich straffrei an den Kampfhandlungen beteiligen dürfen.[234] Schließlich regelt der Begriff auch, welche Personen legitimer Weise von der gegnerischen Partei angegriffen werden dürfen.[235] In Bezug auf die Programmierung von autonomen Waffensysteme ist der Begriff lediglich in seiner dritten Bedeutung relevant.

Kombattanten in diesem Sinne sind alle Personen, welche einer Organisation militärischen Charakters angehören, einer verantwortlichen Führungsperson unterstehen, welche auch dazu in der Lage ist, effektive Kontrolle auszuüben, die die Gesetze und Gebräuche des Krieges einhalten und einer der Konfliktparteien zugeordnet werden können.[236] Diese Definition enthält relativ viele Variablen, welche nur schwierig in eine für Maschinen

232 Vergleiche *supra* S. 26 f.

233 Art. 44 Abs. 1, sowie indirekt *Henckaerts/Doswald-Beck,* Customary International Humanitarian Law – Vol. I: Rules, 2005, Regel 106. Weiterführend *Ipsen,* Combatants and Non-Combatants in: Fleck/Bothe (Hrsg.), The Handbook of International Humanitarian Law, 3. Auflage 2013, S. 79 (Rn. 304 ff); *Dinstein,* The conduct of hostilities under the law of international armed conflict, 2. Auflage 2010, Rn. 94 ff.

234 Art. 43 Abs. 2 ZP I; *Dinstein,* The conduct of hostilities under the law of international armed conflict, 2. Auflage 2010, Rn. 78.

235 Art. 48 ZP I; *Henckaerts/Doswald-Beck,* Customary International Humanitarian Law – Vol. I: Rules, 2005, Regel 1. Weiterführend *Corn,* The law of armed conflict, 2012, S. 165 f.

236 Art. 43 Abs. 2 ZP I i. V. m. Art. 43 Abs. 1 ZP I; Anmerkungen bei *Sandoz/Zimmermann,* Commentary on Protocol Additional to the Geneva Conventions of 12 August 1949, and relating to the Protection of Victims of International Armed Conflicts (Protocol I), 8 June 1977, 1987, Rn. 1681; *Bothe/Partsch/Solf/Eaton,* New rules for victims of armed conflicts, 2. Auflage 2013, Art. 43, Rn. 2.1.2. Für den gewohnheitsrechtlichen Status *Henckaerts/Doswald-Beck,* Customary International Humanitarian Law – Vol. I: Rules, 2005, Regeln 3 f. A. A. *Dinstein,* welcher den Begriff des Kombattanten dahingehend ausweiten will, dass er alle Personen umfasst, welche unmittelbar an Feindseligkeiten teilnehmen, *Dinstein,* The conduct of hostilities under the law of international armed conflict, 2. Auflage 2010, Rn. 79. Insoweit kritisch *Melzer,* The Principle of Distinction Between Civilians and Combatants in: Clapham/Gaeta

verständliche Form übertragbar sind. Ein autonomes Waffensystem wird regelmäßig nur äußerlich erkennbare Merkmale durch seine Sensoren erfassen und verarbeiten können. Weder das Merkmal „Organisation militärischen Charakters“, noch „verantwortliche Führungsperson, welche effektive Kontrolle ausübt“ sind aber äußerlich erkennbar. Auch das Einhalten der Gebräuche des Krieges ist kein nach außen hin erkennbares Merkmal, da man nicht davon ausgehen kann, dass die Person gerade im Moment des Angriffs durch das autonome Waffensystem einen Verstoß gegen das humanitäre Völkerrecht begeht. Aus diesem Grund müssen für eine Programmierung des Kombattantenbegriffs andere, äußerlich wahrnehmbare Kriterien identifiziert werden.

Eine mögliche Lösung könnte darin bestehen, auf das Tragen von Waffen abzustellen. Dies ist zwar, rechtlich gesehen, keine Voraussetzungen für den Kombattantenbegriff im dritten Sinne,[237] gäbe aber eine äußerlich wahrnehmbare Orientierungshilfe. Im Ergebnis würde dies aber nicht zu einer sicheren Identifizierung führen können, da auch Zivilisten Waffen tragen können, etwa wenn sie diese zur Jagd oder zur Selbstverteidigung benötigen.[238] Zum anderen wäre es möglich, autonome Waffensysteme auf das Erkennen bestimmter Uniformen zu programmieren.[239] Auch dies erscheint aber wenig praktikabel. Zum einen böte diese Variante Gelegenheit für Missbrauch, da die Kombattanten der gegnerischen Partei dies sicherlich zum Anlass nehmen würden, künftig ohne Uniform zu kämpfen, um dadurch für autonome Waffensysteme nicht mehr identifizierbar zu sein. Zum anderen würde es auch nicht genügen, eine feindliche Uniform automatisch in jedem Fall mit einer Angriffserlaubnis zu verknüpfen, da dies dem Angriffsverbot auf verwundete oder sonst kampfunfähige Kombattanten widersprechen würde,[240]

(Hrsg.), The Oxford Handbook of International Law in Armed Conflict, 2014, S. 296 (321).

237 Wohl aber für die Frage, ob ein in die Hände des Feindes gefallener Kombattant Kriegsgefangenenstatus erhält, vergleiche Art. 44 Abs. 3 S. 2 lit. a) ZP I; sowie *Henckaerts/Doswald-Beck,* Customary International Humanitarian Law – Vol. I: Rules, 2005, Regel 106.

238 Ebenso *Wagner,* Autonomy in the Battlespace: Independently Operating Weapon Systems and the Law of Armed Conflict in: Saxon (Hrsg.), International Humanitarian Law and the Changing Technology of War, 2013, S. 99 (115).

239 *Schulzke* vertritt die Ansicht, dass dies unproblematisch möglich sein wird und die Einhaltung des Unterscheidungsgrundsatzes zumindest im internationalen bewaffneten Konflikt daher keine Probleme bereitet *Schulzke,* Robots as Weapons in Just War, Philosophy and Technology 24 (2011), S. 293 (300).

240 Vergleiche hierzu *infra* S. 68 ff.

welche im Fall ihrer Verwundung oder Kampfunfähigkeit immer noch ihre Uniformen tragen würden. Aus diesem Grund ist auch die an anderer Stelle[241] vorgeschlagene Kennzeichnung von Kombattanten mit RFID-Kennzeichen nicht praktikabel. Davon abgesehen, dass eine Ausstattung mit RFID-Kennzeichen auf Gegenseitigkeit der Konfliktparteien und damit auf einem relativ unwahrscheinlichen Maß an Kooperation beruhen müsste, würden die RFID-Kennzeichen im Fall einer Kampfunfähigkeit oder Verwundung nicht automatisch deaktiviert. An anderer Stelle wird noch die Möglichkeit einer Identifizierung mittels eines Irisscans[242] oder einer Gesichtserkennungssoftware[243] vorgeschlagen. Auch dies setzt aber voraus, dass der Konfliktpartei, welche das autonome Waffensystem einsetzt, umfangreiche Daten über die Kombattanten der gegnerischen Konfliktpartei vorliegen, das Problem der kampfunfähigen Kombattanten wäre auch hier nicht gelöst. Eine Identifizierung mittels des metallischen Fußabdrucks[244] oder einer *life pattern analysis* wie sie heute bereits bei ferngesteuerten Systemen verwendet wird, erscheint ebenfalls nicht praktikabel. Beide Methoden sind nicht fehlerresistent genug, um allein von dem autonomen Waffensystem durchgeführt zu werden, sondern sind nur dann denkbar, wenn vor einer Angriffsentscheidung noch eine Autorisierung durch einen Menschen erfolgt.

Insgesamt ist damit festzustellen, dass eine zuverlässige Programmierung der Unterscheidung von Kombattanten und Zivilisten zwar nicht grundsätzlich unmöglich, momentan jedoch mit den zur Verfügung stehenden Programmierungsmöglichkeiten wohl nicht realisierbar ist.[245]

241 *Borenstein,* The ethics of autonomous military robots, Studies in Ethics, Law and Technology 2 (2008), S. 1 (8).

242 *Boothby,* Conflict law, 2014, S. 108.

243 *Schmitt,* Autonomous Weapon Systems and International Humanitarian Law: A Reply to the Critics, Harvard National Security Journal – Online Feature (Februar 2013), S. unter http://harvardnsj.org/2013/02/autonomous-weapon-systems-and-international-humanitarian-law-a-reply-to-the-critics/, zuletzt abgerufen am 30. März 2015 (S. 11).

244 *Boothby,* Conflict law, 2014, S. 108.

245 Ebenso: *Oeter,* Methods and Means of Combat in: Fleck/Bothe (Hrsg.), The Handbook of International Humanitarian Law, 3. Auflage 2013, S. 115 (Rn. 450.10); *Boothby,* Conflict law, 2014, S. 108; *Sharkey,* Automating Warfare: Lessons Learned from the Drones, Journal of Law, Information and Science 21 (2011/2012), S. 140 (143).

3. Zivilisten, welche unmittelbar an Kampfhandlungen teilnehmen

Aus denselben Gründen ist eine zuverlässige Programmierung auf das Erkennen von Zivilisten, welche ihren Schutzstatus verloren haben, nicht möglich. Neben Kombattanten können grundsätzlich auch Personen, welche nicht Mitglieder der Streitkräfte sind, legitimes Ziel eines Angriffs sein und zwar immer dann und solange wie sie unmittelbar an den Feindseligkeiten teilnehmen.[246] Die Kriterien einer unmittelbaren Teilnahme an Feindseligkeiten, sowie die Auslegung der Dauer der Teilnahme sind im Einzelnen stark umstritten.[247] Eine vertiefte Auseinandersetzung mit dem Thema kann an dieser Stelle aber dahinstehen, da sich in Bezug auf eine Programmierung im Wesentlichen die gleiche Problematik wie bei Kombattanten stellt. So muss sich eine Programmierung an äußerlich erkennbaren Kriterien orientieren, da nur diese von den Sensoren des autonomen Waffensystems verarbeitet werden können. Hierfür bietet es sich am ehesten an, auf Methoden wie die Ermittlung eines metallischen Fußabdrucks oder eine *life*

246 Art. 51 Abs. 3 ZP I; *Henckaerts/Doswald-Beck,* Customary International Humanitarian Law – Vol. I: Rules, 2005, Regel 6. Weiterführend *Dinstein,* The conduct of hostilities under the law of international armed conflict, 2. Auflage 2010, Rn. 362 ff.

247 So hat die vom IKRK veröffentlichte *Direct participation study* drei Kriterien für eine unmittelbaren Teilnahme an Feindseligkeiten aufgestellt, welche kumulativ vorliegen müssen: 1. „The act must be likely to adversely affect the military operations or military capacity of a party to an armed conflict or, alternatively, to inflict death, injury, or destruction on persons or objects protected against direct attack (threshold of harm)", 2. „there must be a direct causal link between the act and the harm likely to result either from that act, or from a coordinated military operation of which that act constitutes an integral part (direct causation)", 3. „the act must be specifically designed to directly cause the required threshold of harm in support of a party to the conflict and to the detriment of another (belligerent nexus)", *Nils Melzer,* Interpretative Guidance on the Notion of Direct Participation in Hostilities under International Humanitarian Law, 2009, Punkt V. Wohl zustimmend *Oeter,* Methods and Means of Combat in: Fleck/Bothe (Hrsg.), The Handbook of International Humanitarian Law, 3. Auflage 2013, S. 115 (Rn. 449.8). A. A. *Dinstein,* welcher vertritt, dass jeder Gebrauch von Waffen in einer Kampfsituation das Kriterium der direkten Teilnahme erfüllt, *Dinstein,* The conduct of hostilities under the law of international armed conflict, 2. Auflage 2010, Rn. 371. *Corn et al.* lehnen insbesondere die von der IKRK-Studie geforderte Schadensschwelle ab, *Corn,* The law of armed conflict, 2012, S. 169. *Henderson* will insgesamt nur auf objektive Kriterien abstellen und lehnt eine Heranziehung subjektiver Kriterien ab, *Henderson,* The contemporary law of targeting, 2009, S. 101.

pattern analysis abzustellen,[248] welche aber zum jetzigen Zeitpunkt noch nicht technisch zuverlässig realisierbar sind.

4. Zweifelsregelung

Gelänge trotz der oben angeführten Skepsis eine Programmierung der Erkennung von Kombattanten, so müsste jedenfalls auch hier eine Zweifelsregelung berücksichtigt werden.[249] Hierbei ist im Zweifel davon auszugehen, dass es sich bei der anvisierten Person um einen Zivilisten handelt.

III. Standard der Unterscheidung und grundsätzliche Bedenken

Fraglich ist, mit welchem Grad an Sicherheit ein autonomes Waffensystem eine Unterscheidung vornehmen muss. Im Schrifttum wird zum Teil vertreten, dass die Fehlerquote eines autonomen Waffensystems nicht geringer sein muss, als die eines menschlichen Soldaten.[250] Da es regelmäßig auch zu menschlichen Fehlentscheidungen komme, sei es nicht nötig, dass ein autonomes Waffensystem mit einer geringeren Fehlerquote operiere.[251] Hiergegen kann man jedoch anführen, dass sich wegen der Risikolosigkeit des Einsatzes autonomer Waffensysteme für den Menschen auch die Fehlertoleranz verringert.[252] Während einem menschlichen Soldaten regelmäßig ein bestimmtes Moment der Verwirrung zugestehen muss, weil dieser zum Beispiel aus Verwirrung oder in Angst um sein Leben handelt, fiele dieser *fog of war* bei einem autonomen Waffensystem weg.

248 Alle im Vorhinein bestimmten Kriterien wie Uniform, RFID-Kennung und auch Gesichtserkennungssoftware würden der Tatsache des wechselnden Status des Zivilisten nicht Rechnung tragen.

249 Art. 50 Abs. 3 ZP I. Zurückhaltend in Bezug auf den gewohnheitsrechtlichen Status der Regel *Henckaerts/Doswald-Beck,* Customary International Humanitarian Law – Vol. I: Rules, 2005, S. 24.

250 So *Arkin,* Governing lethal behavior in autonomous robots, 2009, S. 29, welcher davon ausgeht, dass autonome Systeme besser dazu in der Lage sein werden, eine Unterscheidung zu treffen, als Menschen.

251 *Arkin,* Governing lethal behavior in autonomous robots, 2009, S. 29.

252 Ebenfalls für einen höheren Standard der Unterscheidung bei besseren technischen Mitteln *Stewart,* New technology and the law of armed conflict in: Pedrozo/Wollschlaeger (Hrsg.), International law and the changing character of war, 2011, S. 271.

Jedenfalls ist es bereits schwierig, den Standard zu konkretisieren, mit dem ein Mensch eine Unterscheidung treffen muss. Grundsätzlich gilt wohl, dass auch die Unterscheidung zwischen erlaubten und unerlaubten Zielen eine Frage von Treu und Glauben, sowie von gesundem Menschenverstand ist. Abzustellen ist damit auf den Standpunkt eines verständigen militärischen Befehlshabers zum Zeitpunkt des Angriffs.[253] Fraglich ist, ob und wie man diesen relativ abstrakten Rechtsbegriff bestimmen kann. Denkbar wäre es zum Beispiel, dass ein Land, welches autonome Waffensysteme entwickelt, Erhebungen in der Einsatzpraxis durchführt, die Fehlerquoten menschlicher Kombattanten ermittelt und aus ihnen einen Durchschnitt bildet. Dieser Durchschnitt könnte dann als Basis für die Festlegung eines Fehlerwertes für autonome Waffensysteme genommen werden. Je nachdem, für welche der beiden Ansichten man sich entscheidet, müsste die Trefferquote für ein autonomes Waffensystem dann über oder unter diesem Wert liegen. Möglich wäre es ebenfalls, willkürlich einen Wert für die Treffergenauigkeit festzulegen, dieser müsste dann aber wohl fast an eine hundertprozentige Genauigkeit heranreichen.[254] Letztendlich wird aber gelten müssen, dass der Grad an Sicherheit umso höher liegen muss, desto fehleranfälliger die Hard- und Software des autonomen Waffensystems sind. Zur Kontrolle der Einhaltung des Standards sollte der Verlauf der Missionen autonomer Waffensysteme überwacht und die Zielauswahl dokumentiert werden. Gelingt es einem bestimmten Gerät nicht, den vorher festgelegten Standard der Unterscheidung einzuhalten, so muss dieses nachgebessert oder nicht mehr eingesetzt werden.

Zusammenfassend ist zu sagen, dass eine Quantifizierung des Unterscheidungsgrundsatzes nicht grundsätzlich unmöglich ist. Aus praktischen Gründen ist zunächst wohl nur eine zuverlässige Programmierung der Unterscheidung zwischen militärischen Zielen und zivilen Objekten möglich. Insofern wäre es am besten, autonome Waffensysteme nur für einen Ein-

253 So wird zwar für die Bewertung des militärischen Vorteils auf die subjektive Sichtweise der betreffenden Person zum Zeitpunkt des Angriffs abgestellt, *Henderson,* The contemporary law of targeting, 2009, S. 73, für die Gesamtbewertung der Unterscheidung muss aber wohl auf eine objektive Sichtweise abgestellt werden. Dies ergibt sich aus dem Zusammenspiel mit Art. 57 ZP I, welcher „alles praktisch Mögliche“ an Vorsichtsmaßnahmen verlangt. Weiterführend zum Standard der Vorsichtsmaßnahmen *Sandoz/Zimmermann,* Commentary on Protocol Additional to the Geneva Conventions of 12 August 1949, and relating to the Protection of Victims of International Armed Conflicts (Protocol I), 8 June 1977, 1987, Rn. 2198.

254 *Krishnan,* Killer Robots- Legality and Ethicality of autonomous weapons, 2009, S. 98.

satz gegen Objekte zuzulassen und Menschen als Ziele auszunehmen. Eine akzeptable Fehlerquote müsste festgelegt und einprogrammiert, sowie die Einsätze eines autonomen Waffensystems überwacht und auf die Einhaltung des Fehlerstandards geprüft werden.

B. Verbot unverhältnismäßiger Angriff

Als zweites soll untersucht werden, ob und inwiefern eine mit dem Verhältnismäßigkeitsgrundsatz konforme Programmierung von autonomen Waffensystemen möglich sein kann. Der aus einer Balance der Prinzipien der militärischen Notwendigkeit und der Menschlichkeit[255] entstandene Grundsatz der Verhältnismäßigkeit besagt, dass nur solche Angriffe erlaubt sind, bei denen der Schaden in der Zivilbevölkerung und an zivilen Objekten in einem angemessenen Verhältnis zum erwarteten, konkreten und unmittelbaren militärischen Vorteil steht.[256] Die Verhältnismäßigkeit ist für jeden Angriff gesondert zu ermitteln, in der Praxis geschieht dies regelmäßig durch einen Offizier einer höheren Befehlsebene, welcher im Vorhinein die Verhältnismäßigkeit für die Gesamtheit des Angriffs ermittelt.[257] Da autonome Waffensysteme den Zeitpunkt und das Ziel des Angriffs selber festlegen werden und diese deshalb im Vorhinein nicht bestimmbar sind, wird dieser Schritt notwendigerweise von den autonomen Waffensystemen selber durchzuführen sein. Eine Programmierung hat deshalb dergestalt zu sein, dass ein autonomes Waffensystem selbstständig eine Verhältnismäßigkeitsabwägung durchführen kann. Hierfür müssen in einem ersten Schritt der militärische Vorteil des Angriffs, sowie die erwarteten zivilen Verluste ermittelt werden (I.), und diese sodann in einem zweiten Schritt gegeneinander abgewogen

255 *Bothe/Partsch/Solf/Eaton,* New rules for victims of armed conflicts, 2. Auflage 2013, Art. 51, Rn. 2.6.2; *Rogers,* Law on the battlefield, 3. Auflage 2012, S. 21.

256 Art. 51 Abs. 5 lit. b) ZP I. Für den gewohnheitsrechtlichen Status *Henckaerts/ Doswald-Beck,* Customary International Humanitarian Law – Vol. I: Rules, 2005, Regel 14; OTP-Report, Rn. 28.

257 *Fenrick* in: Triffterer (Hrsg.), Commentary on the Rome Statute of the International Criminal Court, 1. Aufl. 1999, Art. 8(2)(b)(iv) IStGH-Statut, Rn. 49; *Dinstein,* The conduct of hostilities under the law of international armed conflict, 2. Auflage 2010, Rn. 329.

werden (II.). Nur wenn beide in einem angemessenen Verhältnis stehen, ist der Angriff rechtmäßig.[258]

I. Ermittlung und Bewertung des militärischen Vorteils und der erwarteten zivilen Verluste

In einem ersten Schritt müssen zunächst der erwartete militärische Vorteil und die voraussichtlichen Verluste in der Zivilbevölkerung ermittelt werden.[259] Da der militärische Vorteil im Wesentlichen derselbe ist, wie der für die Bestimmung eines militärischen Ziels zu ermittelnde[260] kann in Bezug auf die konkrete Programmierung auf die oben gemachten Ausführungen verwiesen werden.[261] Bei der Ermittlung der erwarteten zivilen Verluste bietet es sich an, ein autonomes Waffensystem so zu programmieren, dass es eine Simulation des Angriffsszenarios vornimmt. Bereits zum heutigen Zeitpunkt verwenden die nationalen Armeen bei der Ermittlung der Verhältnismäßigkeit Computerprogramme, welche Simulationen von Angriffsszenarien durchführen.[262] Ein solches Computerprogramm kann auch in ein autonomes Waffensystem eingebaut werden.

258 Der Wortlaut von Art. 51 Abs. 5 lit. b) ist insoweit missverständlich, als dass er die Verhältnismäßigkeit eines Angriffs als Teil des Unterscheidungsgrundsatzes darzustellen scheint. Richtigerweise ist die Verhältnismäßigkeit aber als eigenes Kriterium neben dem Unterscheidungsgrundsatz zu sehen. Ebenfalls kritisch *Gardam,* Necessity, proportionality, and the use of force by states, 2004, S. 94.

259 Mit Anhaltspunkten und Vorschlägen, woran sich die Ermittlung des zu erwartenden Schadens in der Zivilbevölkerung orientieren kann *Gardam,* Necessity, proportionality, and the use of force by states, 2004, S. 103 ff.

260 *Oeter,* Methods and Means of Combat in: Fleck/Bothe (Hrsg.), The Handbook of International Humanitarian Law, 3. Auflage 2013, S. 115 (Rn. 445); indirekt auch *Henderson,* The contemporary law of targeting, 2009, S. 200 f. Wohl A. A. *Dinstein,* The conduct of hostilities under the law of international armed conflict, 2. Auflage 2010, Rn. 328.

261 Vergleiche *infra* S. 43.

262 *Corn,* The law of armed conflict, 2012, S. 188. Weiterführend zu der vom amerikanischen Militär verwendeten *Collateral Damage Estimation Method Schmitt,* Autonomous Weapon Systems and International Humanitarian Law: A Reply to the Critics, Harvard National Security Journal – Online Feature (Februar 2013), S. unter http://harvardnsj.org/2013/02/autonomous-weapon-systems-and-international-humanitarian-law-a-reply-to-the-critics/, zuletzt abgerufen am 30. März 2015 (S. 19); *Wright,* „Excessive“ ambiguity: analysing and refining the proportionality standard, International Review of the Red Cross 94 (2012), S. 819 (832).

II. Bewertung des Verhältnisses

Problematischer gestaltet sich jedoch der zweite Schritt, in dem das autonome Waffensystem den militärischen Vorteil und die ermittelten zivilen Verluste in ein Verhältnis setzen und bewerten muss.

1. Keine Objektivierbarkeit der Verhältnismäßigkeitsprüfung

Im Schrifttum wird hauptsächlich vertreten, dass für diesen zweiten Teil der Verhältnismäßigkeitsprüfung keine allgemeinen Standards existieren, sondern dieser notwendigerweise eine subjektive Einzelfallentscheidung bleibe.[263] Besonders schwierig sei es hierbei, den Wert des militärischen Vorteils in Bezug zu den zivilen Leben zu setzen.[264] Dies rühre vor allem daher, dass die beiden miteinander in Verhältnis zu setzenden Werte nicht gleichartig sind.[265] So werde nicht ein kleiner militärischer Vorteil gegen einen großen militärischen Vorteil abgewogen – dies sei in gewisser Weise noch objektiv – sondern ein militärischer Vorteil gegen einen zivilen Verlust. Insofern sei dieser Schritt nicht quantifizierbar[266] und bliebe eine Frage von Treu und Glauben und des gesunden Menschenverstands des Befehlshabers.[267] Auch

263 *Gardam,* Necessity, proportionality, and the use of force by states, 2004, S. 106; OTP-Report, Rn. 50; *Bothe/Partsch/Solf/Eaton,* New rules for victims of armed conflicts, 2. Auflage 2013, Art. 51, Rn. 2.6.2; *Fenrick,* The Rule of Proportionality and Protocol I in Conventional Warfare, Military Law Review (1982), S. 91 (111). A. A. *Cannizzaro,* der von einem objektiven Standard ausgeht, *Cannizzaro,* Proportionality in the Law of Armed Conflict in: Clapham/Gaeta (Hrsg.), The Oxford Handbook of International Law in Armed Conflict, 2014, S. 332 (337).

264 OTP-Report, Rn. 48.

265 OTP-Report, Rn. 48; *Henderson,* The contemporary law of targeting, 2009, S. 285; *Bothe/Partsch/Solf/Eaton,* New rules for victims of armed conflicts, 2. Auflage 2013, Art. 51, Rn. 2.6.2; *Boothby,* Conflict law, 2014, S. 109.

266 *Bothe/Partsch/Solf/Eaton,* New rules for victims of armed conflicts, 2. Auflage 2013, Art. 51, Rn. 2.6.2; *Oeter,* Methods and Means of Combat in: Fleck/Bothe (Hrsg.), The Handbook of International Humanitarian Law, 3. Auflage 2013, S. 115 (Rn. 457.2).

267 *Sandoz/Zimmermann,* Commentary on Protocol Additional to the Geneva Conventions of 12 August 1949, and relating to the Protection of Victims of International Armed Conflicts (Protocol I), 8 June 1977, 1987, Rn. 2208. Die Formulierung von *Gardam,* Necessity, proportionality, and the use of force by states, 2004, S. 106 ist „one that must be made in a diligent and honest manner by a competent commander at the appropriate level of command"; *Bothe/Partsch/Solf/Eaton,* New rules for victims of armed conflicts, 2. Auflage 2013, Art. 51, Rn. 2.6.2 „honestly and competently".

die nationalen Armeen gehen von einer subjektiven Bewertungsbasis aus und legen keine allgemeinen Kriterien fest.[268] Insgesamt wird dem militärischen Befehlshaber damit ein Bewertungsspielraum eingeräumt, so dass unterschiedliche Befehlshaber dieselbe Situation unterschiedlich bewerten können. Damit erscheint eine Quantifizierbarkeit zumindest problematisch.[269] Hiergegen kann man jedoch anführen, dass auch militärische Befehlshaber nicht völlig losgelöst von objektiven Standards entscheiden. So hat sich ihre Abwägung innerhalb des von den Rules of Engagement (RoE) gesteckten Rahmens anzusiedeln.[270] RoE sind für einen bestimmten Einsatz festgelegte Richtlinien und Vorgaben, die das Verhalten der Truppe und die Anwendung von Gewalt regulieren.[271] Möglich wäre es also, die für einen bestimmten Konflikt entwickelten RoE, beziehungsweise speziell für autonome Waffensysteme geschaffene RoE einzuprogrammieren. Allerdings geben auch RoE keine zwingenden Entscheidungsergebnisse vor, sie stecken vielmehr einen Rahmen fest, innerhalb dessen sich die Entscheidung des Befehlshabers ansiedeln muss. Auch unter Einbeziehung der RoE verbleibt einem Befehlshaber damit ein bestimmtes Maß an Entscheidungsfreiheit bei seiner Abwägung, welches er mit einer Gewissensentscheidung ausfüllen muss. Da Gewissensentscheidungen aber nicht quantifizierbar sind, lässt sich dieser letzte Abwägungsschritt damit wohl nicht in feste Werte übertragen und programmieren.[272] Nichtsdestotrotz sollen im Folgenden einige Programmierungsvorschläge vorgestellt werden.

268 *The Judge Advocate General's School,* Air Force Operations and the Law – A Guide for Air, Space & Cyber Forces, 3. Auflage 2014, S. 106; im Ergebnis wohl ebenso *U.K. Ministry of Defense,* The Manual of the Law of Armed Conflict, 2004, S. 87.

269 *Akerson* lehnt eine Quantifizierbarkeit ab, bringt hierfür jedoch wenig rechtliche Argumente, *Akerson,* The Illegality of Offensive Lethal Autonomy in: Saxon (Hrsg.), International Humanitarian Law and the Changing Technology of War, 2013, S. 65 (85). *Boothby* ist skeptisch, hält eine Quantifzierung jedoch grundsätzlich für möglich, *Boothby,* Conflict law, 2014, S. 110.

270 *Bothe/Partsch/Solf/Eaton,* New rules for victims of armed conflicts, 2. Auflage 2013, Art. 52, Rn. 2.6.2.

271 Eine einheitliche Definition für RoE gibt es nicht. Die hier angeführte Definition orientiert sich an *Bundesministerium der Verteidigung,* Wörterbuch der Bundeswehr für Einsätze der Streitkräfte, Dezember 2001, S. 43. Weiterführend *Corn,* The law of armed conflict, 2012, S. 192 ff.

272 Mit demselben Ergebnis *Wagner,* Taking Humans out of the Loop: Implications for International Humanitarian Law, Journal of Law, Information and Science 21 (2011/2012), S. 155 (163); *Sharkey,* Automating Warfare: Lessons Learned from the Drones, Journal of Law, Information and Science 21 (2011/2012), S. 140 (144).

2. Konsequenzen für eine Programmierung

Zum einen wäre es möglich, feste Werte in das autonome Waffensystem einzuprogrammieren.[273] Dann würde zum Beispiel festgelegt, dass ein Verhältnis von zwei getöteten Zivilisten gegenüber vier getöteten feindlichen Kombattanten verhältnismäßig ist, der umgekehrte Fall jedoch nicht. Es ist allerdings fraglich, ob die Festlegung starrer Werte im Vorhinein noch mit dem Prinzip des Verhältnismäßigkeitsgrundsatzes vereinbar ist, da die Verhältnismäßigkeit dann nicht mehr individuell für den Einzelfall bestimmt würde.[274] Zum Zweiten ist es vorstellbar, einen Zufallsgenerator in das autonome Waffensystem einzubauen. Hierbei würde dann zwischen mehreren möglichen, sich im Rahmen der RoE haltenden Entscheidungen, per Zufall eine ausgewählt. Dies scheint mit dem Sinn und Zweck des Verhältnismäßigkeitsgrundsatzes eher vereinbar, als eine Programmierung starrer Zahlenwerte, da auch menschliche Befehlshaber eine Situation unterschiedlich beurteilen.[275] Durch den Einbau eines Zufallsgenerators wäre eine solche Diversität auch bei Entscheidungen autonomer Waffensysteme gewährleistet. Allerdings würde dies bedeuten, dass eine Entscheidung, welche Auswirkungen auf Leben und Tod von Menschen hat, allein dem Zufall überlassen bliebe. Dies scheint wiederum nicht mit dem Verhältnismäßigkeitsgrundsatz vereinbar, zumal auch menschliche Befehlshaber nicht völlig willkürlich, sondern auf Grund ihres Gewissens entscheiden. In der Literatur werden weitere Lösungsansätze für eine Programmierung des Verhältnismäßigkeitsgrundsatzes diskutiert. So schlägt der Roboterforscher *Ronald Arkin* vor, autonome Waffensysteme mit einem *Ethical Governor*, einer *Ethical Behaviorial Control*, einem *Ethical Adaptor* und einem *Responsibility Advisor* auszustatten.[276] Während der *Ethical Governor* sämtliche, von einem autonomen Waffensystem anvisierte, tödliche Gewalt einer Erlaubniskontrolle durch einprogrammierte Regeln (des humanitären Völkerrechts oder der

273 *Schmitt,* Autonomous Weapon Systems and International Humanitarian Law: A Reply to the Critics, Harvard National Security Journal – Online Feature (Februar 2013), S. unter http://harvardnsj.org/2013/02/autonomous-weapon-systems-and-international-humanitarian-law-a-reply-to-the-critics/, zuletzt abgerufen am 30. März 2015 (S. 20 f).

274 Ebenso *Corn,* The law of armed conflict, 2012, S. 189; *Henderson,* The contemporary law of targeting, 2009, S. 202.

275 Ebenso *Bothe/Partsch/Solf/Eaton,* New rules for victims of armed conflicts, 2. Auflage 2013, Art. 51, Rn. 2.6.2.

276 *Arkin,* Governing lethal behavior in autonomous robots, 2009, S. 61. Zur Kritik an diesem Modell *Sharkey,* The evitability of autonomous robot warfare, International Review of the Red Cross 94 (2012), S. 787 (793 ff).

RoE) unterwerfe, ermögliche die *Ethical Behaviorial Control* den Einsatz tödlicher Gewalt nur, insofern er ethischen Richtlinien entspricht. Ein *Ethical Adaptor* soll Impulse produzieren, die mit den Gefühlen von Schmerz, Schuld und Gewissensbissen bei Menschen vergleichbar sind. Der *Responsibility Advisor* schließlich sorge für eine Rückkopplung mit menschlichen Befehlshabern und informiere diese über das Roboterverhalten.[277] Hierdurch solle es gelingen, eine dem Menschen nachempfundene Denkweise zu kreieren, so dass auch Maschinen ethisch handeln können.

Backstrom und *Henderson* schlagen hingegen vor, autonome Waffensysteme nicht abschließend zu programmieren, sondern sie im Zuge der Herstellung einem Lernprozess zu unterwerfen.[278] Hierbei solle den autonomen Waffensystemen zunächst ungefähr vorgegeben werden, was eine legitime Abwägung beinhalte. Anschließend sollen diese selbstständig in einer Trainingsumgebung handeln. Im Laufe der Zeit würden die Geräte dann durch menschliches Feedback auf ihre Handlungen Erfahrungen sammeln und so immer bessere Entscheidungen treffen. In den Kampfeinsatz sollen dann nur diejenigen Geräte übernommen werden, deren Entscheidungen denen menschlicher Soldaten am nächsten kommen.[279] Dieser Vorschlag setzt allerdings voraus, dass die Maschinen bereits mit künstlicher Intelligenz ausgestattet sind. Hiervon ist die technische Forschung zum heutigen Zeitpunkt aber wohl noch weit entfernt.[280]

277 *Arkin,* Governing lethal behavior in autonomous robots, 2009, S. 61.

278 *Backstrom/Henderson,* New Capabilities in warfare: an overview of contemporary technological developments and the associated legal and engineering issues in article 36 weapons review, International Review of the Red Cross 94 (2012), S. 483 (494). Auch *Boothby* schlägt die Entwicklung von Systemen mit Lernkapazitäten vor, scheint aber von einem Trainingseffekt in der Einsatzumgebung auszugehen, *Boothby,* Conflict law, 2014, S. 144.

279 *Backstrom/Henderson,* New Capabilities in warfare: an overview of contemporary technological developments and the associated legal and engineering issues in article 36 weapons review, International Review of the Red Cross 94 (2012), S. 483 (494).

280 Die Aussagen der Wissenschaftler zu diesem Punkt unterscheiden sich erheblich. Ein Dokument des Verteidigungsministeriums des Vereinigten Königreichs ging im Jahr 2011 von einer Entwicklung künstlicher Intelligenz innerhalb der nächsten zehn Jahre aus, *U.K. Ministry of Defence,* The UK Approach to Unmanned Aircraft Systems, 30. März 2011, Rn. 623. Auch *Larson* hält eine Entwicklung in naher Zukunft für möglich, *Larson,* Artificial Intelligence: Robots, Avatars and the Demise of the Human Mediator, Ohio State Journal on Dispute Resolution 25 (2010), S. 105. Insgesamt zweifelnd *Sharkey,* Automating Warfare: Lessons Learned from the Drones, Journal of Law, Information and Science 21 (2011/2012), S. 140 (142).

Zusammenfassend zeigt sich, dass zumindest die Programmierung des Abwägungsvorgangs innerhalb des Verhältnismäßigkeitsprinzips große Schwierigkeiten mit sich bringt. Auch wenn man davon ausgeht, dass eine Digitalisierung nicht grundsätzlich mit dem humanitären Völkerrecht unvereinbar ist, so ist eine entsprechende Programmierung zumindest zum heutigen Zeitpunkt technisch noch nicht realisierbar.[281]

III. Kein verschärfter Verhältnismäßigkeitsstandard

Als letzter Punkt ist zu diskutieren, welcher Maßstab für eine von einem autonomen Waffensystem ausgeführte Verhältnismäßigkeitsabwägung zu gelten hat. Man könnte vertreten, dass bei autonomen Waffensystemen wegen der Risikolosigkeit ein strengerer Maßstab zu gelten habe. Eine solche Annahme findet aber keine Grundlage im bestehenden Recht.[282] So gibt es keine rechtliche Basis, auf welche begründet werden kann, dass für autonome Waffensysteme ein höherer Standard zu gelten hat, als für menschliche Soldaten. Folgt man der hier vertretenen Ansicht, dass die Verhältnismäßigkeitsabwägung grundsätzlich nicht objektivierbar und damit auch nicht programmierbar ist, muss sich für die Programmierung der Verhältnismäßigkeitserwägungen ergeben, dass Kollateralschäden nicht erlaubt sind. Ein autonomes Waffensystem darf also nur angreifen, sofern die Simulation des Angriffsszenarios ergibt, dass durch den Angriff keine Schäden an Zivilisten oder zivilen Objekten verursacht werden.

C. Ergebnis: Hohe Anforderungen an die Technik

Zusammenfassend kann damit festgestellt werden, dass der Unterscheidungsgrundsatz grundsätzlich objektivierbar ist und zumindest Objekte, welche ihrer Beschaffenheit und ihres Standorts nach militärische Ziele dar-

281 Mit demselben Ergebnis *Wagner,* Taking Humans out of the Loop: Implications for International Humanitarian Law, Journal of Law, Information and Science 21 (2011/2012), S. 155 (163); *Sharkey,* The evitability of autonomous robot warfare, International Review of the Red Cross 94 (2012), S. 787 (789).

282 Ebenso *Schmitt,* Autonomous Weapon Systems and International Humanitarian Law: A Reply to the Critics, Harvard National Security Journal – Online Feature (Februar 2013), S. unter http://harvardnsj.org/2013/02/autonomous-weapon-systems-and-international-humanitarian-law-a-reply-to-the-critics/, zuletzt abgerufen am 30. März 2015 (S. 21).

stellen in ein autonomes Waffensystem einprogrammiert werden können, da diese im Vorhinein bestimmbar sind und sich eine Programmierung damit an festen Objektkategorien beziehungsweise Standortpositionen orientieren kann. Demgegenüber ist der Verhältnismäßigkeitsgrundsatz wegen der notwendigerweise enthaltenen Wertenscheidungen nach der hier vertretenen Ansicht nicht objektivierbar. Für eine Programmierung ergibt sich hieraus, dass die Toleranzschwelle für Kollateralschäden auf den Wert Null gesetzt werden muss.

§4 Kein Verstoß gegen Verbotsnormen des humanitären Völkerrechts

A. Verbot des Angriffs auf geschützte Personen und Objekte

Neben der grundsätzlichen Unterscheidung zwischen Zivilisten und Kombattanten, muss die Programmierung eines autonomen Waffensystems auch die Einhaltung der explizit im humanitären Völkerrecht verankerten Verbotsnormen gewährleisten können. Da bei der Untersuchung des Verhältnismäßigkeitsgrundsatzes bereits festgestellt wurde, dass eine Programmierung von im Vorhinein bestimmbaren Werten einfacher zu gewährleisten ist, werden die Verbotsnormen im Folgenden in Angriffsverbot auf geographisch fest verortete Ziele (I.) und Angriffsverbote auf mobile Ziele (II.) unterteilt.

I. Geographisch fest verortete Ziele

Geographisch fest verortete Ziele sind solche Ziele, welche an einem bestimmten Ort fest installiert sind und nicht ohne weiteres fortbewegt werden können. Wegen ihrer Immobilität sind sie bereits im Vorhinein lokalisierbar und einer Programmierung daher besser zugänglich. Die geographische Stelle lässt sich zum einen mit einem absoluten Angriffsverbot, zum anderen mit veränderten Wertungen, wie zum Beispiel höheren Anforderungen an ein legitimes militärisches Ziel verknüpft werden.

1. Verbot des Angriffs auf Kulturgüter und kulturelle Stätten

Der Kategorie der geographisch zu verortenden Objekte sind Kulturgüter und kulturelle Stätten zuzuordnen. Während für beide Begriffe eine einheitliche Definition und somit ein einheitlicher sachlicher Schutzbereich anzunehmen ist – es handelt sich um „bewegliches und unbewegliches Gut, das für das kulturelle Erbe aller Völker von Bedeutung ist sowie die Baulichkeiten in denen sich das Gut befindet“[283] – hängt der Umfang des Schutzes im internationalen bewaffneten Konflikt von den Rechtsinstrumenten ab, denen die jeweiligen Konfliktparteien beigetreten sind. Insofern lässt sich keine einheitliche Bewertung für die Einsätze autonomer Waffensysteme als Ganzes treffen, es muss vielmehr im Einzelfall danach unterschieden werden, ob für die Staaten das Haager Kulturgüterschutzabkommen von 1954[284], das ZP I oder schlicht Völkergewohnheitsrecht verbindlich ist.[285]

Unterfällt eine Partei den Regelungen des Haager Kulturgüterschutzabkommens, so sind ihr grundsätzlich alle direkten feindlichen Handlungen gegen Kulturgüter verboten[286]; eine Ausnahme hiervon ist aber dann erlaubt, wenn im Einzelfall dringende Erfordernisse der militärischen Notwendigkeit vorliegen.[287] Ist für eine Konfliktpartei hingegen das ZP I verbindlich, so besteht diese Ausnahmemöglichkeit nicht, vielmehr ist jeder

283 *O'Keefe,* Protection of Cultural Property in: Fleck/Bothe (Hrsg.), The Handbook of International Humanitarian Law, 3. Auflage 2013, S. 425 (Rn. 901). *Henckaerts/Doswald-Beck,* Customary International Humanitarian Law – Vol. I: Rules, 2005, S. 130 vertreten, dass der Schutzbereich des ZP I enger gefasst ist als der des Kulturgüterschutzabkommens. Dem kann jedoch mit Hinblick auf den Wortlaut nicht zugestimmt werden, so schützt das ZP I solche Stätten, welche zum „kulturellen oder geistigen Erbe der Völker“ gehören, das Kulturgüterschutzabkommen solche, welche „für das kulturelle Erbe aller Völker von großer Bedeutung“ sind.

284 Konvention zum Schutz vom Kulturgut bei bewaffneten Konflikten vom 14. Mai 1954 (Kulturgüterschutzabkommen).

285 Für einen umfassenden Überblick über den Schutz von Kulturgütern unter den drei Rechtsregimen, welcher über die hier behandelte Frage des legitimen militärischen Ziels hinausgeht *Hensel,* The Protection of Cultural Objects During Armed Conflict in: Hensel (Hrsg.), The law of armed conflict, 2005, S. 39; *Kastenberg,* The Legal Regime for Protecting Cultural Property During Armed Conflict, Air Force Law Review 42 (1997), S. 277. Für eine Kritik an dem Begriff „kulturelles Gut“ und ein Plädoyer für dessen Erweiterung *Prott/O'Keefe,* „Cultural Heritage“ or „Cultural Property“, International Journal of Cultural Property 1 (1992), S. 307.

286 Art. 4 Abs. 1 Kulturgüterschutzabkommen.

287 Art. 4 Abs. 2 Kulturgüterschutzabkommen. Diese Ausnahme gilt nicht für Kulturgüter, welche unter den Sonderschutzstatus von Art. 8 Kulturgüterschutz-

direkte Angriff unter allen Umständen verboten.[288] Ist eine Konfliktpartei sowohl dem Haager Kulturgüterschutzabkommen, als auch dem ZP I beigetreten, so ist die Ausnahme des Kulturgüterschutzabkommens weiterhin anwendbar.[289] Auch für Parteien, die keines der beiden Instrumente ratifiziert haben und demnach nur dem Völkergewohnheitsrecht unterliegen, gilt ein grundsätzliches Angriffsverbot mit einer Ausnahme für zwingende Erfordernisse der militärischen Notwendigkeit.[290] Damit sind zwei mögliche Schutzregime festzustellen, nach denen sich eine Programmierung zu richten hat. Regime 1 sieht ein grundsätzliches Verbot des direkten Angriffs auf Kulturgüter und kulturelle Stätten vor und gilt für Staaten, welche nur das ZP I ratifiziert haben. Regime 2 sieht ein grundsätzliches Verbot mit einem Ausnahmevorbehalt für zwingende Erfordernisse der militärischen Notwendigkeit vor und gilt für Staaten, welche (neben dem ZP I auch) das Kulturgüterschutzabkommen ratifiziert haben und für solche, welche nur dem Gewohnheitsrecht unterliegen.

Unabhängig von dem anzuwendenden Regime ist das autonome Waffensystem so zu programmieren, dass zunächst ein Erkennen der geschützten Objekte gewährleistet ist. Hierbei erscheint eine Programmierung auf das visuelle Erkennen eines bestimmten Zeichens, wie zum Beispiel das blau-

abkommen fallen. Da dessen Anwendungsbereich jedoch sehr gering ist, wird dies keine praktischen Auswirkungen haben.

288 Art. 53 lit. a) ZP I. Das Angriffsverbot ist nach dem Wortlaut von Art. 53 ZP I grundsätzlich absolut, es wird aber nicht für die Fälle gelten, in denen das Kulturgut –was gemäß Art. 53 lit. b) ZP I aber ebenfalls verboten ist – zu militärischen Zwecken missbraucht wird und somit ein militärisches Ziel darstellt, *Sandoz/Zimmermann,* Commentary on Protocol Additional to the Geneva Conventions of 12 August 1949, and relating to the Protection of Victims of International Armed Conflicts (Protocol I), 8 June 1977, 1987, Rn. 2072; *Bothe/Partsch/Solf/Eaton,* New rules for victims of armed conflicts, 2. Auflage 2013, Art. 53, Rn. 2.1.

289 Art. 53 mit dem Verweis auf das Kulturgüterschutzabkommen und andere einschlägige internationale Instrumente. Weiterführend *Sandoz/Zimmermann,* Commentary on Protocol Additional to the Geneva Conventions of 12 August 1949, and relating to the Protection of Victims of International Armed Conflicts (Protocol I), 8 June 1977, 1987, Rn. 2046 ff; *David,* Principes de droit des conflits armés, 2002, Rn. 2.59.

290 *Henckaerts/Doswald-Beck,* Customary International Humanitarian Law – Vol. I: Rules, 2005, Regel 38 B; *O'Keefe,* Protection of Cultural Property in: Fleck/Bothe (Hrsg.), The Handbook of International Humanitarian Law, 3. Auflage 2013, S. 425 (Rn. 904).

weiße Schutzsymbol des Kulturgüterschutzabkommens,[291] wegen der Missbrauchsgefahr als nicht praktikabel. Wäre ein autonomes Waffensystem nur auf das Erkennen des Symbols programmiert, so bestünde, ähnlich wie bei der Programmierung auf RFID-Zeichen oder Uniformen bei Soldaten, die Wahrscheinlichkeit, dass die gegnerische Konfliktpartei militärische Objekte, wie zum Beispiel Kasernen oder Rüstungstransporte mit dem Schutzzeichen versehen, um diese so aus dem Angriffsbereich von autonomen Waffensystemen herauszunehmen. Aus diesem Grund wird es notwendig sein, die im zukünftigen Einsatzgebiet des autonomen Waffensystems belegenen Kulturgüter von einem Offizier im Vorhinein identifizieren zu lassen und ihre genaue Position dann an Hand von geographischen Daten in das autonome Waffensystem einzuprogrammieren.[292] Dieses Verfahren ist natürlich nur auf unbewegliche Kulturgüter anwendbar, der Schutz beweglicher Kulturgüter, wie zum Beispiel Gemälden oder Statuen außerhalb von Gebäuden wie zum Beispiel Museen, lässt sich auf diese Weise nicht gewährleisten.

Staaten, welche unter das Regime 1 fallen, müssen bei der Programmierung mit den geographischen Daten grundsätzlich ein absolutes Angriffsverbot verknüpfen. Obwohl unter diesem Regime ein Angriff auf Kulturgüter möglich ist, sofern diese für militärische Zwecke entfremdet werden und daher selber militärische Ziele darstellen, wird an dieser Stelle die Programmierung eines absoluten Angriffsverbots vertreten. Dies gründet sich darauf, dass bei dem ersten Schritt zur Identifizierung eines militärischen Ziels, der Frage, ob das Kulturgut wirksam zu militärischen Handlungen beiträgt, lediglich die Kategorie der konkreten Verwendung in Frage kommt. Gerade diese ist wegen der enthaltenden Wertungen aber schwierig zu programmieren,[293] weshalb eine höhere Fehlerwahrscheinlichkeit vorliegt. Eine solche ist mit dem Schutzauftrag für Kulturgut nicht zu vereinbaren. Insofern muss es ausreichen, wenn Einzelfällen eines Missbrauchs durch konventionelle Angriffe begegnet wird, beziehungsweise in Fällen, in denen ein Wechsel zwischen verschiedenen Operationsmodi möglich ist,

291 Art. 6 i. V. m. Art. 16 Kulturgüterschutzabkommen. Weiterführend *Hladik,* Marking of cultural property with the distinctive emblem of the 1954 Hague Convention for the Protection of Cultural Property in the Event of Armed Conflict, International Review of the Red Cross (2004), S. 379.

292 *Sandoz/Zimmermann,* Commentary on Protocol Additional to the Geneva Conventions of 12 August 1949, and relating to the Protection of Victims of International Armed Conflicts (Protocol I), 8 June 1977, 1987, Rn. 2065 empfiehlt, bei der Bestimmung der geschützten Stätten im Zweifelsfall auf die Meinung des Staates abzustellen, auf dessen Territorium sich die Stätten befinden.

293 Vergleiche bereits *supra* S. 41 f.

dem autonomen Waffensystem direkt durch den befehlshabenden Offizier nach Einschätzung der Lage aufgegeben wird.

Staaten, welche unter das Regime 2 fallen,[294] müssen einen verschärften Maßstab für den militärischen Vorteil durch die Zerstörung einprogrammieren. Da lediglich „zwingende Erfordernisse der militärischen Notwendigkeit“ eine Zerstörung von Kulturgut rechtfertigen, genügen einfacher Terraingewinn oder Schwächung der gegnerischen Kräfte nicht, um das Kulturgut als militärisches Ziel zu qualifizieren. Gleiches gilt für Verhältnismäßigkeitserwägungen, wenn unter dem Regime 2 ein anderes Objekt anvisiert wird, welches die Zerstörung von Kulturgut veranlassen würde. Unabhängig davon, wie eine Verhältnismäßigkeitsprüfung programmiert wird, müssen hier höhere Anforderungen gelten.

Neben Kulturgütern im engeren Sinne genießen auch kulturelle Stätten im weiteren Sinne einen Schutz, das heißt Gebäude, welche der Glaubensausübung, Kunst, Wissenschaft, (Aus)Bildung und wohltätigen Zwecken dienen.[295] Dieser Schutz ist geringer als der von Kulturgütern im engeren Sinne, so können diese Gebäude angegriffen werden, sofern sie ein militärisches Objekt darstellen,[296] allerdings besteht auch die verschärfte Pflicht der Konfliktparteien, diese Gebäude vor Zerstörung zu bewahren.[297] Auch in diesem Fall lassen sich die Verpflichtungen wohl am besten mit einem verschärften Maßstab für den militärischen Vorteil, sowie, im Falle, dass kein direkter Angriff vorliegt, höheren Anforderungen an die Verhältnismäßigkeit erfüllen. Auch diese Objekte sind vor dem Einsatz eines autonomen Waffensystems zu identifizieren und in das System einzuprogrammieren.

2. Verbot des Angriffs auf gefährliche Stätten

Auch gefährliche Stätten fallen in die Kategorie der geographisch zu verortenden Objekte. Das humanitäre Völkerrecht enthält diesbezüglich ein grundsätzliches Verbot der direkten Angriffe auf Staudämme, Deiche und

294 Hierunter befinden sich wegen ihrer Ratifikation des Kulturgüterschutzabkommens sowohl die USA, als auch Israel, Russland und China und damit jene Staaten, welche vermutlich als erste über autonome Waffensysteme verfügen werden, was diesem Regime die größere Relevanz gibt.

295 *Henckaerts/Doswald-Beck,* Customary International Humanitarian Law – Vol. I: Rules, 2005, Regel 38 A.

296 *Henckaerts/Doswald-Beck,* Customary International Humanitarian Law – Vol. I: Rules, 2005, Regel 38 A.

297 *Henckaerts/Doswald-Beck,* Customary International Humanitarian Law – Vol. I: Rules, 2005, S. 127 f mit dem Verweis auf die Staatenpraxis.

Kernkraftwerke.[298] Ein solches Angriffsverbot ist jedoch nicht absolut, vielmehr kann ein Angriff unter bestimmten Bedingungen rechtmäßig sein.

In Bezug auf das Erkennen der gefährlichen Stätten kann im Wesentlichen auf die oben gemachten Ausführungen zu Kulturgütern verwiesen werden. Eine Programmierung auf die visuelle Wahrnehmung des speziellen Schutzzeichens für gefährliche Stätten[299] erscheint wegen der Missbrauchsgefahr nicht praktikabel. Insofern ist es wiederum notwendig, dass alle Staudämme, Deiche und Kernkraftwerke im Einsatzgebiet eines autonomen Waffensystems im Vorhinein von einem Offizier identifiziert und dann an Hand geographischer Daten in das System einprogrammiert werden.

Bezüglich der weiteren Programmierung ist danach zu unterscheiden, ob die gefährliche Stätte ein militärisches Ziel ist oder nicht. Ist die Stätte als ziviles Objekt zu qualifizieren, so gilt ein grundsätzliches Angriffsverbot.[300] Ist die Stätte selber ein militärisches Objekt, so ist ein Angriff nur dann möglich, wenn er keine gefährlichen Kräfte freisetzt, welche zu schweren Verlusten in der Zivilbevölkerung führen können.[301] Angriffe auf militärische Ziele in der Umgebung von gefährlichen Stätten sind nur dann erlaubt, wenn hierdurch keine Gefahr der Freisetzung gefährlicher Kräfte droht.[302] Für eine Programmierung ergibt sich hieraus, dass grundsätzlich der reguläre Prozess der Unterscheidung zwischen militärischen Zielen und zivilen Objekten ablaufen muss. Im Fall einer Einordnung als ziviles Objekt ist die regulär programmierte Verknüpfung mit einem Angriffsverbot ausreichend. Im Fall einer Einordnung als militärisches Ziel ist ein zusätzlicher Schritt in das Programm einzufügen. Ähnlich der dritten Stufe einer Verhältnis-

298 Art. 56 ZP I. Der gewohnheitsrechtliche Status der Norm ist allerdings umstritten. Dafür *Henckaerts/Doswald-Beck,* Customary International Humanitarian Law – Vol. I: Rules, 2005, Regel 42, A. A. wohl die USA, vergleiche insoweit *Corn,* The law of armed conflict, 2012, S. 184, sowie *Dinstein,* The conduct of hostilities under the law of international armed conflict, 2. Auflage 2010, Rn. 481. *Henckaerts et al.* wollen das Angriffsverbot auch über Staudämme, Deiche und Kernkraftwerke hinaus, auf Chemieanlagen und Erdölraffinerien ausdehnen, *Henckaerts/Doswald-Beck,* Customary International Humanitarian Law – Vol. I: Rules, 2005, S. 142.

299 Art. 56 Abs. 7 i. V. m. Art. 16 Anhang I des ZP I.

300 *Sandoz/Zimmermann,* Commentary on Protocol Additional to the Geneva Conventions of 12 August 1949, and relating to the Protection of Victims of International Armed Conflicts (Protocol I), 8 June 1977, 1987, Rn. 2153.

301 Art. 56 Abs. 1 Satz 1 ZP; *Oeter,* Methods and Means of Combat in: Fleck/Bothe (Hrsg.), The Handbook of International Humanitarian Law, 3. Auflage 2013, S. 115 (Rn. 470); *Corn,* The law of armed conflict, 2012, S. 184.

302 Art. 56 Abs. 1 Satz 2 ZP I.

mäßigkeitsprüfung muss das autonome Waffensystem prüfen, ob die durch einen potentiellen Angriff auftretenden Verluste in der Zivilbevölkerung „schwer" sein werden.[303] Ob die Verluste schwer sind, beurteilt sich aus der Sicht eines verständigen Dritten auf Grundlage objektiver Informationen,[304] insofern bestehen keine grundsätzlichen Bedenken einer Objektivierbarkeit. Hierfür bietet sich das Durchführen einer Angriffssimulation, ähnlich der Simulation, welche im Rahmen der Verhältnismäßigkeitsprüfung durchgeführt wird, an. Ergibt diese Angriffssimulation ein bestimmtes Ergebnis des Angriffs, welcher die Schwelle des „schwer" überschreitet, so darf ein Angriff nicht durchgeführt werden.[305] Der Standard ist im Vorhinein von den befehlshabenden Offizieren festzulegen und hat die Anzahl der zivilen Verluste zu umfassen, sowie einen bestimmten Wahrscheinlichkeitsgrad der Zerstörung. Anhaltspunkte sind hierbei die Nähe zu bewohnten Gebieten, die Bevölkerungsdichte und die Beschaffenheit des Gebiets.[306]

Obwohl der Schutz von gefährlichen Anlagen unter bestimmten Umständen wegfallen kann,[307] wird an dieser Stelle empfohlen, einen mög-

303 *Dinstein,* The conduct of hostilities under the law of international armed conflict, 2. Auflage 2010, Rn. 481.

304 *Sandoz/Zimmermann,* Commentary on Protocol Additional to the Geneva Conventions of 12 August 1949, and relating to the Protection of Victims of International Armed Conflicts (Protocol I), 8 June 1977, 1987, Rn. 2154; *Oeter,* Methods and Means of Combat in: Fleck/Bothe (Hrsg.), The Handbook of International Humanitarian Law, 3. Auflage 2013, S. 115 (Rn. 473).

305 Der Standard ist insoweit absolut, eine weitere Abwägung findet nicht statt, *Bothe/Partsch/Solf/Eaton,* New rules for victims of armed conflicts, 2. Auflage 2013, Art. 56, Rn. 2.5.3.

306 *Sandoz/Zimmermann,* Commentary on Protocol Additional to the Geneva Conventions of 12 August 1949, and relating to the Protection of Victims of International Armed Conflicts (Protocol I), 8 June 1977, 1987, Rn. 2154.

307 So endet der Schutz für Staudämme und Deiche, wenn sie „zu anderen als ihren gewöhnlichen Zwecken und zur regelmäßigen, bedeutenden und unmittelbaren Unterstützung von Kriegshandlungen benutzt werden und wenn ein solcher Angriff das einzige praktisch mögliche Mittel ist, um diese Unterstützung zu beenden", Art. 56 Abs. 2 lit. a) ZP I. Der Schutz für Kernkraftwerke endet, wenn sie „elektrischen Strom zur regelmässigen, bedeutenden und unmittelbaren Unterstützung von Kriegshandlungen liefern und wenn ein solcher Angriff das einzige praktisch mögliche Mittel ist, um diese Unterstützung zu beenden", Art. 56 Abs. 2 lit. b) ZP I. Der Schutz von sich in der näheren Umgebung von gefährlichen Stätten befindenden militärischen Zielen endet, wenn „sie zur regelmässigen, bedeutenden und unmittelbaren Unterstützung von Kriegshandlungen benutzt werden und wenn ein solcher Angriff das einzige praktisch mögliche Mittel ist, um diese Unterstützung zu beenden", Art. 56 Abs. 2 lit. c) ZP I.

lichen Schutzverlust nicht in eine Programmierung mit aufzunehmen, sondern im Einzelfall durch eine Rückkopplung mit einem Befehlshaber *on the loop* durch diesen entscheiden zu lassen. Dies liegt daran, dass der Wegfall des geschützten Status zu sehr auf Werturteilen basiert[308] und bei einer Programmierung das Risiko von Fehlern erhöht wird und damit ein Schutzverlust droht, was angesichts der Bedeutung des Schutzgutes nicht vertretbar erscheint.

3. Verbot des Angriffs auf unverteidigte Orte und entmilitarisierte Zonen

Besonders unproblematisch gestaltet sich eine Programmierung des Angriffsverbots auf unverteidigte Orte und entmilitarisierte Zonen. Dies liegt zum einen daran, dass dieses Angriffsverbot absolut ist und insoweit keine Abwägungsentscheidungen in Programmcodes übertragen werden müssen.[309] Hinzu kommt, dass sowohl unverteidigte Orte, als auch entmilitarisierte Zonen geographisch verortet und damit eindeutig lokalisierbar sind.

Unter unverteidigten Orten versteht man der gegnerischen Partei zur Besetzung offen stehende bewohnte Orte, welche nicht mehr von der Partei verteidigt werden.[310] Diese werden entweder zwischen den Konfliktparteien vereinbart,[311] oder von einer Konfliktpartei unilateral festgelegt und der gegnerischen Partei dann mitgeteilt.[312] Entmilitarisierte Zonen sind zwischen den Konfliktparteien vereinbarte Gebiete, auf denen keine Kampf-

308 So müsste die Erfassung und Bewertung von „regelmäßigen, bedeutenden und unmittelbaren Unterstützung von Kriegshandlungen“, sowie eines Angriffs als „einziges praktisch mögliche Mittel“ in einen Programmcode übertragen werden.

309 Art. 59 Abs. 1 ZP I und Art. 60 Abs. 1 ZP I.

310 Art. 59 Abs. 2 ZP I, welcher ebenfalls völkergewohnheitsrechtliche Geltung hat, *Henckaerts/Doswald-Beck,* Customary International Humanitarian Law – Vol. I: Rules, 2005, S. 124.

311 Art. 59 Abs. 5 ZP I.

312 Art. 59 Abs. 5 ZP I. In diesem Fall müssen diese Orte folgende Kriterien erfüllen: Es müssen 1) alle Kombattanten, bewegliche Waffen und bewegliche militärische Ausrüstung aus der Zone entfernt worden sein, 2) die ortsfesten militärischen Anlagen oder Einrichtungen nicht zu feindseligen Handlungen benutzt werden, 3) Behörden und Bevölkerung keine feindseligen Handlungen begehen und 4) nichts zur Unterstützung von Kriegshandlungen unternommen werden, Art. 59 Abs. 2 ZP I; *Henckaerts/Doswald-Beck,* Customary International Humanitarian Law – Vol. I: Rules, 2005, S. 125 für das Völkergewohnheitsrecht. *Dinstein* sieht wohl auch de facto unverteidigte Orte, welche weder vereinbart, noch der gegnerischen Partei mitgeteilt wurden, als vom Angriffs-

handlungen stattfinden dürfen.[313] Beide Gebiete beruhen daher auf einer Vereinbarung der Konfliktparteien, beziehungsweisebeziehungsweise sind der Gegenpartei ausdrücklich mitgeteilt worden. Insofern sind die geographischen Daten unproblematisch bestimmbar und können mit einem absoluten Angriffsverbot verknüpft werden.[314]

4. Zwischenergebnis: Grundsätzliche Unbedenklichkeit

Zusammenfassend ist festzustellen, dass sich eine Identifizierung besonders geschützter Objekte nicht durch die Programmierung auf das Erkennen bestimmter Schutzsymbole gewährleisten lässt, da insoweit eine Missbrauchsgefahr besteht. Insofern die besonders geschützten Objekte aber geographisch fest verortete sind, kann der geographische Ort mit einem Angriffsverbot oder einem höheren Standard an ein militärisches Ziel verknüpft werden. Insofern ein möglicher Schutzverlust des Objektes in Frage steht, wird empfohlen diesen im Einzelfall durch Rückkopplung mit einem Offizier *on the loop* autorisieren zu lassen.

II. Mobile Ziele

Die Programmierung einer zuverlässigen Identifizierung mobiler Personen und Objekte, welche einen besonderen Schutzstatus innehaben, gestaltet sich demgegenüber schwieriger. Da eine Programmierung an Hand geographischer Koordinaten ausscheidet, müssen für die Identifizierung andere Kriterien gefunden werden.

verbot umfasst, *Dinstein,* The conduct of hostilities under the law of international armed conflict, 2. Auflage 2010, Rn. 265 f.

313 Art. 60 ZP I; *Henckaerts/Doswald-Beck,* Customary International Humanitarian Law – Vol. I: Rules, 2005, Regel 36. Für die einzelnen Voraussetzungen unter denen ein Gebiet als entmilitarisierte Zone erklärt werden kann vergleiche Art. 60 ZP I, sowie *Sandoz/Zimmermann,* Commentary on Protocol Additional to the Geneva Conventions of 12 August 1949, and relating to the Protection of Victims of International Armed Conflicts (Protocol I), 8 June 1977, 1987, Rn. 2298 ff.

314 In Bezug auf die Programmierung der gesonderten Symbole, welche die geschützten Stätten signalisieren (vergleiche hierzu Art. 59 Abs. 6 ZP I und Art. 60 Abs. 5 ZP I), kann auf die oben gemachten Ausführungen verwiesen werden, vergleiche *supra* S. 61. Gleiches gilt für den Verlust des Schutzstatus nach Art. 59 Abs. 7 und Art. 60 Abs. 7 ZP I.

1. Verbot des Angriffs auf Personen *hors de combat*

Das humanitäre Völkerrecht enthält ein absolutes Verbot des Angriffs auf Personen welche sich außer Gefecht befinden.[315] Als außer Gefecht befindlich gilt, wer einer der folgenden drei Gruppen zugeordnet werden kann: Personen, die sich in der Gewalt der gegnerischen Partei befinden (Gruppe 1),[316] Personen, die unmissverständlich die Absicht bekundet haben, sich zu ergeben (Gruppe 2),[317] sowie Personen, die bewusstlos oder anderweitig durch Verwundung oder Krankheit kampfunfähig und daher nicht dazu in der Lage sind, sich zu verteidigen (Gruppe 3).[318]

Die erste Personengruppe ist für eine Programmierung von Angriffsverboten ohne Relevanz, da hiervon nur solche Personen umfasst sind, welche sich in Kriegsgefangenschaft befinden.[319] Diese Personen werden sich aber außerhalb des typischen Einsatzgebietes eines autonomen Waffensystems befinden und müssen daher auch nicht im Rahmen einer Programmierung berücksichtigt werden.

Eine Programmierung der zweiten Personengruppe erscheint grundsätzlich möglich. Bei der Beurteilung, ob eine Person unmissverständlich ihre

315 *Henckaerts/Doswald-Beck,* Customary International Humanitarian Law – Vol. I: Rules, 2005, Regel 47, sowie Art. 41 ZP I für die Mitgliedsstaaten des ZP I. Verboten ist wiederum nur der direkte Angriff auf Kombattanten *hors de combat*, Angriffe auf legitime militärische Ziele, deren ungewollter Nebeneffekt der Tod oder die Verletzung von Kombattanten *hors de combat* ist, sind nicht erfasst, *Sandoz/Zimmermann,* Commentary on Protocol Additional to the Geneva Conventions of 12 August 1949, and relating to the Protection of Victims of International Armed Conflicts (Protocol I), 8 June 1977, 1987, Rn. 1605.

316 *Henckaerts/Doswald-Beck,* Customary International Humanitarian Law – Vol. I: Rules, 2005, Regel 47; Art. 41 Abs. 2 a) ZP I.

317 *Henckaerts/Doswald-Beck,* Customary International Humanitarian Law – Vol. I: Rules, 2005, Regel 47; Art. 41 Abs. 2 b) ZP I.

318 *Henckaerts/Doswald-Beck,* Customary International Humanitarian Law – Vol. I: Rules, 2005, Regel 47; Art. 41 Abs. 2 c) ZP I.

319 *Dinstein,* The conduct of hostilities under the law of international armed conflict, 2. Auflage 2010, Rn. 392. Zum Teil wird vertreten, dass auch solche Personen unter die erste Gruppe fallen, welche von der gegnerischen Partei überwältigt wurden oder auf sonstige Weise ohne Verteidigung sind, ohne dass aber die Voraussetzungen des Kriegsgefangenenstatus i.S.v. Art. 4 A GA III vorliegen, *Sandoz/Zimmermann,* Commentary on Protocol Additional to the Geneva Conventions of 12 August 1949, and relating to the Protection of Victims of International Armed Conflicts (Protocol I), 8 June 1977, 1987, Rn. 1612. Für die zutreffende Kritik hieran vergleiche *Henderson,* The contemporary law of targeting, 2009, S. 85.

Absicht bekundet, sich zu ergeben, wird auf den Horizont eines verständigen Befehlshabers aus einer ex ante-Sicht abgestellt,[320] insofern ist der Standard grundsätzlich objektivierbar. Es liegen mit den allgemeinen Gebräuchen des Krieges auch Anhaltspunkte vor, welche einer Programmierung zu Grunde gelegt werden können. So ist beim Landkrieg allgemein anerkannt, dass Personen, die sich zu ergeben wünschen, die Waffen niederlegen und ihre Hände heben.[321] Ebenso verbreitet ist das Hochhalten einer weißen Flagge.[322] Im Luftkrieg gilt im Allgemeinen, dass die Crew eines Flugzeugs mit den Tragflächen wackelt oder das Cockpit öffnet, sofern letzteres möglich ist.[323] Auf See wird das Feuer eingestellt und die Flagge eingeholt.[324] Alle diese Verhaltensweisen sind visuell erkennbar und können somit von den Sensoren eines autonomen Waffensystems wahrgenommen und mit einem Angriffsverbot verknüpft werden. Insbesondere besteht hier kein Unterschied zu den Bewertungsmöglichkeiten, welche menschliche Soldaten in derselben Situation haben. Auch diese sind für die Einschätzung, ob sich Kombattanten der gegnerischen Partei ergeben wollen, auf die eben genannten äußeren Erkennungsmerkmale verwiesen. Eine besondere Missbrauchsgefahr der gegnerischen Partei besteht nicht, da im Fall einer Täuschung (zum Bei-

320 *Bothe/Partsch/Solf/Eaton,* New rules for victims of armed conflicts, 2. Auflage 2013, Art. 41, Rn. 2.2.

321 *Henckaerts/Doswald-Beck,* Customary International Humanitarian Law – Vol. I: Rules, 2005, S. 168; *Sandoz/Zimmermann,* Commentary on Protocol Additional to the Geneva Conventions of 12 August 1949, and relating to the Protection of Victims of International Armed Conflicts (Protocol I), 8 June 1977, 1987, Rn. 1618; *Dinstein,* The conduct of hostilities under the law of international armed conflict, 2. Auflage 2010, Rn. 398.

322 *Henckaerts/Doswald-Beck,* Customary International Humanitarian Law – Vol. I: Rules, 2005, S. 168; *Sandoz/Zimmermann,* Commentary on Protocol Additional to the Geneva Conventions of 12 August 1949, and relating to the Protection of Victims of International Armed Conflicts (Protocol I), 8 June 1977, 1987, Rn. 1618

323 *Sandoz/Zimmermann,* Commentary on Protocol Additional to the Geneva Conventions of 12 August 1949, and relating to the Protection of Victims of International Armed Conflicts (Protocol I), 8 June 1977, 1987, Rn. 1619; *Dinstein,* The conduct of hostilities under the law of international armed conflict, 2. Auflage 2010, Rn. 398.

324 *Sandoz/Zimmermann,* Commentary on Protocol Additional to the Geneva Conventions of 12 August 1949, and relating to the Protection of Victims of International Armed Conflicts (Protocol I), 8 June 1977, 1987, Rn. 1619; *Dinstein,* The conduct of hostilities under the law of international armed conflict, 2. Auflage 2010, Rn. 398.

spiel Hochhalten einer weißen Flagge, um dann anschließend die Gegenwehr fortzusetzen) auch menschliche Soldaten einem Irrtum unterlegen wären.

Problematisch ist hingegen die Programmierung eines Angriffsverbots auf die dritte Personengruppe, das heißt auf Personen, welche bewusstlos oder anderweitig durch Verwundung oder Krankheit kampfunfähig und daher nicht in der Lage sind, sich zu verteidigen. Zwar wird auch hier auf die *ex ante*-Sicht eines verständigen Befehlshabers abgestellt,[325] womit der Standard grundsätzlich objektivierbar ist. Allerdings fehlt es der Personengruppe an einschlägigen äußeren Merkmalen, so dass Kriterien für eine Programmierung fehlen. Zwar wäre es möglich, autonome Waffensysteme darauf zu programmieren, dass sie am Boden liegende Personen erkennen, eine Verknüpfung mit einem Angriffsverbot wäre aber nicht in allen Fällen sachgerecht. Denn auch ein kampfbereiter gegnerischer Kombattant kann am Boden liegen, wenn er sich tarnt oder auf einen Angriff wartet.[326] Würde man diese Fehlentscheidungen in Kauf nehmen und eine am Boden liegende Person in jedem Fall mit einem Angriffsverbot verknüpfen, eröffnete dies zu große Missbrauchsmöglichkeiten, da die gegnerische Partei dies bei Kenntnis mit Sicherheit in ihre Art der Kampfführung einbeziehen würde. Mögliche Kriterien für eine Programmierung von Personen *hors de combat* müssen daher noch gefunden werden.[327]

2. Verbot des Angriffs auf Sanitätseinheiten, Sanitätsfahrzeuge und Sanitätspersonal

Eine Programmierung des Angriffsverbots auf Sanitätseinheiten, Sanitätsfahrzeuge und Sanitätspersonal erscheint zumindest teilweise möglich. Das humanitäre Völkerrecht enthält ein Verbot des direkten Angriffs auf medizinisches Personal im weiteren Sinne,[328] solange es ausschließlich mit der

325 *Bothe/Partsch/Solf/Eaton,* New rules for victims of armed conflicts, 2. Auflage 2013, Art. 41, Rn. 2.2.

326 So auch: *Liu,* Categorization and Legality of Autonomous and Remote Weapons Systems, International Review of the Red Cross 94 (2012), S. 627 (643).

327 Mit demselben Ergebnis *Liu,* Categorization and Legality of Autonomous and Remote Weapons Systems, International Review of the Red Cross 94 (2012), S. 627 (643).

328 Dies umfasst neben dem medizinischen Personal im eigentlichen Sinne wie Ärzten, Apothekern, Krankenpflegern und Rettungssanitätern, auch Fahrer, Köche und Reinigungspersonal, *Dinstein,* The conduct of hostilities under the law of international armed conflict, 2. Auflage 2010, Rn. 405; *Green,* The contemporary law of armed conflict, 3. Auflage 2008, S. 82.

Wahrnehmung medizinischer Aufgaben[329] befasst ist.[330] Das Angriffsverbot gilt ebenfalls für medizinische Einrichtungen jeder Art, wie zum Beispiel zivile oder militärische Krankenhäuser, feste oder mobile Sanitätseinheiten oder Ambulanzwagen.[331] Zum Teil sind die geschützten Personen und Objekte bereits von den Angriffszielen eines autonomen Waffensystems ausgeschlossen. So erfüllt das medizinische Personal, unabhängig davon, ob es zivilen oder militärischen Status hat, nicht die Anforderungen an den Kombattantenstatus und ist daher kein Angriffsziel autonomer Waffensysteme.[332] Bei zivilen Krankeneinrichtungen liegen die Anforderungen an ein legitimes militärisches Ziel nicht vor.[333] Anders ist dies jedoch bei militärischen Sanitätseinheiten und Sanitätsfahrzeugen, welche für sich genommen zunächst ein legitimes militärisches Ziel darstellen, welches jedoch mit einem Angriffsverbot belegt ist. Ein solches Angriffsverbot muss demnach auch bei der Programmierung autonomer Waffensysteme berücksichtigt werden und ist mit den medizinischen Einrichtungen zu verknüpfen. Das Hauptproblem hierbei ist wiederum die zuverlässige Identifizierung der medizinischen Einrichtungen. Sofern es sich um fest installierte Einrichtungen, wie zum Beispiel Militärkrankenhäuser handelt, kann auf einen festen geographischen Wert abgestellt und dieser mit dem Angriffsverbot verknüpft werden. Bei mobilen Einheiten stellt sich jedoch wiederum die Frage der einschlägigen Identifizierungskriterien. Es scheint allein möglich, auf die visuelle Wahrnehmung der besonderen Schutzzeichen, welche an ihnen angebracht werden

329 Dieser Ausdruck ist dahingehend zu verstehen, dass das medizinische Personal sich nicht an den Feindseligkeiten beteiligt, *Corn,* The law of armed conflict, 2012, S. 173.

330 *Henckaerts/Doswald-Beck,* Customary International Humanitarian Law – Vol. I: Rules, 2005, Regel 25. Vergleiche Art. 24 Abs. 1 GK I für den Schutz des militärischen Personals der Streitkräfte; Art. 20 GK IV für ziviles Personal, sowie Art. 26 GK IV für den Schutz der Freiwilligen anerkannter Hilfsgesellschaften, wie zum Beispiel des Roten Kreuzes. Der Schutz des ZP I erstreckt sich auf alle drei Arten von medizinischem Personal, 15 Abs. 1 i. V. m. Art. 8 lit. c) ZP I.

331 *Henckaerts/Doswald-Beck,* Customary International Humanitarian Law – Vol. I: Rules, 2005, Regeln 28 und 29; Art. 19 GK I; Art. 21 GK IV; Art. 12 Abs. 1 i. V. m. Art. 8 lit. e) ZP I und Art. 21 ZP I i. V. m. Art. 8 lit. f) ZP I.

332 Zur Problematik einer Programmierung, vergleiche *supra* S. 47 ff.

333 Sofern eine Objektivierbarkeit des Verhältnismäßigkeitsgrundsatzes angenommen wird, muss zivilen medizinischen Einrichtungen im Rahmen der Verhältnismäßigkeitsabwägung aber eine höhere Priorität zugewiesen werden, vergleiche insoweit *Henderson,* The contemporary law of targeting, 2009, S. 196. Gleiches gilt für militärische medizinischen Einrichtungen und Sanitätspersonal.

müssen,[334] abzustellen. Dies wirft wiederum die bereits angesprochene Problematik eines Missbrauchs der Schutzzeichen auf. Angesichts der großen Bedeutung des Schutzes medizinischer Einrichtungen müsste diese mangels anderer Kriterien aber wohl in Kauf genommen werden. Das Feststellen eines Schutzverlustes[335] der Einrichtung müsste im Einzelfall durch einen Offizier *on the loop* erfolgen.

3. Verbot des Angriffs auf sich rettende Insassen von Luftfahrzeugen

Ein weiteres Angriffsverbot besteht in Bezug auf sich rettende Insassen von Luftfahrzeugen,[336] eine spezielle Form der Personen *hors de combat.*[337] Hierbei stellt sich insbesondere die Problematik der Abgrenzung zu Fallschirmjägereinheiten.[338] Eine Programmierung wird sich vor allem an der visuellen Wahrnehmung orientieren müssen, insoweit gibt es aber kein nennenswertes Unterscheidungskriterium zwischen kampfbereiten Fallschirmjägereinheiten und sich rettenden Insassen von Luftfahrzeugen. Um einen ausreichenden Schutz zu gewährleisten, empfiehlt es sich, aus der Luft abspringende Personen stets mit einem absoluten Angriffsverbot zu verknüpfen. Zusätzlich muss eine zeitliche Verzögerung eines Angriffs auf die gelandeten Personen programmiert werden, da den abspringenden Personen zunächst Gelegenheit gegeben werden muss, sich zu ergeben und sie erst im Fall einer Aufnahme von Kampfhandlungen angegriffen werden dürfen.[339]

334 So müssen militärische Sanitätseinheiten jeweils mit einem anerkannten Schutzzeichen ausgestattet sein, Art. 39 GK I.

335 Im Fall einer Beteiligung an den Feindseligkeiten, sofern vorher eine Warnung erteilt worden ist, Art. 21 GK I, Art. 13 Abs. 1 ZP I. Weiterführend *Kleffner,* Protection of the Wounded, Sick and Shipwrecked in: Fleck/Bothe (Hrsg.), The Handbook of International Humanitarian Law, 3. Auflage 2013, S. 321 (Rn. 612).

336 *Henckaerts/Doswald-Beck,* Customary International Humanitarian Law – Vol. I: Rules, 2005, Regel 48; Art. 42 Abs. 1 ZP I.

337 *Henderson,* The contemporary law of targeting, 2009, S. 89.

338 Gemäß Art. 42 Abs. 3 ZP I sind diese als „Luftlandetruppen" ausdrücklich nicht von dem Schutz umfasst. Dies gilt auch, wenn sie ungeplant landen müssen, *Bothe/Partsch/Solf/Eaton,* New rules for victims of armed conflicts, 2. Auflage 2013, Art. 42, Rn. 23 mit Verweis auf die *travaux préparatoires.*

339 Art. 42 Abs. 2 ZP I. Für die völkerrechtliche Praxis *Henckaerts/Doswald-Beck,* Customary International Humanitarian Law – Vol. I: Rules, 2005, S. 172. Weiterführend *Corn,* The law of armed conflict, 2012, S. 173.

4. Zwischenergebnis: Hohe Problematik

Zusammenfassend ist festzustellen, dass die Programmierung spezieller Angriffsverbote auf mobile Ziele problematisch ist. Dies ist darauf zurückzuführen, dass im Gegensatz zu geographisch festen Zielen, keine festen Größen für eine Programmierung zur Verfügung stehen. Insbesondere eine sichere Identifizierung von Personen *hors de combat* kann nicht gewährleistet werden. Demgegenüber wäre eine Identifizierung medizinischer Sanitätseinheiten an Hand der Schutzsymbole möglich, hierbei müsste eine Missbrauchsgefahr durch die gegnerische Partei in Kauf genommen werden. Um den Schutz sich rettender Insassen von Luftfahrzeugen gewährleisten zu können, müssten sämtliche aus der Luft abspringende Personen mit einem Angriffsverbot verknüpft werden. Insgesamt bestätigt sich hierdurch, dass sich eine Beschränkung des Einsatzes autonomer Waffensysteme ausschließlich gegen Objekte empfiehlt.

B. Verbot des Einsatzes bestimmter Kampfmittel und Kampfmethoden

Die Verbote in Bezug auf den Einsatz spezieller Kampfmittel und Kampfmethoden weisen nur eine eingeschränkte Relevanz bei der Untersuchung autonomer Waffensysteme auf. Dies ist darin begründet, dass sie zwar die Art der auf autonomen Systemen montierten Waffen regulieren, zur Problematik der Systeme als solche jedoch keine Aussage treffen.

I. Verstoß gegen das Verbot, kein Pardon zu erteilen

Am relevantesten ist noch das Verbot, die Kampfhandlungen in der Weise zu führen, dass kein Pardon erteilt wird.[340] Ein Verstoß hiergegen kann sich daraus ergeben, dass ein autonomes Waffensystem aller Voraussicht nach nicht so programmiert werden kann, dass es dazu in der Lage ist, Kombattanten *hors de combat* zu identifizieren.

Es ist grundsätzlich verboten, den Befehl zu erteilen, niemanden am Leben zu lassen, dies dem Gegner anzudrohen oder die Feindseligkeiten in die-

340 Art. 40 ZP I. Für die völkergewohnheitsrechtliche Regelung *Henckaerts/Doswald-Beck,* Customary International Humanitarian Law – Vol. I: Rules, 2005, Regel 46.

sem Sinne zu führen.[341] Ein ausdrücklicher Befehl zur Tötung von Personen *hors de combat* wurde mit einer unzureichenden Programmierung nicht erteilt. Ein Verstoß gegen dieses Verbot liegt aber bereits dann vor, wenn die Feindseligkeiten in der Art geführt werden, dass kein gegnerischer Soldat überleben soll und keine Gefangenen gemacht werden.[342] Als solches ist auch der Einsatz von autonomen Waffensystemen zu werten, deren Möglichkeit, Personen *hors de combat* zu identifizieren, stark eingeschränkt ist. Dies ist im Wesentlichen eine Frage der technischen Möglichkeiten und hängt von den Umständen des Einzelfalls ab. Solange der Einsatz autonomer Waffensysteme gemäß der hier vertretenen Ansicht nur gegen Objekte erfolgt, wird regelmäßig kein Verstoß vorliegen. Sollte jedoch ein Einsatz gegen Personen erfolgen, liegt gegebenenfalls ein Verstoß gegen das Verbot, kein Pardon zu erteilen vor.

II. Kein Verstoß gegen das Verbot, unterscheidungslose Waffen einzusetzen

Ob ein Verstoß gegen das Verbot, unterscheidungslose Waffen einzusetzen[343] vorliegt, ist ebenfalls eine Frage der konkreten Umstände des Einzelfalls.

Grundsätzlich ist es verboten, Waffen einzusetzen, welche für sich genommen keine hinreichende Unterscheidung zwischen erlaubten und unerlaubten Zielen treffen können, so genannte „blinde" Waffen.[344] Ein auto-

341 *Sandoz,* Land Warfare in: Clapham/Gaeta (Hrsg.), The Oxford Handbook of International Law in Armed Conflict, 2014, S. 91 (96).

342 So der Wortlaut von Art. 40 ZP I, sowie *Bothe/Partsch/Solf/Eaton,* New rules for victims of armed conflicts, 2. Auflage 2013, Art. 40, Rn. 2.1; *Sandoz,* Land Warfare in: Clapham/Gaeta (Hrsg.), The Oxford Handbook of International Law in Armed Conflict, 2014, S. 91 (S. 96).

343 Dieses Verbot ergibt sich aus Art. 51 Abs. 4 b) ZP I, sowie völkergewohnheitsrechtlich aus *Henckaerts/Doswald-Beck,* Customary International Humanitarian Law – Vol. I: Rules, 2005, Regel 12b; IGH, *Legality of the Threat or Use of Nuclear Weapons,* Advisory Opinion of 8. July 1996, I.C.J. Reports 1996, S. 226 ff, Rn. 78.

344 Hiervon abzugrenzen ist der Einsatz an sich rechtmäßiger Waffen in einer unterscheidungslosen Art und Weise, *Dinstein,* The conduct of hostilities under the law of international armed conflict, 2. Auflage 2010, Rn. 143; *Boothby,* Weapons and the Law of Armed Conflict, 2009, Rn. 59. Als Beispiele für unterscheidungslose Waffen werden zum Beispiel Langstreckenraketen, welche nicht gegen ein bestimmtes Ziel gerichtet werden können, wie zum Beispiel die V2-Raketen, *Sandoz/Zimmermann,* Commentary on Protocol Additional to the Geneva Conventions of 12 August 1949, and relating to the Protection of

nomes Waffensystem ist nicht bereits auf Grund seiner Art und Weise als unterscheidungslose Waffe zu qualifizieren. Eine solche ist es vielmehr nur dann, wenn auf Grund der Bauweise und technischen Fähigkeiten im Einzelfall keine Unterscheidung zwischen militärischen Zielen und zivilen Objekten, sowie Kombattanten und Zivilisten gewährleistet werden kann. Eine Aussage in Bezug auf autonome Waffensysteme als Gattung lässt sich hieraus nicht ableiten.

III. Sonstige Verbote

Ein Verstoß gegen das Verbot der Heimtücke[345] liegt bei dem Einsatz von autonomen Waffensystemen nicht vor.[346] Die weiteren Verbote der Mittel und Methoden der Kampfführung richten sich nur gegen die auf autonomen Waffensystemen montierten Waffen und beschränken deren Art und Weise.[347] Hierzu zählen das Verbot der Zufügung unnötiger Leiden[348] und das Verbot

Victims of International Armed Conflicts (Protocol I), 8 June 1977, 1987, Rn. 1958, oder nicht steuerbare Heißluftballons mit Antipersonenmunition genannt, *Bothe/Partsch/Solf/Eaton,* New rules for victims of armed conflicts, 2. Auflage 2013, Art. 51, Rn. 2.5.2.2.

345 Art. 37 Abs. 1 ZP I, *Henckaerts/Doswald-Beck,* Customary International Humanitarian Law – Vol. I: Rules, 2005, Regel 65.

346 Das Verbot richtet sich gegen Handlungen, durch die das Vertrauen des Gegners darin, dass er nach den Regeln des bewaffneten Konflikts Anspruch auf Schutz hat, oder verpflichtet ist, seinerseits Schutz zu gewähren, zu feindlichen Zwecken missbraucht wird, *David,* Principes de droit des conflits armés, 2002, Rn. 2.205. Als solche gelten zum Beispiel der Missbrauch der Parlamentärsflagge, das Vortäuschen von Kampfunfähigkeit, das Vortäuschen eines zivilen oder Nichtkombattantenstatus oder der Missbrauch geschützter Zeichen, wie der Vereinten Nationen oder neutraler Staaten, vergleiche die nicht abschließende Liste in Art. 37 Abs. 1 ZP I.

347 Ebenso *Schmitt,* Autonomous Weapon Systems and International Humanitarian Law: A Reply to the Critics, Harvard National Security Journal – Online Feature (Februar 2013), S. unter http://harvardnsj.org/2013/02/autonomous-weapon-systems-and-international-humanitarian-law-a-reply-to-the-critics/, zuletzt abgerufen am 30. März 2015 (S. 8 f).

348 Zum völkergewohnheitsrechtlichen Status *Henckaerts/Doswald-Beck,* Customary International Humanitarian Law – Vol. I: Rules, 2005, Regel. 70; IGH, *Legality of the Threat or Use of Nuclear Weapons,* Advisory Opinion of 8. July 1996, I.C.J. Reports 1996, S. 226 ff, Rn. 78. Für die Vertragsparteien des ZP I Art. 35 Abs. 2 ZP I. Weiterführend *Oeter,* Methods and Means of Combat in: Fleck/Bothe (Hrsg.), The Handbook of International Humanitarian Law, 3. Auflage 2013, S. 115 (Rn. 402); *Bothe/Partsch/Solf/Eaton,* New rules for victims of armed conflicts, 2. Auflage 2013, Art. 35, Rn. 2.3.1; *Boothby,* Conflict law,

des Einsatzes von Mitteln der Kriegführung, welche dazu bestimmt sind, ausgedehnte, lang anhaltende und schwere Schäden der natürlichen Umwelt zu verursachen.[349] Die auf autonomen Waffensystemen montierte Waffe darf ebenfalls nicht gegen ein speziell geregeltes Waffenverbot verstoßen.[350]

IV. Zwischenergebnis: Keine besonderen Probleme

Zusammenfassend ist damit festzustellen, dass der Einsatz autonomer Waffensysteme nicht grundsätzlich gegen die Verbote zum Einsatz bestimmter Mittel und Methoden der Kriegführung verstößt. Abhängig von den technischen Fähigkeiten der jeweiligen Systeme zwischen erlaubten und unerlaubten Zielen zu unterscheiden, kann aber im Einzelfall ein Verstoß gegen

2014, S. 159. Ein Verstoß gegen das Verbot unnötiger Leiden liegt immer dann vor, wenn das zugefügte Leid in keinem Verhältnis zu dem angestrebten militärischen Vorteil steht, das heißt über das Maß hinausgeht, welches notwendig ist, um einen Gegner kampfunfähig zu machen. Mit Verweis auf die von den Unterzeichnerstaaten abgegebene Erklärungen und die Präambel der Petersburger Erklärung *Sandoz/Zimmermann,* Commentary on Protocol Additional to the Geneva Conventions of 12 August 1949, and relating to the Protection of Victims of International Armed Conflicts (Protocol I), 8 June 1977, 1987, Rn. 1415 und 1417. *David* will hingegen unabhängig von einem militärischen Vorteil nur auf das Leiden abstellen, dass die Kombattanten erfahren, *David,* Principes de droit des conflits armés, 2002, Rn. 2.106. Für einen Vorschlag abstrakter, an dem Wohl der Kombattanten orientierter Kriterien *Coupland,* The SIrUS Project: Towards a determination of which weapons cause „superfluous injury or unnecessary suffering", 1997, S. 23.

349 Art. 35 Abs. 3 ZP I verbietet den Einsatz von Mitteln oder Methoden der Kriegführung, welche dazu bestimmt sind, oder von denen erwartet werden kann, dass sie lang anhaltende und schwere Schäden der natürlichen Umwelt verursachen. Das Völkergewohnheitsrecht enthält hingegen kein absolutes Verbot in Bezug auf Mittel und Methoden der Kriegführung, sondern stellt vielmehr auf die Umstände des einzelnen Angriffs ab. Die Zerstörung der Umwelt ist hiernach erlaubt, sofern zwingende Gründe der militärischen Notwendigkeit vorliegen, *Henckaerts/Doswald-Beck,* Customary International Humanitarian Law – Vol. I: Rules, 2005, Regel 43.B. Verboten sind nur solche Angriffe, welche unverhältnismäßige Nebeneffekte auf die Umwelt haben, *Henckaerts/Doswald-Beck,* Customary International Humanitarian Law – Vol. I: Rules, 2005, Regel 43.C. Ein Verbot, Mittel der Kampfführung anzuwenden, welche umweltverändernde Techniken enthalten, die zu weiträumigen, lange andauernden und schweren Auswirkungen führen enthält aber die ENMOD-Konvention, welche auch für Russland, China und die USA verbindlich ist.

350 Für eine erschöpfende Übersicht der verschiedenen Abkommen *Oeter,* Methods and Means of Combat in: Fleck/Bothe (Hrsg.), The Handbook of International Humanitarian Law, 3. Auflage 2013, S. 115 (Rn. 406 ff).

das Verbot kein Pardon zu erteilen sowie das Verbot zum Einsatz unterscheidungsloser Waffen vorliegen.

§5 Keine grundsätzliche Verletzung der Pflicht, Vorsichtsmaßnahmen zu ergreifen

Im Folgenden wird untersucht, welche Anforderungen an die Vorsichtsmaßnahmenpflichten bei dem Einsatz autonomer Waffensysteme zu stellen sind.

Grundsätzlich unterscheidet man zwei Arten von Vorsichtsmaßnahmenpflichten: die Pflicht der Vorsichtsmaßnahmen bei einem Angriff[351] sowie die Pflicht der Vorsichtsmaßnahmen gegen die Wirkung von Angriffe.[352] Da sich die Pflichten der Vorsichtsmaßnahmen gegen die Wirkung von Angriffen hauptsächlich an die angegriffene Partei richten,[353] sind sie für den Einsatz autonomer Waffensysteme von geringer Relevanz, weshalb sie an dieser Stelle nicht im Detail behandelt werden.[354] Der Schwerpunkt der folgenden Untersuchung liegt vielmehr auf den bei einem Angriff zu treffenden Vorsichtsmaßnahmen. Nachdem zunächst Adressat und Inhalt des Gebots identifiziert werden (I.), wird im Anschluss auf den Maßstab der Vorsichtsmaßnahmenpflichten eingegangen (II.).

351 Für den gewohnheitsrechtlichen Status *Henckaerts/Doswald-Beck,* Customary International Humanitarian Law – Vol. I: Rules, 2005, Regel 15–21, sowie für Vertragsparteien des ZP I Art. 57 ZP I.

352 Hierunter fallen zum Beispiel die Pflicht, die Zivilbevölkerung gegen die Wirkung von Angriffen zu schützen, die Pflicht, militärische Ziele nicht in der Nähe dichtbevölkerter Gebiete zu lokalisieren, sowie Zivilisten und zivile Objekte aus der Umgebung militärischer Ziele zu entfernen, Art. 58 ZP I; *Henckaerts/Doswald-Beck,* Customary International Humanitarian Law – Vol. I: Rules, 2005, Regel 22–24.

353 *Sandoz/Zimmermann,* Commentary on Protocol Additional to the Geneva Conventions of 12 August 1949, and relating to the Protection of Victims of International Armed Conflicts (Protocol I), 8 June 1977, 1987, Rn. 2239.

354 Vergleiche aber hierzu die Ausführungen von *Boothby,* Conflict law, 2014, S. 120 f.

A. Inhalt und Adressat des Gebots

Zum Teil wird vertreten, dass die Pflicht der Vorsichtsmaßnahmen bei einem Angriff generell nur auf der Planungsebene, also für Militärangehörige der höheren Ränge, besteht,[355] nicht jedoch für die im Kampf eingesetzten Soldaten. Übertragen auf den Einsatz autonomer Waffensysteme würde dies bedeuten, dass die Vorsichtsmaßnahmenpflichten nur in der Phase vor dem eigentlichen Einsatz relevant sind, während des Einsatzes jedoch nicht mehr (autonome Waffensysteme können insofern mit den im Kampf eingesetzten Soldaten gleichgesetzt werden) und somit auch nicht bei einer Programmierung berücksichtigt werden müssten. Die Vertreter dieser Ansicht führen als Argument vor allem den Wortlaut von Art. 57 (2)(a)(i) ZP I an. Dieser benutze mit der Formulierung „Angriffszielen" eine Pluralform, was darauf hindeute, dass nicht ein einzelner Angriff auf ein einzelnes Ziel gemeint sei.[356] Ein weiteres Argument sind die Erklärungen, welche einzelne Staaten anlässlich der Unterzeichnung des ZP I abgegeben haben und in denen diese die Anwendbarkeit von Art. 57 auf bestimmte militärische Ränge beschränken.[357] Insgesamt kann dieser Ansicht aber nicht zugestimmt werden, da weder das Wortlautargument überzeugt,[358] noch genügend Anhalts-

355 *Fenrick,* The Rule of Proportionality and Protocol I in Conventional Warfare, Military Law Review (1982), S. 91 (102) mit dem Argument, dass der Begriff des „Angriffs" in Art. 57 ZP I nicht dieselbe Bedeutung habe, wie in Art. 49 Abs. 1 ZP I. *Fenrick* sieht aus diesem Grund nur Angriffsentscheidungen, welche zumindest auf Divisionsebene getroffen wurden, als ausreichend an.

356 *Fenrick,* The Rule of Proportionality and Protocol I in Conventional Warfare, Military Law Review (1982), S. 91 (102).

357 So verweist *Fenrick,* The Rule of Proportionality and Protocol I in Conventional Warfare, Military Law Review (1982), S. 91 (108) in seiner Argumentation unter anderem auf einen von der Schweiz erklärten Vorbehalt zum ZP I, nach welchem die Vorsichtsmaßnahmenpflichten des Art. 57 ZP I nur für „Kommandanten auf der Stufe des Bataillons, der Abteilung oder einer höheren Stufe" gelte. Dieser Vorbehalt wurde jedoch inzwischen mit Wirkung zum 17. Juni 2005 zurückgezogen, vergleiche http://www.admin.ch/opc/de/official-compi lation/2005/2619.pdf, zuletzt abgerufen am 30. März 2015. Insofern vermag er nicht mehr als Argument für eine Beschränkung der Vorsichtsmaßnahmenpflichten des Art. 57 dienen. Vielmehr unterstützt die Tatsache, dass er zwischenzeitlich zurückgenommen die Gegenansicht. Zur Kritik an dem Vorbehalt in seiner ursprünglichen Form *Henderson,* The contemporary law of targeting, 2009, S. 157.

358 Allein der Verweis auf die Pluralform vermag nicht zu begründen, dass Art. 57 eine andere Angriffsdefinition zu Grunde liegt als Art. 49 (1) ZP I. Schließlich enthält auch Art. 52 (2) ZP I, welcher sich auf Art. 49 ZP I bezieht, eine Pluralform.

punkte in der Staatenpraxis für eine Beschränkung der Vorsichtsmaßnahmenpflichten auf bestimmte militärische Ränge festzustellen sind.[359] Vielmehr ist davon auszugehen, dass jede offensive Handlung gegen ein einzelnes Ziel – je nach den Umständen des Einzelfalles – als Angriff i.S.v. Art. 57 ZP I gewertet werden kann.[360] Überzeugender ist es daher vielmehr, den Umfang der Pflichten des Einzelnen von seiner Beteiligung am jeweiligen Planungs- und Angriffsprozess abhängig zu machen.[361] Adressat von Vorsichtsmaßnahmenpflichten sind somit sowohl Personen, welche in der Vorbereitungsphase eines Angriffs tätig sind, als auch die Personen, welche den Angriff ausführen. Übertragen auf den Einsatz autonomer Systeme bedeutet dies, dass auch auf die Systeme als „Akteure" bestimmte Vorsichtsmaßnahmen entfallen – diese müssen bei einer Programmierung berücksichtigt werden (I.).[362] Auch die an dem Einsatz autonomer Systeme beteiligte Personen treffen bestimmte Vorsichtsmaßnahmenpflichten (II.). Auf beides soll im Folgenden eingegangen werden.

359 So hat der einzige Staat, welcher einen Vorbehalt erklärt hat, in dem er die Anwendbarkeit explizit auf höhere militärische Ränge beschränkt, diesen inzwischen zurückgenommen, vergleiche *supra* Fn. 357.

360 *Bothe/Partsch/Solf/Eaton,* New rules for victims of armed conflicts, 2. Auflage 2013, Art. 49, Rn. 2.1 für eine Anwendung der Definition des Art. 49 Abs. 1 ZP I auf den gesamten Teil IV, Abschnitt I des ZP I und somit auch Art. 57 ZP I, zustimmend: *Henderson,* The contemporary law of targeting, 2009, S. 161.

361 *Rogers,* Law on the battlefield, 3. Auflage 2012, S. 153; zustimmend *Henderson,* The contemporary law of targeting, 2009, S. 161. Ebenso *Boivin,* The Legal Regime Applicable to Targeting Military Objectives in the Context of Contemporary Warfare, n° 2/2006, S. 35; *Dinstein,* The conduct of hostilities under the law of international armed conflict, 2. Auflage 2010, Rn. 347. Dies findet auch in dem vom Vereinigten Königreich am 28.01.1998 erklärten Vorbehalt in Bezug auf Art. 57 seinen Ausdruck. Das Vereinigte Königreich erklärte hier: „The United Kingdom understands that the obligation to comply with paragraph 2(b) only extends to those who have the authority and practical possibility to cancel or suspend the attack." *Bothe* scheint dies auf die Pflichten aus Art. 57 (2)(a) und Art. 57 (2)(b) ZP I zu beschränken, *Bothe/Partsch/Solf/Eaton,* New rules for victims of armed conflicts, 2. Auflage 2013, Art. 57, Rn. 2.4.4 und 2.8.1.

362 Insofern unzutreffend *Boothby,* Weapons and the Law of Armed Conflict, 2009, S. 233, welcher aus der Verpflichtung, Vorsichtsmaßnahmen zu treffen ableitet, dass stets ein Mensch *in the loop* bleiben muss. Dies verkennt, dass das bestehende Recht auch auf die neue Technologie subsumiert werden muss. Inzwischen scheint der Autor diese Position auch modifiziert zu haben, *Boothby,* Conflict law, 2014, S. 112.

I. In das autonome System zu programmierende Vorsichtsmaßnahmen

Nach der dieser Arbeit zu Grunde liegenden Definition werden autonome Waffensysteme sowohl Angriffsziel, als auch Angriffszeitpunkt selbstständig festlegen und anschließend den Angriff unabhängig von einer Rückkopplung zu einer menschlichen Entscheidung ausführen.[363] Ein autonomes Waffensystem nimmt somit eine Mischposition zwischen einem klassischen Befehlshaber, welcher Angriffsziel und Angriffszeitpunkt auswählt, und einem Soldaten, welcher den Angriff anschließend ausführt, ein. Da es beide Positionen in sich vereint, ist es notwendig bei einer Programmierung die auf beide Positionen entfallenden Vorsichtsmaßnahmenpflichten zu berücksichtigen.

1. Vorsichtsmaßnahmen in Bezug auf die Zielauswahl

Zum einen betrifft dies die Vorsichtsmaßnahmen, welche auf die Zielauswahl entfallen. Grundsätzlich muss die Person, welche die Zielauswahl vornimmt alle Vorsichtsmaßnahmen treffen, um sicherzustellen, dass die Angriffsziele auch militärische Ziele sind.[364] Gleichfalls muss alles Machbare getan werden, um festzustellen, ob der Angriff zu einem unverhältnismäßigen Schaden an Zivilisten oder zivilen Objekten führt, welcher nicht mehr in einem Verhältnis zum militärischen Vorteil steht.[365]

Beide Vorsichtsmaßnahmen ähneln in ihrer praktischen Umsetzung den ohnehin in das autonome Waffensystem zu programmierenden Voraussetzungen der Zielauswahl, welche durch den Verhältnismäßigkeits- und Unterscheidungsgrundsatz klar umrissen werden.[366] Aus diesem Grund kann auch den Stimmen nicht zugestimmt werden, welche pauschal eine Objektivierbarkeit von Vorsichtsmaßnahmen verneinen.[367] Vielmehr muss davon

363 Vergleiche *supra* S. 1.

364 *Henckaerts/Doswald-Beck,* Customary International Humanitarian Law – Vol. I: Rules, 2005, Regel 16, sowie Art. 57 (2)(a)(i) ZP I für die Vertragsstaaten.

365 *Henckaerts/Doswald-Beck,* Customary International Humanitarian Law – Vol. I: Rules, 2005, Regel 18, sowie Art. 57 (2)(b) ZP I für die Vertragsstaaaten.

366 Vergleiche hierzu *supra* S. 38–59.

367 *Wagner,* Taking Humans out of the Loop: Implications for International Humanitarian Law, Journal of Law, Information and Science 21 (2011/2012), S. 155 (159 f); *Akerson,* The Illegality of Offensive Lethal Autonomy in: Saxon (Hrsg.), International Humanitarian Law and the Changing Technology of War, 2013, S. 65 (80). *Turnher* vertrat früher die Ansicht, dass Vorsichts-

ausgegangen werden, dass die Einhaltung der Vorsichtsmaßnahmenpflichten keine so unterschiedlichen Anforderungen stellt, als das Programmieren der eben genannten Grundsätze. Denn die konkrete Ausgestaltung der Vorsichtsmaßnahmen in Bezug auf die Zielauswahl erschöpft sich hauptsächlich in der Pflicht zu einer besonders akkuraten und zeitnahen Informationssammlung.[368] Insofern wird es zur Wahrnehmung dieser Vorsichtsmaßnahmen genügen, wenn das autonome Waffensystem vollen Gebrauch seiner installierten Sensoren oder verfügbarer externer Informationsbeschaffungsvorrichtungen macht.[369]

2. Vorsichtsmaßnahmen in Bezug auf die Ausführung des Angriffs

Zum Zweiten sind bei der Programmierung autonomer Waffensysteme Vorsichtsmaßnahmenpflichten in Bezug auf die Ausführung des Angriffs zu berücksichtigen. Besonders relevant ist hier die Pflicht, einen Angriff einzustellen, wenn sich herausstellt, dass ein anvisiertes Ziel kein militärisches Ziel ist oder der Angriff zu unverhältnismäßigen Schäden an der Zivilbevölke-

maßnahmenpflichten eine notwendigerweise subjektive Entscheidung beinhalten, *Thurnher,* Examining Autonomous Weapon Systems from a Law of Armed Conflict Perspective in: Nasu/McLaughlin (Hrsg.), New technologies and the law of armed conflict, 2014, S. 213 (223), formuliert seine Position inzwischen jedoch uneindeutiger, indem er von einer großen Herausforderung an die Programmierung spricht, *Thurnher,* The Law that applies to Autonomous Weapon Systems, ASIL insights 17 (2013), S. http://harvardnsj.org/2013/02/autonomous-weapon-systems-and-international-humanitarian-law-a-reply-to-the-critics/. Die große Mehrheit im Schrifttum tritt jedoch für einen objektiven Standard der Vorsichtsmaßnahmen und damit für eine Verobjektivierbarkeit ein, vergleiche zum Beispiel *Rogers,* Law on the battlefield, 3. Auflage 2012, S. 151; *Karlshoven/Zegveld,* Constraints on the waging of war, 4. Auflage 2011, S. 109; *Corn,* The law of armed conflict, 2012, S. 190.

368 *Bothe/Partsch/Solf/Eaton,* New rules for victims of armed conflicts, 2. Auflage 2013, Art. 57, Rn. 2.5.

369 So auch *Schmitt,* Autonomous Weapon Systems and International Humanitarian Law: A Reply to the Critics, Harvard National Security Journal – Online Feature (Februar 2013), S. unter http://harvardnsj.org/2013/02/autonomous-weapon-systems-and-international-humanitarian-law-a-reply-to-the-critics/, zuletzt abgerufen am 30. März 2015 (S. 23), welcher aber zu bedenken gibt, das unter Umständen die Hinzuziehung weiterer unbemannter, der Informationsbeschaffung dienender Geräte durch die Vorsichtsmaßnahmenpflicht geboten sein kann, sofern dies die Fehlerrate des autonomen Systems signifikant verringert.

rung oder zivilen Objekten führt.[370] Auch diese Vorsichtsmaßnahmenpflicht basiert zu einem großen Teil auf dem Unterscheidungs- und dem Verhältnismäßigkeitsgrundsatz, deren Voraussetzungen bereits notwendigerweise in das System einprogrammiert sein müssen. In der bisherigen Konfliktführung ist die Vorschrift insbesondere dann relevant, wenn eine Angriffsentscheidung zeitlich versetzt von dem eigentlichen Angriff getroffen wurde.[371] Dies ging häufig auch mit einem Auseinanderfallen der beiden Aktionen einher – so wird die Angriffsentscheidung typischerweise auf höheren Befehlsebenen getroffen, während der Angriff selber von niederen Rängen ausgeführt wird.[372] Die Vorschrift sollte eine Vorsichtsmaßnahmenpflicht bei den Soldaten etablieren, welche den Angriff ausführen.[373] Die Vorschrift passt ihrer Art nach daher nicht unbedingt auf den Einsatz autonomer Waffensysteme, bei dem typischerweise das System selber die Angriffsentscheidung in unmittelbarem zeitlichen Zusammenhang mit dem Angriff trifft. Die einzige Implikation dieser Vorschrift ist daher wohl, dass das System auch während des Angriffs die Datenanalyse und Bewertung fortsetzen muss und diese nicht einstellen sollte, sobald die Angriffsentscheidung getroffen ist. Bedenken einer Objektivierbarkeit bestehen auch hier nicht, da dieser Pflicht durch eine fortlaufende Datenanalyse Genüge getan sein wird.

Die Pflicht, Vorsichtsmaßnahmen bei der Wahl der Angriffsmittel und -methoden zu ergreifen,[374] enthält prinzipiell wenig Relevanz für die Problematik autonomer Waffensysteme, da diese wohl regelmäßig nur mit einer Waffenart bestückt sein wird und eine Wahl zwischen mehreren Waffen so nicht möglich ist. Nur für den Fall, dass ein autonomes Waffensystem mit mehreren verschiedenen Waffen bestückt ist, entfaltet diese Vorschrift Relevanz.

370 *Henckaerts/Doswald-Beck,* Customary International Humanitarian Law – Vol. I: Rules, 2005, Regel 19, sowie Art. Art. 57 (2)(b) ZP I für die Vertragsstaaaten des ZP I.

371 In diesem Sinne *Dinstein,* The conduct of hostilities under the law of international armed conflict, 2. Auflage 2010, Rn. 347.

372 *Dinstein,* The conduct of hostilities under the law of international armed conflict, 2. Auflage 2010, Rn. 347. Implizit: *Rogers,* Law on the battlefield, 3. Auflage 2012, S. 135.

373 *Dinstein,* The conduct of hostilities under the law of international armed conflict, 2. Auflage 2010, Rn. 347.

374 *Henckaerts/Doswald-Beck,* Customary International Humanitarian Law – Vol. I: Rules, 2005, Regel 17, sowie Art. 57 (2)(a)(ii) ZP I für die Vertragsstaaten.

3. Warnpflichten

Auch die Pflicht, Warnungen auszusprechen ist auf autonome Waffensysteme anwendbar. Generell beinhaltet diese Pflicht, dass Angriffen, durch welche die Zivilbevölkerung in Mitleidenschaft gezogen wird, eine wirksame Warnung vorausgehen muss.[375] Eine bestimmte Form für diese Warnungen ist vom Recht nicht vorgeschrieben, in der Vergangenheit erfolgten sie vor allem mittels Radiodurchsagen oder Flugblättern oder, bei Angriffen aus der Luft zunächst durch ein niedriges Überfliegen der anvisierten Objekte, so dass Zivilpersonen Gelegenheit gegeben wurde, das anvisierte Gebäude zu verlassen.[376] Inwieweit autonome Waffensysteme eine solche Warnung absetzen könnten, hinge von den konkreten Einsatzumständen ab. Ein niedriges Überfliegen wäre auch bei autonomen UAVs möglich, ansonsten sind das Fallenlassen von Flugblättern aus der Luft[377] sowie bei UGS oder UUS/USS das Absetzen von Schallsignalen denkbar. Zu beachten ist jedoch, dass die Warnpflichten nicht unbeschränkt bestehen, sondern nur, sofern die gegebenen Umstände dies erlauben.[378] Liefe eine Warnung der Natur der Operation zuwider, so besteht ausnahmsweise keine Warnpflicht.[379] Hiervon ist wohl bei einem Angriff auf mobile Ziele auszugehen, da diese ansonsten entfernt würden. Gleiches gilt für den Fall, in dem eine Warnung ein (nicht notwendigerweise speziell auf autonome Waffensysteme bezogenes) Abwehrsystem in Gang setzen würde.

375 *Henckaerts/Doswald-Beck,* Customary International Humanitarian Law – Vol. I: Rules, 2005, Regel 20, sowie Art. 57 (2)(c) ZP I für die Vertragsstaaten.

376 *Sandoz/Zimmermann,* Commentary on Protocol Additional to the Geneva Conventions of 12 August 1949, and relating to the Protection of Victims of International Armed Conflicts (Protocol I), 8 June 1977, 1987, Rn. 2224.

377 Kritisch *Akerson,* The Illegality of Offensive Lethal Autonomy in: Saxon (Hrsg.), International Humanitarian Law and the Changing Technology of War, 2013, S. 65 (85). Seiner Kritik kann jedoch nicht zugestimmt werden, da die von ihm angeführten Faktoren, welche eine Warnung via Flugblätter nutzlos machen könnte.

378 *Henckaerts/Doswald-Beck,* Customary International Humanitarian Law – Vol. I: Rules, 2005, Regel 20, sowie Art. 57 (2)(c) ZP I für die Vertragsstaaten.

379 So zum Beispiel bei Sturm- oder Überraschungsangriffen, vergleiche *Sandoz/ Zimmermann,* Commentary on Protocol Additional to the Geneva Conventions of 12 August 1949, and relating to the Protection of Victims of International Armed Conflicts (Protocol I), 8 June 1977, 1987, Rn. 2223. *Dinstein* hält Warnungen nur bei Angriffe gegen unbewegliche militärische Ziele für rechtlich verpflichtend, da ansonsten immer eine Gefahr der Angriffsvereitelung vorläge, *Dinstein,* The conduct of hostilities under the law of international armed conflict, 2. Auflage 2010, Rn. 356.

II. Sorgfaltspflichten der beteiligten Soldaten

Die Pflicht zur Ergreifung von Vorsichtsmaßnahmen erstreckt sich überdies auch auf die Personen, welche an dem Einsatz eines autonomen Waffensystems mitwirken. Hierzu zählen insbesondere die Person, welche den Einsatz des konkreten Systems befiehlt sowie die Person, welche die Aktivierung des autonomen Systems veranlasst. Zum einen haben diese Personen Sorgfaltspflichten vor einem Einsatz zu erfüllen (1.), zum Zweiten treffen sie weitere Überwachungspflichten während des Einsatzes (2.). Schließlich sind auch die Warnpflichten auf die Personen anwendbar (3.).

1. Vorsichtsmaßnahmenpflichten vor dem Einsatz autonomer Systeme

Jedenfalls die Pflicht, bei der Wahl der Angriffsmittel und Angriffsmethoden alle praktisch möglichen Vorsichtsmaßnahmen zu treffen, um Verluste unter der Zivilbevölkerung, die Verwundung von Zivilpersonen und die Beschädigung ziviler Objekte zu vermeiden beziehungsweise auf ein Mindestmaß zu beschränken,[380] ist auf die an dem Einsatz beteiligten Personen direkt anwendbar. Sie richtet sich an diejenige Person, welche die Entscheidung über den Einsatz des konkreten autonomen Systems trifft. Während die Pflicht in der Praxis wohl eher nicht beinhalten wird, dass eine Entscheidung zu Gunsten anderer Mittel der Kriegführung getroffen werden muss,[381] so bedeutet sie aber wohl, aus mehreren zur Verfügung stehenden autonomen Systemen dasjenige mit der geringsten Fehleranfälligkeit auswählen zu müssen.

380 *Henckaerts/Doswald-Beck,* Customary International Humanitarian Law – Vol. I: Rules, 2005, Regel 17, sowie Art. 57 (2)(a)(ii) ZP I für die Vertragsstaaten.

381 So aber *Thurnher,* The Law that applies to Autonomous Weapon Systems, ASIL insights 17 (2013), S. http://harvardnsj.org/2013/02/autonomous-weapon-systems-and-international-humanitarian-law-a-reply-to-the-critics/, welcher vertritt, dass autonome Waffensysteme nicht eingesetzt werden dürfen, sobald ein anderes Mittel zur Verfügung steht, welches die Bevölkerung besser schützt. Auch *Schmitt,* Autonomous Weapon Systems and International Humanitarian Law: A Reply to the Critics, Harvard National Security Journal – Online Feature (Februar 2013), S. unter http://harvardnsj.org/2013/02/autonomous-weapon-systems-and-international-humanitarian-law-a-reply-to-the-critics/, zuletzt abgerufen am 30. März 2015 (S. 24) vertritt, dass autonome Waffensysteme nur eingesetzt werden dürfen, sofern mit einem ferngelenkten System das militärische Ziel nicht erreicht werden kann. Hierbei verkennen die Autoren, dass dem militärischen Befehlshaber bei der Wahl der eingesetzten Mittel innerhalb eines möglichen Spektrums eine Wahlfreiheit zukommt, vergleiche OTP Report, Rn. 29.

Ob die beteiligten Personen auch Sorgfaltspflichten in Bezug auf die Zielauswahl und Verhältnismäßigkeit treffen, ist weniger eindeutig, da die Entscheidung bezüglich des Angriffsziels, -ortes und -zeitpunkts jeweils dem autonomen System überlassen ist. Denkbar ist es jedoch, zumindest mittelbare Sorgfaltspflichten anzunehmen, da die Person durch die Auswahl des autonomen Systems mittelbar auch dessen Zielauswahl verursacht. Daher ist, auch wegen der Sorgfaltspflichten in Bezug auf die Zielauswahl, eine sorgfältige Überprüfung des technischen Zustands, sowie der Programmierung des autonomen Systems zu verlangen, bevor dieses in den Einsatz geschickt wird. Dies wird typischerweise die Pflichten umfassen, das autonome System mit den neuesten Standards der verfügbaren Technik auszurüsten, sowie Testläufe abzuhalten, um rechtzeitig mögliche Fehlfunktionen zu erkennen.

2. Überwachungspflichten während des Einsatzes

Die Vorsichtsmaßnahmenpflichten der an dem Einsatz beteiligten Menschen erstrecken sich auch auf Überwachungspflichten während des Einsatzes. Aus dem bestehenden Recht kann eine Dauerpflicht zu einer Überwachung während des Einsatzes im Sinne eines *On-the-loop-monitorings* abgeleitet werden.[382] Dies ergibt sich zum Ersten aus der Pflicht, Vorsichtsmaßnahmen in Bezug auf die Zielauswahl zu treffen, um sicherzustellen, dass Angriffsziele militärische Ziele sind und der Verhältnismäßigkeitsgrundsatz gewahrt ist. Da die Pflicht zu ständigen Vorsichtsmaßnahmen besteht,[383] endet sie nicht mit dem Einsatz eines autonomen Waffensystems. Vielmehr besteht die

382 Ebenso *Akerson,* The Illegality of Offensive Lethal Autonomy in: Saxon (Hrsg.), International Humanitarian Law and the Changing Technology of War, 2013, S. 65 (87). *Backstrom/Henderson,* New Capabilities in warfare: an overview of contemporary technological developments and the associated legal and engineering issues in article 36 weapons review, International Review of the Red Cross 94 (2012), S. 483 (496) schlagen ebenfalls vor, das autonome Systeme während des Einsatzes überwachen zu lassen, scheinen dies aber direkt aus dem Unterscheidungsgebot abzuleiten. Sie machen noch deutlich, dass die überwachenden Personen in diesem Fall zusätzliche Informationsquellen benötigten und nicht nur die dem autonomen System verfügbaren Daten. Dem ist aber wohl nicht zuzustimmen, da der Fehler in autonomen Waffensystemen regelmäßig nicht in der Aufnahme von Informationen, sondern in deren Verarbeitung liegen wird. Insofern genügt es wohl, wenn die von den Kameras und Sensoren aufgenommenen Informationen an die überwachende Person weitergeleitet werden. Auch *Boothby* hält ein *on-the-loop* monitoring grundsätzlich für notwendig, leitet dies aber aus allgemeinen Erwägungen ab, *Boothby,* Conflict law, 2014, S. 148.

383 *Henckaerts/Doswald-Beck,* Customary International Humanitarian Law – Vol. I: Rules, 2005, Regel 15, sowie Art. 57 Abs. 1 ZP I. Im englischen Ori-

Pflicht zum weiteren Datensammeln fort.[384] Zum Zweiten ergibt sich dies aus der Pflicht, Angriffe einzustellen, sobald sich herausstellt, dass das Ziel kein militärisches Ziel ist oder der Verhältnismäßigkeitsgrundsatz nicht gewahrt werden würde. Diese Pflicht beinhaltet, dass ein autonomes System während seines Einsatzes regelmäßig beobachtet und im Falle eines Kurzschlusses oder Defekts mittels eines Rückruf- oder Deaktivierungsmechanismus neutralisiert werden muss.[385] Aus diesem Grund muss ein autonomes System, um rechtmäßigen eingesetzt werden zu können, jeweils auch mit einem Deaktivierungsmechanismus versehen sein.[386]

3. Warnpflichten

Die an dem Einsatz eines autonomen Systems beteiligten Personen treffen auch Warnpflichten. Typischerweise werden diese auf Soldaten der höheren Ränge entfallen, da nur diese die Möglichkeit haben, großflächig die Verbreitung von Nachrichten zu veranlassen. Konkret können diese Warnungen auch einen generellen Charakter haben, so dass zum Beispiel in einem bestimmten Gebiet bestimmte Arten von Objekten als Angriffsziele von autonomen Systemen angekündigt werden.[387] Auch das Verbreiten von Listen

ginal wird der Ausdruck „constant care" benutzt, in der deutschen Version ist die Rede von „stets darauf zu achten".

384 *Bothe/Partsch/Solf/Eaton,* New rules for victims of armed conflicts, 2. Auflage 2013, Art. 57, Rn. 2.5; OTP Report, Rn. 29. Die Pflicht zur Informationssammlung ist hierbei umso höher, desto weiter der Befehlshaber von dem eigentlichen Kampfgeschehen entfernt ist, vergleiche *Sandoz/Zimmermann,* Commentary on Protocol Additional to the Geneva Conventions of 12 August 1949, and relating to the Protection of Victims of International Armed Conflicts (Protocol I), 8 June 1977, 1987, Rn. 2221.

385 Ebenso *Backstrom/Henderson,* New Capabilities in warfare: an overview of contemporary technological developments and the associated legal and engineering issues in article 36 weapons review, International Review of the Red Cross 94 (2012), S. 483 (496).

386 *Altmann,* Arms control for armed uninhabited vehicles: an ethical issue, Ethics and Information Technology 15 (2013), S. 137 (145). Bereits *Sandoz et. al.* gehen davon aus, dass eine für die Zivilbevölkerung besonders gefährliche Waffe für den Fall, dass sie außer Kontrolle geraten sollte, mit einem Deaktivierungsmechanismus versehen sein muss, *Sandoz/Zimmermann,* Commentary on Protocol Additional to the Geneva Conventions of 12 August 1949, and relating to the Protection of Victims of International Armed Conflicts (Protocol I), 8 June 1977, 1987, Rn. 2201.

387 *Sandoz/Zimmermann,* Commentary on Protocol Additional to the Geneva Conventions of 12 August 1949, and relating to the Protection of Victims of International Armed Conflicts (Protocol I), 8 June 1977, 1987, Rn. 2225

voraussichtlicher Angriffsziele von autonomen Systemen ist denkbar.[388] Da es nach der hier vertretenen Ansicht ratsam ist, den Einsatz autonomer Systeme nur gegen fest installierte Objekte vorzunehmen, ist es auch möglich, die möglichen Angriffsziele abschließend zu identifizieren. Grundsätzlich gilt aber auch hier, dass das Absetzen einer Warnung nur dann verpflichtend ist, wenn hierdurch nicht die Gefahr besteht, dass ein Angriff auf die anvisierten Objekte, zum Beispiel durch Verlegung oder das Installieren von Abwehranlagen vereitelt wird.

B. Standard der Vorsichtsmaßnahmenpflichten

Schließlich muss noch auf den Standard eingegangen werden, der den von dem autonomen System beziehungsweise den beteiligten Personen zu ergreifenden Vorsichtsmaßnahmen zu Grunde gelegt wird. Grundsätzlich gilt für Vorsichtsmaßnahmen kein absoluter Standard, geschuldet ist vielmehr nur alles praktisch Mögliche.[389] Hierbei wird auf die objektive *ex ante* Sicht eines verständigen Kommandanten vor dem Angriff abgestellt.[390]

In Bezug auf die durch das autonome System zu erfüllenden Vorsichtsmaßnahmen der Zielauswahl und eines möglichen Angriffs ergeben sich

388 *Sandoz/Zimmermann,* Commentary on Protocol Additional to the Geneva Conventions of 12 August 1949, and relating to the Protection of Victims of International Armed Conflicts (Protocol I), 8 June 1977, 1987, Rn. 2225

389 Im englischen Originaltext „feasible“, im französischen Originaltext „tout ce qui est pratiquement possible“ und „toutes les précautions pratiquement possible“. Die Staatenkonferenz, welche über die Verabschiedung des ZP I verhandelte legte den Wortlaut ausdrücklich in Abgrenzung zu einem absoluten Standard fest, vergleiche *Bothe/Partsch/Solf/Eaton,* New rules for victims of armed conflicts, 2. Auflage 2013, Art. 57, Rn. 2.4.2. Ein Unterschied zum Standard der völkergewohnheitsrechtlichen Regeln besteht nicht, vergleiche *Henckaerts/ Doswald-Beck,* Customary International Humanitarian Law – Vol. I: Rules, 2005, Regel 15–19, anders aber noch *Infeld,* Precision guided munitions demonstrated their pinpoint accuracy in Desert Storm: but is a country obligated to use precision technology to minimize collateral civilian injury and damage?, George Washington Journal of International Law and Economics 26 (1992), S. 109 (Fn. 74). Für eine Definition von „praktisch möglich“ hat sich der Wortlaut von Art. 3 (4) des 2. Zusatzprotokolls der CCW durchgesetzt.

390 *Bothe/Partsch/Solf/Eaton,* New rules for victims of armed conflicts, 2. Auflage 2013, Art. 57, Rn. 2.4.4; *Karlshoven/Zegveld,* Constraints on the waging of war, 4. Auflage 2011, S. 109; *Corn,* The law of armed conflict, 2012, S. 291; *Schmitt,* Targeting in operational law in: Gill/Fleck (Hrsg.), Handbook of the international law of military operations, 2010, S. 245 (Rn. 16.07).

hieraus keine Besonderheiten. Wie bereits oben festgestellt, sind die Vorsichtsmaßnahmen durch das autonome System hauptsächlich mittels vollen Gebrauchs aller verfügbaren Sensoren zur Informationsaufnahme und -analyse erfüllt. Der von dem autonomen System zu erfüllende Standard ist insofern der volle Einsatz der verfügbaren Technik. Ob dies im Einzelfall ausreichend ist, eine Einhaltung der Vorschriften des humanitären Völkerrechts zu gewährleisten, hängt im Einzelfall von der Qualität der eingesetzten Technik sowie der Programmierung der spezifischen Mission ab. Relevant ist daher vor allem der Standard der Vorsichtsmaßnahmen, welche von den am Einsatz autonomer Systeme beteiligten Personen erfüllt werden müssen. In Bezug auf die Überprüfung der technischen Standards autonomer Systeme und der Programmierung auf die spezifische Mission wird ein sehr hoher Standard anzusetzen sein. Dies ist dadurch gerechtfertigt, dass eine sorgfältige Überprüfung nach den neuesten Standards der Technik im Vorhinein faktisch möglich und durch die hohe Gefährdungslage der Zivilbevölkerung auch geboten ist.[391] In Bezug auf die Überwachungspflichten während des Einsatzes wird der Standard nicht ganz so hoch anzusetzen sein. Ein *On-the-loop-Monitoring* rund um die Uhr erscheint nicht gerechtfertigt, da hierdurch die Vorteile des Einsatzes autonomer Systeme gegenüber dem Einsatz von Soldaten kontakariert würden.[392] Grundsätzlich gilt, dass der Standard der Vorsichtsmaßnahmenpflichten hoch, aber nicht absolut ist.[393] Aus diesem Grund wird man nur eine regelmäßige Überwachung verlangen können, die aber umso dichter sein muss, desto mehr es in der Vergangenheit bereits zu Unfällen und Fehlfunktionen gekommen ist.

391 So ist der Standard der Sorgfaltspflichten ist da besonders hoch, wo Schaden in der Zivilbevölkerung am wahrscheinlichsten ist, vergleiche *Henderson,* The contemporary law of targeting, 2009, S. 164; *Karlshoven/Zegveld,* Constraints on the waging of war, 4. Auflage 2011, S. 113.

392 A. A. *Herbach,* Into the Caves of Steel: Precaution, Cognition and Robotic Weapon Systems under the International Law of Armed Conflict, Amsterdam Law Forum 4 (2012), S. 3 (17), der davon ausgeht, dass eine dauerhafte Überwachung notwendig ist.

393 OTP Report, Rn. 29. Zudem hängt er im Wesentlichen von den zur Verfügung stehenden Ressourcen und Technologien ab, *Sandoz/Zimmermann,* Commentary on Protocol Additional to the Geneva Conventions of 12 August 1949, and relating to the Protection of Victims of International Armed Conflicts (Protocol I), 8 June 1977, 1987, Rn. 2199, wohl zustimmend *Henderson,* The contemporary law of targeting, 2009, S. 162. Ebenfalls in diesem Sinne *Schmitt,* Precision attack and international humanitarian law, International Review of the Red Cross 87 (2005), S. 445 (460 f).

§6 Autonome Waffensysteme unter dem „Neue Waffen"-Regime von Art. 36 ZP I

Es besteht die Pflicht, neue Waffen und Waffensysteme vor ihrem Einsatz auf ihre Vereinbarkeit mit dem humanitären Völkerrecht zu prüfen. Dies umfasst auch eine Prüfpflicht in Bezug auf autonome Waffensysteme (A.). Intensität und Umfang der Prüfpflicht variieren allerdings danach, ob der einsetzende Staat Mitglied des ZP I ist (B.). Zum Teil gibt es bereits Standpunkte nationaler Kommissionen (C.).

A. Anwendbarkeit von Art. 36 ZP I auf autonome Waffensysteme

Art. 36 ZP I beinhaltet die Verpflichtung, bei der Prüfung, Entwicklung, Beschaffung oder Einführung neuer Waffen oder neuer Mittel oder Methoden der Kriegführung festzustellen, ob ihre Verwendung gegen die anwendbaren Regeln des Völkerrechts verstößt.[394] Eine ähnliche Regel ergibt sich auch aus dem Völkergewohnheitsrecht,[395] weshalb insgesamt alle Staaten grundsätzlich zu einer Überprüfung neuer Waffen verpflichtet sind, wenn auch nicht in demselben Umfang wie Vertragsstaaten des ZP I.[396] Umfasst von der Prüfungspflicht sind jedenfalls neue Waffen und neue Mittel der Krieg-

394 Vergleiche Art. 36 ZP I: „Jede Hohe Vertragspartei ist verpflichtet, bei der Prüfung, Entwicklung, Beschaffung oder Einführung neuer Waffen oder neuer Mittel oder Methoden der Kriegführung festzustellen, ob ihre Verwendung stets oder unter bestimmten Umständen durch dieses Protokoll oder durch eine andere auf die Hohe Vertragspartei anwendbare Regel des Völkerrechts verboten wäre".

395 Für eine direkte Geltung als Völkergewohnheitsrecht *Liu,* Categorization and Legality of Autonomous and Remote Weapons Systems, International Review of the Red Cross 94 (2012), S. 627 (639). Andere Autoren leiten die Pflicht indirekt daraus ab, dass die Staaten direkt durch die Verbotsnormen in Bezug auf bestimmte Waffen gebunden sind, *Lawand,* A Guide to the Legal Review of New Weapons, Means and Methods of Warfare, 2006, S. 4; *Boothby,* Weapons and the Law of Armed Conflict, 2009, S. 341; *Nato Cooperative Cyber Defence Center of Excellence,* Tallinn Manual on Cyber Warfare, 2013, Regel 9 (a). Mit dem Argument der *best practice* oder einer Verpflichtung aus Art. 35 Abs. 2 ZP I *Stewart,* New technology and the law of armed conflict in: Pedrozo/Wollschlaeger (Hrsg.), International law and the changing character of war, 2011, S. 271 (283).

396 Vergleiche hierzu *infra* S. 89–90.

führung.[397] Als Mittel der Kriegführung[398] fallen autonome Waffensysteme damit grundsätzlich unter die Prüfpflicht.[399]

B. Umfang der Prüfpflicht

Der Zeitpunkt der Prüfpflicht hängt davon ab, ob der jeweilige Staat Vertragspartei des ZP I ist. Staaten, welche Vertragspartei sind, werden bereits bei der Entwicklung oder Anschaffung von autonomen Systemen eine Überprüfung vornehmen müssen.[400] Staaten, welche nicht Vertragspartei sind, trifft eine Prüfpflicht nur unmittelbar vor dem Einsatz autonomer Systeme.[401] Im Übrigen ist der Umfang der Prüfpflicht für Mitgliedstaaten und Staaten, welche nicht Vertragspartei des ZP I sind, gleich. Gegenstand der Untersuchung ist der Steuerungsmechanismus, welcher Ort, Ziel und Zeitpunkt des Angriffs bestimmt im Zusammenspiel mit der auf der Plattform montierten Waffe.[402] Getestet werden müssen also sowohl die Sensoren, als auch die Datenverarbeitung und Programmierfähigkeit des Systems.

Prüfungsmaßstab ist die Gesamtheit des für den einsetzenden Staat bindenden Rechts, also sämtliche oben angesprochenen Regeln, sowie gegebe-

397 Für Vertragsstaaten des ZP I sind auch die Methoden der Kriegführung verpflichtender Teil der Überprüfung. Für Nichtvertragsstaaten ist dies jedoch umstritten, vergleiche *Schmitt/Thurnher,* „Out of the Loop“: Autonomous Weapon Systems and the Law of Armed Conflict, Harvard National Security Journal 5 (2013), S. 231 (271); *Nato Cooperative Cyber Defence Center of Excellence,* Tallinn Manual on Cyber Warfare, 2013, Regel 48 (a).

398 Zur Einordnung autonomer Systeme *supra* S. 25–30.

399 Insoweit in Bezug auf Art. 36 eindeutig *Lawand,* A Guide to the Legal Review of New Weapons, Means and Methods of Warfare, 2006, S. 9.

400 *Lawand,* A Guide to the Legal Review of New Weapons, Means and Methods of Warfare, 2006, S. 23 f; *Nato Cooperative Cyber Defence Center of Excellence,* Tallinn Manual on Cyber Warfare, 2013, S. 154.

401 *Schmitt/Thurnher,* „Out of the Loop“: Autonomous Weapon Systems and the Law of Armed Conflict, Harvard National Security Journal 5 (2013), S. 231 (272).

402 Anders *Boothby,* Weapons and the Law of Armed Conflict, 2009, S. 231, wohl zustimmend *Liu,* Categorization and Legality of Autonomous and Remote Weapons Systems, International Review of the Red Cross 94 (2012), S. 627 (639 f), welcher nur den Steuerungsmechanismus zum Gegenstand der Prüfung machen will. Dies verkennt jedoch, dass gerade das Zusammenspiel von Steuerungsmechanismus und Waffe relevant sein kann, z. B bei Verzögerungen beim Auslösen oder Abweichungen beim Anvisieren.

nenfalls zusätzlich völkervertragsrechtliche Regelungen.[403] Abzustellen ist auf den zum Zeitpunkt der Prüfung objektiv vorhersehbaren Gebrauch.[404] Hierbei können auch die Einsatzmodalitäten des Einsatzes autonomer Systeme berücksichtigt werden.[405] Insofern der Einsatz eines autonomen Systems in einem Gebiet ohne Zivilisten geplant ist, kann dies also möglicherweise das Ergebnis der Überprüfung beeinflussen, da die Anforderungen an die Unterscheidungsfähigkeit nicht mehr ganz so hoch anzusetzen sind.[406] Hierbei ist insbesondere auch zu berücksichtigen, ob das System mit einem Menschen *on the loop* oder ohne Überwachung eingesetzt wird, da dies auch einen Einfluss auf die Anforderungen hat. So wird eine Änderung vom *On-the-loop-* in den *Out-of-the-loop*-Betrieb regelmäßig eine Nutzungsänderung darstellen und damit eine erneute Überprüfung notwendig machen.[407]

403 Für den Vorschlag einer Prüfungsreihenfolge *Lawand,* A Guide to the Legal Review of New Weapons, Means and Methods of Warfare, 2006, S. 10 ff. *Boothby* schlägt vor, auch zukünftige Rechtsentwicklungen in die Beurteilung mit einzubeziehen, vergleiche *Boothby,* Weapons and the Law of Armed Conflict, 2009, S. 346. Obwohl dies von einigen Staaten bei der Überprüfung neuer Waffen bereits praktiziert wird, kann dies aber weder als Teil des Völkergewohnheitsrechts angesehen werden, noch wird es streng genommen von Art. 36 ZP I vorausgesetzt, vergleiche hierzu *Lawand,* A Guide to the Legal Review of New Weapons, Means and Methods of Warfare, 2006, S. 11.

404 *Sandoz/Zimmermann,* Commentary on Protocol Additional to the Geneva Conventions of 12 August 1949, and relating to the Protection of Victims of International Armed Conflicts (Protocol I), 8 June 1977, 1987, Rn. 1466; *Lawand,* A Guide to the Legal Review of New Weapons, Means and Methods of Warfare, 2006, S. 10. Während hierbei Möglichkeiten eines Missbrauchs durch *Hakking* oder *Jamming* nicht einkalkuliert werden müssen, muss die Möglichkeit einer Fehlfunktion, zum Beispiel durch Kurzschluss auch Beachtung finden, vergleiche *Lawand,* A Guide to the Legal Review of New Weapons, Means and Methods of Warfare, 2006, S. 10.

405 *Sandoz/Zimmermann,* Commentary on Protocol Additional to the Geneva Conventions of 12 August 1949, and relating to the Protection of Victims of International Armed Conflicts (Protocol I), 8 June 1977, 1987, Rn. 1466; *Lawand,* A Guide to the Legal Review of New Weapons, Means and Methods of Warfare, 2006, S. 10 f und S.17.

406 *Schmitt,* Autonomous Weapon Systems and International Humanitarian Law: A Reply to the Critics, Harvard National Security Journal – Online Feature (Februar 2013), S. unter http://harvardnsj.org/2013/02/autonomous-weapon-systems-and-international-humanitarian-law-a-reply-to-the-critics/, zuletzt abgerufen am 30. März 2015 (S. 11).

407 Für die Überprüfungspflicht bei Nutzungsänderungen vergleiche *Lawand,* A Guide to the Legal Review of New Weapons, Means and Methods of Warfare, 2006, S. 24.

C. Bereits erfolgte Überprüfungen

Informationen in Bezug auf von den Staaten vorgenommene Überprüfungen werden in der Regel nicht öffentlich zugänglich gemacht, da die Staaten zwar verpflichtet sind, eine Überprüfung durchzuführen, nicht aber, diese notwendigerweise öffentlich zu machen.[408] Die beiden einzigen Länder, welche bisher offizielle Dokumente zu autonomen Waffensystemen veröffentlicht haben sind die USA und Großbritannien.[409] Bei diesen Dokumenten handelt es sich aber nicht so sehr um erfolgte Überprüfungen bestehender Systeme, als vielmehr um vorübergehend geltende Richtlinien in Bezug auf die nationale Entwicklung autonomer Waffensysteme.[410]

§7 Besonderheiten des Einsatzes im Luft- und Seekrieg

Abschließend soll noch auf die Besonderheiten der Vorschriften zur Luft- und Seekriegsführung eingegangen werden, welche bei dem Einsatz von UAS (A.) beziehungsweise UUS und USS (B.) relevant sind.

A. Einsatz autonomer UAS

Der Einsatz autonomer UAS beinhaltet gegenüber dem Einsatz ferngesteuerter oder automatischer UAS keine neuen Aspekte. Insofern sei auf die an anderer Stelle[411] bereits ausführlich geführte Debatte verwiesen. Der Voll-

408 Dies gilt auch für Mitgliedsstaaten des ZP I, *Boothby,* Weapons and the Law of Armed Conflict, 2009, S. 343.

409 *U.S. Department of Defense,* Directive Number 3000.09 Autonomy in Weapon Systems, 21. November 2012; *U.K. Ministry of Defence,* The UK Approach to Unmanned Aircraft Systems, 30. März 2011.

410 Für Kritik an der amerikanischen Richtlinie vergleiche *Human Rights Watch/ Harvard International Human Rights Clinic,* Review of the 2012 US Policy on Autonomy in Weapons Systems, April 2013; für Kritik an der Richtlinie des Vereinigten Königreichs vergleiche *Artikel 36,* Killer Robots: UK Goverment Policy on Fully Autonomous Weapons Systems, April 2013.

411 Für viele *Borrmann,* Autonome unbemannte bewaffnete Luftsysteme im Lichte des Rechts des internationalen bewaffneten Konflikts.: Anforderungen an das

ständigkeit halber sei hier nur kurz angemerkt, dass autonome UAS als militärische Luftfahrzeuge[412] notwendigerweise mit den äußeren militärischen Kennzeichen der einsetzenden Kriegspartei ausgestattet sein müssen.[413]

B. Einsatz autonomer UUS und USS

Demgegenüber beeinflusst der Aspekt der Autonomie das Ergebnis der ebenfalls bereits geführten Debatte[414] in Bezug auf die Qualifizierung von UUS und USS in den Kategorien des Seekriegsrechts und die damit zusammenhängende Frage der Berechtigung, diese im Rahmen von Kampfhandlungen einzusetzen. Grundsätzlich sind im Seekrieg nur Kriegsschiffe zur Teilnahme an feindlichen Handlungen berechtigt.[415] Eine Subsumtion von

Konstruktionsdesign und Einsatzbeschränkungen, 2014. Für die Problematik der Pflicht zur Gefangennahme als milderes Mittel bei UAS vergleiche *Seiring,* Drohneneinsätze gegen feindliche Kämpfer – besteht eine Pflicht zur Gefangennahme als milderes Mittel? in: Frau (Hrsg.), Drohnen und das Recht, 2014, S. 83.

412 Die Definition für militärisches Luftfahrzeug ist „any aircraft, operated by the armed forces of a state; bearing the military markings of that State; commanded by a member of the armed forces; and controlled, manned or preprogrammed by a crew subject to regular armed forces discipline", *Humanitarian Policiy and Conflict Research at Harvard University,* HPCR manual on international law applicable to air and missile warfare, 2010, Rule 1(x); *Dinstein,* The conduct of hostilities under the law of international armed conflict, 2. Auflage 2010, Rn. 285. Hieraus ergibt sich, dass der Begriff des militärischen Luftfahrzeugs gerade nicht notwendigerweise dauerhafte menschliche Kontrolle voraussetzt und damit auch autonome und automatische Systeme umfasst, A. A. wohl *Oeter,* Methods and Means of Combat in: Fleck/Bothe (Hrsg.), The Handbook of International Humanitarian Law, 3. Auflage 2013, S. 115 (Rn. 449).

413 *Boothby,* How Far Will the Law Allow Unmanned Targeting to Go? in: Saxon (Hrsg.), International Humanitarian Law and the Changing Technology of War, 2013, S. 45 (49); *Bundesministerium der Verteidigung,* Humanitäres Völkerrecht in bewaffneten Konflikten – Handbuch, Mai 2013, Rn. 1103; *Ipsen,* Combatants and Non-Combatants in: Fleck/Bothe (Hrsg.), The Handbook of International Humanitarian Law, 3. Auflage 2013, S. 79 (Rn. 326).

414 Vergleiche zum Beispiel *Frau,* Regulatory Approaches to Unmanned Naval Systems in International Law of Peace and War, Humanitäres Völkerrecht – Informationsschriften (2012), S. 84; *Schulz,* Autonomie zur See in: Frau (Hrsg.), Drohnen und das Recht, 2014, S. 103.

415 Für den gewohnheitsrechtlichen Status *Doswald-Beck,* San Remo Manual on International Law applicable to Armed Conflicts at Sea, 1995, Rn. 118. Ver-

UUS und USS unter den Begriff des Kriegsschiffes ist allerdings großen rechtlichen Bedenken ausgesetzt. Ein Kriegsschiff im Sinne des Seekriegsrechts ist ein „[...] zu den Streitkräften eines Staates gehörendes Schiff, das die äußeren Kennzeichen eines solchen Schiffes seiner Staatszugehörigkeit trägt; es muß unter dem Befehl eines Offiziers stehen, der sich im Dienst des jeweiligen Staates befindet und dessen Name in der entsprechenden Rangliste der Streitkräfte oder in einer gleichwertigen Liste enthalten ist; die Besatzung muß den Regeln der militärischen Disziplin unterliegen."[416] Eine Qualifizierung von autonomen UUS und USS scheitert damit sowohl an dem Merkmal des verantwortlichen Kommandos[417] als auch an der Tatsache, dass sie keine Besatzung aufweisen.[418] Während eine Subsumtion unter die Begriffe des Staatsschiffs[419] oder Hilfsschiffs[420] zwar möglich ist,[421] würde keines von beiden zu einer Teilnahme an feindlichen Handlungen ermächtigen. Um dieses Dilemma zu lösen, wird zum Teil eine Analogie mit dem Luftkriegsrecht diskutiert, in dem sämtliche vom Militär betriebenen Luftfahr-

gleiche ebenfalls *Bundesministerium der Verteidigung,* Humanitäres Völkerrecht in bewaffneten Konflikten – Handbuch, Mai 2013, Rn. 1019.

416 Art. 29 SRÜ.

417 *Schulz* regt diesbezüglich an, dass die abschließende Programmierung vor dem Einsatz als Ausübung der notwendigen Befehlsgewalt zu qualifizieren sein könnte, *Schulz,* Autonomie zur See in: Frau (Hrsg.), Drohnen und das Recht, 2014, S. 103 (115).

418 *Heintschel von Heinegg,* Warships in: Wolfrum (Hrsg.), Max Planck Encyclopedia of Public International Law, Online Edition, S. Stand November 2014 (Rn. 16) hält es noch für möglich, den Begriff der Besatzung so weit zu fassen, dass auch Personen hiervon umfasst sind, welche das System fernsteuern. Allerdings würde auch dies nur für ferngelenkte Systeme gelten, nicht mehr für autonome.

419 Ein Staatsschiff ist „ein dem Staat gehörendes oder von ihm eingesetztes Schiff, das im Staatsdienst ausschließlich für andere als Handelszwecke genutzt wird", vergleiche *Bundesministerium der Verteidigung,* Humanitäres Völkerrecht in bewaffneten Konflikten – Handbuch, Mai 2013, Rn. 1005. Für *Rodriguez Iglesias* sind dies Staatsschiffe im engeren Sinne, wohingegen der Begriff Staatsschiff für ihn auch Staatshandelsschiffe umfasst, vergleiche *Rodriguez Iglesias,* State Ships in: Wolfrum (Hrsg.), Max Planck Encyclopedia of Public International Law, Online Edition, S. Stand November 2014 (Rn. 1).

420 Hilfsschiffe sind solche Staatsschiffe, welche ohne Kriegsschiff zu sein, unter der alleinigen Kontrolle der Streitkräfte steht und für andere als Handelszwecke genutzt wird, *Doswald-Beck,* San Remo Manual on International Law applicable to Armed Conflicts at Sea, 1995, Regel 13 (h).

421 Für eine ausführliche Bewertung, vergleiche *Schulz,* Autonomie zur See in: Frau (Hrsg.), Drohnen und das Recht, 2014, S. 103 (113 f).

zeuge – damit also auch unbemannte und autonome – gewohnheitsrechtlich als militärische Luftfahrzeuge – das Pendant zum Kriegsschiff – anerkannt werden[422].[423] Dies ist aber wohl insgesamt mangels Staatenpraxis abzulehnen.[424] Zum Teil wird auch vorgeschlagen, UUS und USS, welche von einer Plattform aus eingesetzt werden, am Rechtsstatus der Plattform teilhaben zu lassen.[425] Allerdings würden auch nach dieser Ansicht nicht alle Formen autonomer UUS und USS umfasst sein, und insbesondere der Rechtsstatus vom Festland aus eingesetzter Systeme weiterhin unklar sein. Solange eine Qualifizierung von UUS und USS als Kriegsschiffe aber nicht gewährleistet werden kann, ist ihr Einsatz im Rahmen von Kampfhandlungen bei einer konsequenten Lesart des humanitären Völkerrechts nicht rechtmäßig.

Insofern ist es für einen Einsatz vollautonomer UUS und USS zwingend notwendig, auf Staatenebene eine Klarstellung des Status zu erreichen, um Rechtssicherheit zu schaffen.[426]

§8 Zwischenergebnis

Zusammenfassend kann damit festgestellt werden, dass der Einsatz und die Entwicklung autonomer Waffensysteme nicht grundsätzlich mit dem huma-

422 *Supra* Fn. 412.

423 Vergleiche hierfür *Schulz,* Autonomie zur See in: Frau (Hrsg.), Drohnen und das Recht, 2014, S. 103 (116); *Frau,* Regulatory Approaches to Unmanned Naval Systems in International Law of Peace and War, Humanitäres Völkerrecht – Informationsschriften (2012), S. 84 (87).

424 Die Bundeswehr lässt eine Qualifizierung offen, indem sie davon ausgeht, dass UUS und USS an der souveränen Immunität von Staatsschiffen (einschließlich Kriegsschiffe) zumindest teilnehmen, sofern sie nicht selber als solche qualifiziert werden können, *Bundesministerium der Verteidigung,* Humanitäres Völkerrecht in bewaffneten Konflikten – Handbuch, Mai 2013, Rn. 1009. Damit ist offen, wie eine Beteiligung von UUS und USS im Rahmen von Kampfhandlungen gerechtfertigt werden kann.

425 *Heintschel von Heinegg,* The Law of Armed Conflict at Sea in: Fleck/Bothe (Hrsg.), The Handbook of International Humanitarian Law, 3. Auflage 2013, S. 463 (Rn. 1002.4), welcher diese Möglichkeit allerdings nur für zumindest teilweise ferngesteuerte USS sieht.

426 Ebenso *Frau,* Regulatory Approaches to Unmanned Naval Systems in International Law of Peace and War, Humanitäres Völkerrecht – Informationsschriften (2012), S. 84 (88).

nitären Völkerrechts unvereinbar sind. Die bei einem Angriff einzuhaltenden Vorschriften sind größtenteils objektivierbar und können deshalb vorher in die Systeme einprogrammiert werden. Lediglich in Bezug auf den Verhältnismäßigkeitsgrundsatz stellt sich die Frage, ob dieser nicht notwendigerweise ein menschliches Werturteil voraussetzt. In der Praxis kann dies aber dadurch gelöst werden, dass die Fehlertoleranz auf Null gesenkt wird. Zusätzlich stellt sich die Frage nach möglichen Kriterien, an Hand derer ein Programmieren auf die Unterscheidung von Zivilisten und Kombattanten beziehungsweise Personen, welche unmittelbar an den Kampfhandlungen teilnehmen, erfolgen kann. Da es hierfür an äußerlichen Merkmalen fehlt und insbesondere eine fehlerfreie Identifizierung von Personen *hors de combat* nicht gewährleistet werden kann, ist es ratsam, den Einsatz autonomer Systeme zunächst gegen Objekte zu beschränken. Auf Grund der gebotenen Vorsichtsmaßnahmenpflichten wird es notwendig sein, autonome Waffensysteme nur im *On-the-loop*-Modus einzusetzen, das heißt von einem Offizier *on the loop* überwachen zu lassen. Der Umfang der Überwachung hängt wiederum von den technischen Standards des einzelnen Systems ab. Aus den Vorsichtsmaßnahmen ergibt sich ebenfalls die Verpflichtung, jedes autonome System mit einem Deaktivierungs- und Rückrufmechanismus auszustatten.

Kapitel 3

Verantwortlichkeiten bei Fehlfunktionen

Nachdem die Voraussetzungen dargelegt wurden, unter denen der Einsatz autonomer Waffensysteme mit dem humanitären Völkerrecht vereinbar ist, soll im folgenden Kapitel untersucht werden, wie die Rechtslage bei einem Verstoß gegen diese Voraussetzungen ist. Hierbei werden zunächst die möglichen Fehlerszenarien dargestellt (§ 1), bevor dann auf mögliche Verantwortlichkeiten, einerseits des Staates (§ 2), andererseits von Individualpersonen (§ 3) eingegangen wird.

§1 Mögliche Fehlerszenarien

Im zweiten Kapitel wurde gezeigt, dass und unter welchen Voraussetzungen der Einsatz von autonomen Systemen mit dem humanitären Völkerrecht vereinbar ist. Hierbei wurde sowohl auf besondere Anforderungen der Programmierung als auch auf Überwachungspflichten während des Einsatzes eingegangen. Trotzdem ist es denkbar, dass der Einsatz eines autonomen Systems im Einzelfall einen Völkerrechtsverstoß darstellt. Dies ist immer dann der Fall, wenn ein System einen völkerrechtswidrigen Erfolg wie den Tod oder die Verletzung einer durch das humanitäre Völkerrecht geschützten Person oder die Zerstörung von geschützten Objekten verursacht. Diesbezüglich sind mehrere Fehlerszenarien denkbar. Zum einen ist es möglich, dass ein autonomes System bereits von vornherein völkerrechtswidrig programmiert ist und der völkerrechtswidrige Erfolg auf Grund der Programmierung verursacht wird (Fehlerszenario 1). Zum zweiten ist es denkbar, dass der völkerrechtswidrige Erfolg durch einen technischen Defekt ausgelöst wird. In diesem Fall war das entsprechende System ursprünglich einmal ordnungsgemäß programmiert, konnte das Programm aber auf Grund eines Hardware- oder Softwaredefekts nicht mehr richtig ausführen. Dieser technische Defekt kann zum einen bereits (unerkannt) im Zeitpunkt des Einsatzbefehls vorliegen (Fehlerszenario 2) oder aber erst im Laufe des Einsatzes, also nach dem Einsatzbefehl auftreten (Fehlerszenario 3). Im ersten Fall hat die einsetzende Konfliktpartei gar nicht den Versuch unternommen, ein völkerrechtskonformes Gerät herzustellen. Im zweiten Fall wurde ein völkerrechtskonformes Gerät hergestellt, dessen technischer Fehler vor dem Einsatz noch hätte behoben werden können. Im dritten Fall kann der technische Fehler nur noch bei einer *On-the-loop*-Überwachung identifiziert und das System per Fernsteuerung deaktiviert werden.

§2 Die Fehlfunktion als völkerrechtliches Delikt – Unproblematische Haftung des Entsendestaates nach den Grundsätzen der Staatenhaftung

Eine Verantwortlichkeit des Entsendestaats nach den Grundsätzen der Staatenhaftung lässt sich für alle drei Fehlerszenarien unproblematisch begründen. Grundsätzlich haften Staaten für alle Verletzungen des humanitären Völkerrechts, welche ihnen zugerechnet werden können.[427] Eine Verletzung des humanitären Völkerrechts ist regelmäßig bereits dann begründet, wenn der Ausgangsstaat ein autonomes Waffensystem einsetzt, dessen Programmierung nicht konform mit den Regeln des humanitären Völkerrechts ist.[428] Hierbei kommt es nicht darauf an, zu welchem Zeitpunkt die Konformität mit dem humanitären Völkerrecht weggefallen ist, ob also wie im ersten Fehlerszenario eine Konformität nie bestand oder diese, wie im zweiten und dritten Fehlerszenario, nachträglich weggefallen ist. Eine Zurechnung der Verletzung ist regelmäßig unproblematisch, da das autonome System von den Streitkräften des Staates und damit seinen Organen eingesetzt wur-

427 Art. 3 des IV. Haager Abkommens von 1907; Art. 91 ZP I; *Henckaerts/Doswald-Beck,* Customary International Humanitarian Law – Vol. I: Rules, 2005, Regel 149 speziell für Verletzungen des humanitären Völkerrechts, sowie Art. 1 ff ILC Draft Articles für allgemeine Staatenverantwortlichkeit. Weitergehend: *Vöneky,* Implementation and Enforcement of International Humanitarian Law in: Fleck/Bothe (Hrsg.), The Handbook of International Humanitarian Law, 3. Auflage 2013, S. 647 (Rn. 1419); *Daillier/Forteau/Pellet,* Droit international public, 8. Auflage 2009, Rn. 469 ff.

428 Zu den Einzelheiten *supra* S. 37–76.

de.[429] Anspruchsinhaber ist der Zielstaat beziehungsweise der Staat, dessen Bürger oder Eigentum durch das autonome System Schaden erlitten haben, sofern dies auseinanderfällt.[430]

§3 Die Fehlfunktion im Rahmen des Völkerstrafrechts – Notwendigkeit einer Anpassung der vorhandenen Vorschriften

Im Gegensatz zu der Haftung des Ursprungsstaates aus völkerrechtlichem Delikt, ist eine individuelle Verantwortung der an dem Einsatz beteiligten Personen nur unter großen Schwierigkeiten begründbar. Keineswegs ist es so, dass eine Verantwortung in jedem Fall auf die Person zurückzuführen ist, welche den Einsatz des autonomen Systems autorisiert hat, wie es in der Diskussion zuweilen unkritisch heißt.[431] Die folgende Untersuchung soll vielmehr zeigen, dass und warum eine völkerstrafrechtliche Verantwortlichkeit nur in Ausnahmefällen möglich ist, was eine Anpassung der bestehenden Völkerstrafrechtnormen zur Vermeidung von Strafbarkeitslücken nötig macht.

429 *Henckaerts/Doswald-Beck,* Customary International Humanitarian Law – Vol. I: Rules, 2005, Regel 149; Art. 4 ILC Draft Articles; *Momtaz,* State Organs and Entities Empowered to Exercise Elements of Governmental Authorities in: Crawford/Pellet/Olleson (Hrsg.), The Law of International Responsibility, 2010, S. 237 (S. 239); *Ipsen,* Völkerrecht, 6. Auflage 2014, § 29 Rn. 3; *Daillier/Forteau/Pellet,* Droit international public, 8. Auflage 2009, Rn. 474.

430 Regelmäßig kann nur ein Staat, nicht aber ein Individuum Anspruchsinhaber sein, vergleiche Art. 33 Abs. 1 ILC Draft Articles.

431 So zum Beispiel *Backstrom/Henderson,* New Capabilities in warfare: an overview of contemporary technological developments and the associated legal and engineering issues in article 36 weapons review, International Review of the Red Cross 94 (2012), S. 483 (498); *Spoerri,* Conclusions to International Humanitarian Law and New Weapon Technologies, 34th Round Table on current issues of international humanitarian law, San Remo 8–10 September 2011, International Review of the Red Cross 94 (2012), S. 814 (498); *Boothby,* Conflict law, 2014, S. 146.

A. Grundproblematik

Das Völkerstrafrecht in seiner jetzigen Form wurde dafür geschaffen, die Strafbarkeit von Individualpersonen für ihre eigenen Handlungen zu begründen.[432] Aus diesem Grund orientieren sich die Tatbestände des Völkerstrafrechts an dem vorsätzlichen, bewussten Handeln eines Menschen.[433] Dies macht es schwierig, die Fälle der Fehlerszenarien autonomer Waffensysteme einzuordnen und zu erfassen. Denn Menschen werden zwar regelmäßig kausal an dem Einsatz von defekten Systemen beteiligt sein, eine eigene vorsätzliche Handlung wird man jedoch, abgesehen vom ersten Fehlerszenario, nicht annehmen können. Vielmehr stehen Aspekte der mangelhaften Überprüfung vor dem Einsatz (Fehlerszenario 2) und Überwachung während des Einsatzes (Fehlerszenario 3) im Vordergrund. Insofern kann sich eine Strafbarkeit allein auf Aspekten von Fahrlässigkeit und Unterlassen gründen. Diese beiden, im deutschen Rechtssystem fest etablierten Rechtsfiguren, existieren im Völkerstrafrecht bis dato jedoch nur in Ausnahmefällen.[434] So gibt es eine unechte Unterlassungshaftung im IStGH-Statut gar nicht,[435] eine Bestrafung aus echtem Unterlassen ist nur dann möglich, wenn dies ausdrücklich in einem Tatbestand vorgesehen ist.[436] Auch eine Fahrlässigkeitsstrafbarkeit besteht nur in sehr begrenzten Ausnahmefällen.[437] Dies soll in der folgenden Untersuchung noch einmal verdeutlicht werden. An

432 In diesem Sinne *Werle,* Völkerstrafrecht, 3. Auflage 2012, Rn. 3; *Burghardt,* Die Vorgesetztenverantwortlichkeit im völkerrechtlichen Straftatsystem, 2008, S. 288.

433 *Ambos,* Internationales Strafrecht, 4. Auflage 2014, § 7 Rn. 8.

434 *Werle,* Völkerstrafrecht, 3. Auflage 2012, Rn. 686 ff; *Ambos,* Internationales Strafrecht, 4. Auflage 2014, § 7 Rn. 3.

435 *Ambos,* Internationales Strafrecht, 4. Auflage 2014, § 7 Rn. 3. Nach Ansicht von *Werle* sollte die Frage der unechten Unterlassungshaftung der Rechtsprechung des IStGH überlassen bleiben, *Werle,* Völkerstrafrecht, 3. Auflage 2012, Rn. 693. Für eine Analyse der Rechtsprechung der *Ad hoc*-Tribunale zum Unterlassen vergleiche *Burghardt,* Die Vorgesetztenverantwortlichkeit im völkerrechtlichen Straftatsystem, 2008, S. 347 ff.

436 *Ambos,* Internationales Strafrecht, 4. Auflage 2014, § 7 Rn. 3. Wohl zustimmend *Frau,* Völkerstrafrechtliche Aspekte automatisierter und autonomer Kriegsführung in: Frau (Hrsg.), Drohnen und das Recht, 2014, S. 233 (241).

437 *Werle,* Völkerstrafrecht, 3. Auflage 2012, Rn. 453 f; *Ambos,* Internationales Strafrecht, 4. Auflage 2014, § 7 Rn. 63 ff; *Burghardt,* Die Vorgesetztenverantwortlichkeit im völkerrechtlichen Straftatsystem, 2008, S. 353 f; *Cassese/Acquaviva/Fan/Whiting,* Cassese's International Criminal Law, 3. Auflage 2013, S. 53.

anderer Stelle[438] wird die Herleitung von Strafbarkeiten im Zusammenhang mit den Einsätzen autonomer Waffensysteme auf den allgemeinen Teils des Völkerstrafrechts gestützt. Diese Methode ist aber abzulehnen. Denn eine spezifisch völkerstrafrechtliche Straftatlehre konnte sich bisher nur in Ansätzen herausbilden.[439] Zum anderen verkennt diese Methode, dass das Völkerstrafrecht zum jetzigen Zeitpunkt noch als *Case Law* existiert und die Subsumtion unter Tatbestände, auch solche des IStGH-Statuts, stets in Bezug auf in der Vergangenheit zu diesem Tatbestand ergangene Entscheidungen erfolgt.[440] Eine Untersuchung individueller Verantwortlichkeit muss sich daher notwendigerweise an den einzelnen Tatbeständen orientieren.

B. Völkerstrafrechtlicher Bewertungsrahmen

Der Untersuchung einzelner Straftatbestände sollen zunächst die eine völkerstrafrechtliche Verantwortlichkeit begründenden Elemente vorangestellt werden. Für eine völkerstrafrechtliche Verantwortlichkeit ist stets ein Zurechnungssubjekt (I.), eine zurechenbare Handlung (II.) und ein strafrechtlich relevanter Erfolg (III.) erforderlich.

I. Zurechnungssubjekt

Eine Zurechnung zu dem autonomen Waffensystem selber scheitert an der Struktur des Völkerstrafrechts (1.). Eine, von einigen Stimmen propagierte, Zurechnung zu dem Programmierer scheitert an der Unmittelbarkeit der Handlung (2.). Damit verbleibt die Zurechnung zu dem in den Einsatz involvierten militärischen Personal (3.).

1. Keine Strafbarkeit des autonomen Waffensystems

In der Literatur gibt es vermehrt Stimmen, welche dafür eintreten, dass die Verantwortung für von autonomen Maschinen begangene Handlungen den

438 *Frau,* Völkerstrafrechtliche Aspekte automatisierter und autonomer Kriegsführung in: Frau (Hrsg.), Drohnen und das Recht, 2014, S. 233.

439 *Werle,* Völkerstrafrecht, 3. Auflage 2012, Rn. 395.

440 So bezog sich auch der IStGH in seinen Urteilen bisher stets auf Urteile der verschiedenen *Ad hoc*-Gerichtshöfe, sofern nicht das IStGH-Statut eine Neuerung enthielt.

Maschinen selber zugerechnet werden müsse.[441] Dies wird zum Teil mit den kognitiven Fähigkeiten der Maschinen,[442] zum Teil mit der Wahlmöglichkeit zwischen verschiedenen Handlungsalternativen begründet.[443] Andere Autoren gehen von einer abgeschwächten Form der Verantwortlichkeit aus.[444] Die Diskussion gründet sich jedoch hauptsächlich auf philosophische Erwägungen[445] und ist nicht unmittelbar in den rechtlichen Kontext übertragbar.[446] Aus Sicht des Völkerstrafrechts ist es zum jetzigen Zeitpunkt nicht möglich, eine Verantwortlichkeit nicht-menschlicher Entitäten strafrechtlich

441 So *Kurzweil,* The age of spiritual machines, 2000; *Sparrow,* Killer Robots, Journal of Applied Philosophy 24 (2007), S. 62; *Asaro,* Robots and responsibility from a legal perspective, 2007; *Hallevy,* The Criminal Liability of Artificial Intelligence Entities, 2010. Für eine weitergehende Darstellung des Meinungsspektrums vergleiche *Pagallo,* Robots and Just War: A Legal Perspective, Philosophy and Technology 24 (2011), S. 307.

442 *Kurzweil* argumentiert, dass eine Voraussetzung für autonome Maschinen Bewusstsein sei, welches dann seinerseits notwendigerweise Verantwortung begründe, vergleiche *Kurzweil,* The age of spiritual machines, 2000. Auch *Schörnig* scheint eine Verantwortung von Maschinen im Falle ihres Bewusstseins zuzulassen, vergleiche im Umkehrschluss *Schörnig,* Die Automatisierung des Krieges: Eine kritische Bestandsaufnahme in: Schmidt-Radefeldt/Meissler (Hrsg.), Automatisierung und Digitalisierung des Krieges, 2012, S. 33 (56). *Hallevy* geht davon aus, dass die Fähigkeit mittels Sensoren die Umgebung wahrzunehmen mit dem menschlichen Element des Wissen und die Fähigkeit auf Grund von Datenverarbeitungsprozessen zu einem Handlungsentschluss zu kommen mit dem Element des Wollens gleichgesetzt werden kann, womit ein Vorsatz im strafrechtlichen Sinne vorliege, vergleiche *Hallevy,* Unmanned Vehicles: Subordination to Criminal Law under the Modern Concept of Criminal Liability, Journal of Law, Information and Science 21 (2011/2012), S. 200 (208 f)

443 So argumentiert *Sparrow,* dass wer frei zwischen mehreren Handlungsmöglichkeiten wählen könne auch für diese Wahl verantwortlich sei, vergleiche *Sparrow,* Killer Robots, Journal of Applied Philosophy 24 (2007), S. 62 (65).

444 *Asaro* argumentiert, dass Roboter, ähnlich wie Kinder und Geisteskranke, einen Rechtsstatus innehabe, ohne indes für ihre Handlungen voll verantwortlich gemacht werden zu können. Aus diesem Grunde sei es geboten, ihnen eine verminderte Form der Haftung aufzuerlegen, vergleiche *Asaro,* Robots and responsibility from a legal perspective, 2007.

445 Vergleiche zum Beispiel *Dodig-Crnkovic; Persson,* Sharing moral responsibility with robots: a pragmatic approach in: Funk/Holst/Kreuger (Hrsg.), Tenth Scandinavian Conference on Artificial Intelligence, 2008, S. 165.

446 Lediglich *Asaro* und *Hallevy* gründen ihre Argumentation auf rechtliche Überlegungen. Ersterer orientiert sich an den Grundsätzen des US-amerikanischen Zivilrechts, letzterer basiert seine Argumentation auf Ideen der Strafrechtsphilosophie.

zu erfassen. Zum einen wurde die Strafbarkeit juristischer Personen bei den Verhandlungen des IStGH-Statuts diskutiert und dann ausdrücklich ausgeschlossen.[447] Zum Zweiten erstreckt sich schon die Zuständigkeit *ratione personae* des IStGH nur auf natürliche Personen.[448] Damit ist das IStGH-Statut auf die Strafbarkeit natürlicher Personen beschränkt,[449] eine Verantwortlichkeit autonomer Systeme kann hierauf nicht begründet werden.[450]

2. Keine Strafbarkeit des Programmierers

Auch eine Zurechnung zu dem Programmierer des defekten Systems kann, entgegen einer zum Teil in der Literatur vertretenen Ansicht,[451] nicht begründet werden. Der Begriff des Programmierers sollte in diesem Zusammenhang weit verstanden werden und umfasst alle Personen, welche maßgeblich am Herstellungsprozess – also sowohl der Montage der Hardware als

447 So wurde zum Beispiel der letzte Vorschlage der zuständigen Arbeitsgruppe nach einer Diskussion abgelehnt, welcher die Verantwortlichkeit juristischer Personen des Privatrechts vorsah, vergleiche U.N. Doc A/CONF/.183/C.1/WGGP/L.5.

448 Vergleiche Art. 25(1) IStGH-Statut: „Der Gerichtshof hat aufgrund dieses Statuts Gerichtsbarkeit über natürliche Personen".

449 *Ambos* in: *Triffterer/Ambos* (Hrsg.), Commentary on the Rome Statute of the International Criminal Court, 2. Auflage 2008, Individual criminal responsibility (Rn. 4); *Frulli* in: *Cassese/Gaeta/Jones* (Hrsg.), The Rome Statute of the International Criminal Court – A Commentary 2002, Jurisdiction ratione personae (S. 532).

450 Mit demselben Ergebnis: *Liu,* Categorization and Legality of Autonomous and Remote Weapons Systems, International Review of the Red Cross 94 (2012), S. 627 (632); *Frau,* Völkerstrafrechtliche Aspekte automatisierter und autonomer Kriegsführung in: Frau (Hrsg.), Drohnen und das Recht, 2014, S. 233 (238).

451 Bei diesen Ansichten handelt es sich zum großen Teil auch um zivilrechtliche Haftungsfragen, was von den Autoren häufig nicht deutlich genug herausgestellt wird. So begründet *Asaro* in seiner Argumentation eine Haftung nach dem Produkthaftungsgesetz, vergleiche *Asaro,* Robots and responsibility from a legal perspective, 2007, S. 2. Zum Teil wird vertreten, dass Richtlinien entworfen werden müssen, welche auch eine Verantwortlichkeit der am Herstellungsprozess beteiligten Personen begründen, *Sharkey,* Automated killers and the computing profession, Computer Journal (2007), S. 122 (124 f), zum Teil wird vorgeschlagen, dass Hersteller künstlicher (Waffen)intelligenz wegen deren Gefährlichkeit einen dem hippokratischen Eid der Mediziner vergleichbaren Eid schwören sollten, mit dem sie sich für ihre Kreaturen verantwortlich erklären, *McCauley,* AI Armageddon and the Three Laws of Robotics, Ethics and Information Technology 9 (2007), S. 153 (162).

auch der Programmierung der Software – beteiligt sind. Eine Strafbarkeit wird regelmäßig am Unmittelbarkeitszusammenhang scheitern, nach dem jede Handlung ein wesentlicher Beitrag zur Tat sein muss.[452] Denn allein die Herstellung oder Programmierung des defekten Systems kann, selbst im ersten Fehlerszenario, noch nicht als unmittelbarer Tatbeitrag eingestuft werden, da zu dem Zeitpunkt noch nicht bestimmbar ist, ob, an welchem Ort und zu welcher Zeit das konkrete System zum Einsatz kommen wird. Es besteht auch kein Bedarf an einer Strafbarkeit des Programmierers, da sich die Situation eines defekten Systems in Bezug auf den Programmierer nicht wesentlich von der Situation konventioneller Waffen unterscheidet. Wenn es bisher auf Grund eines Produktionsfehlers zu Waffendefekten kam, welche Schäden in der Zivilbevölkerung verursachten, so wurde auch keine völkerstrafrechtliche Verantwortlichkeit des Herstellers begründet.

3. Anknüpfungspunkt: Das beteiligte militärische Personal

Damit bleibt als Zurechnungssubjekt für eine strafrechtliche Verantwortlichkeit nur noch das an der Operation beteiligte militärische Personal. Hierbei kommen mehrere Personen und Handlungen in Frage, wie im Folgenden dargestellt wird.

II. Mögliche Anknüpfungspunkte: Handlung

Vor dem Einsatz eines autonomen Waffensystems wird regelmäßig ein mehrstufiger Entscheidungs- und Einsatzprozess vorgeschaltet sein,[453] an dem mehrere Personen beteiligt sein werden. Diese Personen können im Wesentlichen den folgenden vier Kategorien zugeordnet werden.

1. Der generelle Einsatzbefehl

Die erste Kategorie umfasst diejenigen Personen, welche den generellen Befehl zum Einsatz von autonomen Waffensystemen erteilen. Es ist davon auszugehen, dass, angesichts der besonderen Natur dieser Systeme, ein Einsatz in Konfliktsituationen gesondert autorisiert werden wird. An welcher

452 *Ambos,* Internationales Strafrecht, 4. Auflage 2014, § 7, Rn. 18.

453 Hierzu ansatzweise *Schmitt/Thurnher,* „Out of the Loop“: Autonomous Weapon Systems and the Law of Armed Conflict, Harvard National Security Journal 5 (2013), S. 231 (235). In der bisherigen Literatur findet sich wenig zu den konkreten Umständen des Einsatzes autonomer Systeme, weshalb die folgenden Angaben im Wesentlichen auf Annahmen der Verfasserin beruhen.

Stelle dies geschieht, wird, je nach Land, unterschiedlich sein und hängt von dem jeweiligen Staatsaufbau ab. In Deutschland wird ein potentieller Einsatz von autonomen Waffensystemen ausdrücklich durch Bundestagsbeschluss zu autorisieren sein, da die Fähigkeiten der Bundeswehr bei Auslandseinsätzen dem Parlamentsvorbehalt unterliegen.[454] In anderen Staaten kann dies durch das Staatsoberhaupt oder den Oberbefehlshaber der Armee geschehen. Außer im Fall des ersten Fehlerszenarios, also des bewussten Einsatzes völkerrechtswidrig programmierter Systeme wird eine Strafbarkeit nicht anzunehmen sein.

2. Der konkretisierte Einsatzbefehl

Die zweite Kategorie umfasst diejenigen Personen, welche den Befehl zum Einsatz des konkreten Systems erteilt haben. Hierunter ist der befehlshabende Offizier vor Ort zu verstehen, welcher unter mehreren, am Standort vorhandenen und potentiell einsetzbaren autonomen Systemen, das (später) fehlerhafte System für den Einsatz auswählt. Um sprachliche Eindeutigkeit zu gewährleisten, wird diese Person im Folgenden mit dem Begriff „operativer Befehlshaber“ bezeichnet. Eine Strafbarkeit des operativen Befehlshabers ist, sowohl in Bezug auf das, im Folgenden nicht weiter untersuchte erste Fehlerszenario, als auch in Bezug auf das zweite Fehlerszenario relevant.

3. Die Aktivierung

Die dritte Kategorie wird mit dem Begriff „Aktivierung“ bezeichnet, dies umfasst die Aktivierung des autonomen Systems, also vereinfacht ausgedrückt, das Betätigen des Startknopfes. Es wird davon ausgegangen, dass dies nach dem konkretisierten Einsatzbefehl des operativen Befehlshabers regelmäßig durch eine Person einer darunter liegenden Hierarchieebene geschieht, in der folgenden Untersuchung wird diese Person mit dem Begriff „Soldat“ bezeichnet. Eine Strafbarkeit ist wie beim operativen Befehlshaber in Bezug auf das zweite Fehlerszenario zu untersuchen.

4. Das fehlerhafte Überwachen

Viertens und letztens ist es möglich, an das fehlerhafte Überwachen des eingesetzten Systems anzuknüpfen. Wie oben[455] dargelegt, gebietet die Einhal-

454 Vergleiche §§ 1 Abs. 2, 3 Abs. 2 ParlBG.

455 Vergleiche *supra* S. 84.

tung der Vorsichtsmaßnahmenpflichten von Art. 57 ZP I ein *On-the-loop-Monitoring* während des Einsatzes. Wird diese Überwachung nicht oder nicht in ausreichendem Maße durchgeführt, so kommt eine Strafbarkeit des zuständigen Offiziers im Betracht – im Folgenden „überwachender Offizier". Diese Strafbarkeit ist für alle drei Fehlerszenarien relevant, da eine ordnungsgemäße Überwachung in allen drei Szenarien zu einem Ausschalten führen kann.

III. Strafrechtlicher Erfolg

Der für eine völkerstrafrechtliche Verantwortlichkeit erforderliche rechtswidrige Erfolg der Handlung wird – je nach Umständen des Einzelfalles – anders gelagert sein. Hierbei handelt es sich um die Verletzung oder Tötung geschützter Personen oder die Zerstörung geschützten Eigentums durch das autonome System. Die genaue Handlung ist im Zusammenhang mit dem jeweils relevanten Straftatbestand zu bestimmen.

C. Lückenhafte Strafbarkeit aus eigener Handlung

Eine Subsumtion der vier Handlungskategorien unter völkerstrafrechtliche Straftatbestände, welche eine Strafbarkeit aus eigener Handlung begründen ist nur sehr lückenhaft möglich, wie die folgende Darstellung zeigt. Der Übersichtlichkeit halber wurden die einzelnen Tatbestände hierzu in Gruppen zusammengefasst.

I. Schwere Verstöße gegen die Genfer Konventionen

Eine Strafbarkeit aus Tatbeständen, welche schwere Verstöße gegen die Genfer Konventionen darstellen, scheitert am für diese Tatbestände notwendigen weitreichenden Ausmaß der Tat – ein solches ist bei dem Defekt eines einzelnen Systems regelmäßig nicht anzunehmen.

1. Vorsätzliche Tötung, Art. 8(2)(a)(i) IStGH-Statut

Der Tatbestand der vorsätzlichen Tötung käme grundsätzlich immer dann in Betracht, wenn ein autonomes System bei seinem Einsatz die Tötung[456] von kranken, verwundeten oder anders in Not geratenen Kombattanten des Zielstaates verursacht hat.[457] Allerdings ist keine der zu untersuchenden Handlungen eine taugliche Tathandlung i.S.v. Art. 8(2)(a)(i) IStGH-Statut, da es den Handlungen jeweils an der erforderlichen Schwere fehlt. Zwar ist nach den Verbrechenselementen jedes Verhalten, also sowohl Tun als auch Unterlassen, welches den Tod der geschützten Personen verursacht, als Tathandlung ausreichend,[458] die Rspr. fordert jedoch darüber hinaus, dass die Handlung auch ein „*substantial cause*",[459] also eine wesentliche Ursache für den

456 Vergleiche Punkt 1 der Verbrechenselemente zu Art. 8(2)(a)(i) IStGH-Statut: „The perpetrator killed one or more persons". Das Annahmegesetz der Verbrechenselemente wurde im BGBl II, 2013/4, S. 139 ff veröffentlicht, allerdings ohne eine rechtsverbindliche deutsche Version der Verbrechenselemente. Aus diesem Grund wird im Folgenden die englische Version in eigener deutscher Übersetzung verwendet.

457 Punkt 2 der Verbrechenselemente zu Art. 8(2)(a)(i) IStGH-Statut „Such person or persons were protected under one or more of the Geneva Conventions of 1949". Der Personenkreis bestimmt sich jeweils nach dem Schutzzweck für jedes der vier Genfer Abkommen gesondert, zusammengefasst fallen hierunter Angehörige der Streitkräfte oder sonstige zu Kampfhandlungen berechtigte Personen, sowie in Ausnahmefällen auch nicht zu Kampfhandlungen berechtigte Personen, *Werle,* Völkerstrafrecht, 3. Auflage 2012, Rn. 1109 ff. Des Weiteren ist noch eine besondere Schutzbedürftigkeit der Person erforderlich, etwa durch Krankheit oder Verwundung (Art. Art. 13 GA I und GA III), Schiffbruch (Art. 13 GA II), in die Hände des Gegners Fallens (Art. 4 (A) GA III) oder sich in der Gewalt der gegnerischen Konfliktpartei Befindens (Art. 4 Abs. 1 GA IV). Zivilisten sind von Art. 8(2)(a)(i) IStGH-Statut grundsätzlich nur erfasst, sofern sie sich in der Gewalt einer gegnerischen Konfliktpartei befinden, IStGH, Beschl. v. 30. September 2008 (Katanga, PTC), Rn. 289, 292. Deshalb ist der Tatbestand nicht für die Tötung von Zivilisten durch autonome Waffensysteme relevant.

458 Fn. 31 der Verbrechenselemente „The term killed is interchangeable with the term "caused death". Für die Gleichstellung von Tun und Unterlassen bei diesem Tatbestand IStGH, Beschl. v. 30. September 2008 (Katanga, PTC), Rn. 287. Die Tathandlung muss aber wohl bereits für sich genommen einen Verstoß gegen das Völkerrecht darstellen, so *Dörmann,* Elements of War Crimes under the Rome Statute of the International Criminal Court, 2003, S. 40; *Schabas,* The International Criminal Court, 2010, S. 214; *Kittichaisaree,* International Criminal Law, 2001, S. 142.

459 So die Rspr. des JStGH, vergleiche zum Beispiel JStGH, Urt. v. 16. November 1998 (Delalic, TC), Rn. 424; JStGH, Urt. v. 26. Februar 2001 (Kordic and

Tod des Opfers darstellt. Allgemeine Kriterien für die Bestimmung eines „*substantial cause*" wurden noch nicht aufgestellt, die bisher zu diesem Tatbestand ergangenen Urteile zeigen jedoch, dass regelmäßig nur besonders schwerwiegende Tathandlungen mit einem hohen Grad an krimineller Energie umfasst sind.[460] Als solche kann der Defekt eines autonomen Systems im Fall des zweiten und dritten Fehlerszenarios aber nicht eingestuft werden, da es insoweit an einem weitreichenden, planvollen Ausmaß fehlt.[461]

2. Zerstörung und Aneignung von Eigentum in großem Ausmaß, Art. 8(2)(a)(iv) IStGH-Statut

Der Tatbestand der Zerstörung und Aneignung von Eigentum in großem Ausmaß käme dann in Betracht, wenn ein autonomes System die Zerstörung[462] von Krankenhäusern, Sanitätsschiffen oder -flugzeugen sowie sonstigem medizinischen Material[463] verursacht und für diese Zerstörung keine

Cerkez, TC), Rn. 229. Der IStGH hat sich dieser Rspr. angeschlossen, vergleiche IStGH, Beschl. v. 30. September 2008 (Katanga, PTC), Rn. 296.

460 Als solche wurden zum Beispiel die Tötung von Kriegsgefangenen oder internierten Zivilisten ohne vorausgehendes faires Gerichtsverfahren, die Kürzung von Nahrungsmittelrationen, welche das Verhungern der Kriegsgefangenen zur Folge hatten, oder die Misshandlungen von Kriegsgefangenen, welche zum Tode führten, qualifiziert, *Werle,* Völkerstrafrecht, 3. Auflage 2012, Rn. 1125; *Dörmann,* Elements of War Crimes under the Rome Statute of the International Criminal Court, 2003, S. 40 mwN.

461 Insofern ist insbesondere *Frau* zu widersprechen, welcher eine Strafbarkeit des Offiziers *on the loop* auf Grund von Untätigkeit begründen will, *Frau,* Völkerstrafrechtliche Aspekte automatisierter und autonomer Kriegsführung in: Frau (Hrsg.), Drohnen und das Recht, 2014, S. 233 (244).

462 Punkt 1 der Verbrechenselemente zu Art. 8(2)(a)(iv) IStGH-Statut: „The perpetrator destroyed or appropriated certain property.". Für die Fehlerszenarien autonomer Systeme ist lediglich die Tatvariante des Zerstörens relevant. Hierbei muss es zu einem kompletten Zerstören kommen, lediglich ein Beschädigen genügt nicht, *Werle,* Völkerstrafrecht, 3. Auflage 2012, Rn. 1227.

463 Punkt 4 der Verbrechenselemente zu Art. 8(2)(a)(iv) IStGH-Statut: „Such property was protected under one or more of the Geneva Conventions of 1949". Der Schutzbereich bestimmt sich wiederum nach jeder Konvention gesondert und umfasst die oben genannten Objekte, vergleiche Art. 19, 20, 33–36 GA I, Art. 22–28, 38, 39 GA II, Art. 18–22, 33, 53, 57 GA IV. Für die Rspr. vergleiche zum Beispiel JStGH, Urt. v. 26. Februar 2001 (Kordic und Cerkez, TC), Rn 336. JStGH, Entsch. v. 2. Oktober 1995 (Dusko Tadic – Decision on the Defence Motion for Interlocutary Appeal on Jurisdiction), Rn. 81. Ziviles Eigentum ist wiederum nur erfasst, sofern es sich in besetztem Gebiet befindet, dies ergibt sich aus Art. 53 GA IV. Vergleiche ebenfalls JStGH, Urt. v. 31. März

militärische Notwendigkeit bestand.[464] Was bei Art. 8(2)(a)(i) IStGH-Statut erst durch Rechtsprechung festgelegt wurde, ist hier bereits Teil des Tatbestandes; so muss die verursachte Zerstörung ein großes Ausmaß erreicht haben.[465] Eine einzelne Tat oder ein vereinzelter Zwischenfall genügen regelmäßig nicht, um den Tatbestand zu erfüllen,[466] da die Zerstörung insgesamt so groß sein muss, dass sie den Tatbestand eines Kriegsverbrechens, welches einen schweren Verstoß gegen die Genfer Konventionen darstellt, rechtfertigt.[467] Dies kann aber, wie bereits dargelegt, für das zweite und dritte Fehlerszenario nicht angenommen werden.[468]

2001(Naletilic und Martinovic, TC), Rn. 575; *Schabas,* The International Criminal Court, 2010, S. 219.

464 Punkt 2 der Verbrechenselemente: „The destruction or appropriation was not justified by military necessity". Für die Beurteilung, ob militärische Erfordernisse vorlagen, wird vor allem auf die Vereinbarkeit der Tat mit dem humanitären Völkerrecht abgestellt, vergleiche *Dörmann* in: *Triffterer/Ambos* (Hrsg.), Commentary on the Rome Statute of the International Criminal Court, 2. Auflage 2008, Art. 8 (Rn. 23).

465 Punkt 3 der Verbrechenselemente: „The destruction or appropriation was extensive [and carried out wantonly]".

466 JStGH, Urt. v. 3. März 2000 (Blaskic, TC), Rn. 157; *Dörmann* in: *Triffterer/Ambos* (Hrsg.), Commentary on the Rome Statute of the International Criminal Court, 2. Auflage 2008, Art. 8 (Rn. 23); *Mettraux,* International Crimes and the Ad hoc Tribunals, 2005, S. 78; *Kittichaisaree,* International Criminal Law, 2001, S. 148.

467 *Dörmann,* Elements of War Crimes under the Rome Statute of the International Criminal Court, 2003, S. 83. Auch der Kommentar zu den Genfer Konventionen geht davon aus, dass ein einzelner Akt insoweit nicht genügt, *Pictet/Uhler/Griffin,* The Geneva Conventions of 12 August 1949, 1958, Art. 147, Rn. 601.

468 Zum Teil wird auch vertreten, dass für Art. 8(2)(a)(iv) IStGH-Statut ausnahmsweise auch eine besonders schwerwiegende Einzeltat zur Erfüllung des Tatbestandes genügt, vergleiche *Schabas,* The International Criminal Court, 2010, S. 219 mit Verweis auf JStGH, Urt. v. 3. März 2000 (Blaskic, TC), Rn. 157 und JStGH, Urt. v. 26. Februar 2001 (Kordic und Cerkez, TC), Rn. 335–341. Als solche ist Defekt eines autonomen Systems im Fall des zweiten und dritten Fehlerszenarios aber nicht einzustufen, da sich die Urteile auf die Zerstörung eines Krankenhauses auf besetztem Gebiet beziehen und der Defekt insofern nicht vergleichbar ist.

II. Vorsätzliche Angriffe auf geschützte Personen oder Gegenstände

Die größtenteils parallel[469] aufgebauten Tatbestände der vorsätzlichen Angriffe auf geschützte Personen- und Gegenstandsgruppen sind dann relevant, wenn durch ein autonomes System eine feindselige Handlung gegen Zivilpersonen,[470] zivile Objekte,[471] Personal, Einrichtungen, Material, Einheiten oder Fahrzeuge einer humanitären Hilfsmission oder friedenserhaltende Missionen der VN,[472] auf Personen oder Gegenstände mit dem Schutzzeichen der Genfer Abkommen[473] oder auf Kulturstätten, Stätten für Kranke und Verwundete, Kult- und Religionsstätten oder Schul- und Lernstätten[474] ausgeführt wird. Zur Erfüllung des Tatbestandes genügt jeweils be-

469 *Dörmann* in: *Triffterer/Ambos* (Hrsg.), Commentary on the Rome Statute of the International Criminal Court, 2. Auflage 2008, Art. 8 (Rn. 36); *Cottier* in: *Triffterer/Ambos* (Hrsg.), Commentary on the Rome Statute of the International Criminal Court, 2. Auflage 2008, Art. 8 (Rn. 56); *Kittichaisaree,* International Criminal Law, 2001, S. 159 f; *Werle,* Völkerstrafrecht, 3. Auflage 2012, Rn. 1280, 1287, 1296.

470 Art. 8(2)(b)(i) IStGH-Statut.

471 Art. 8(2)(b)(ii) IStGH-Statut.

472 Art. 8(2)(b)(iii) IStGH-Statut. Diese Begriffe sind weit zu verstehen. Der Begriff „humanitäre Hilfsmission" umfasst hierbei Einsätze von NGOs, internationalen Organisationen, wie der VN und deren Unterorgane, sowie des Roten Kreuzes des Roten Halbmondes, vergleiche *Cottier* in: *Triffterer/Ambos* (Hrsg.), Commentary on the Rome Statute of the International Criminal Court, 2. Auflage 2008, Art. 8 (Rn. 43); *Werle,* Völkerstrafrecht, 3. Auflage 2012, Rn. 1403. Der Begriff der „friedenserhaltenden Missionen" umfasst neben solchen der VN auch Missionen regionaler Organisationen wie der EU, ECOWAS oder der OSZE, *Cottier* in: *Triffterer/Ambos* (Hrsg.), Commentary on the Rome Statute of the International Criminal Court, 2. Auflage 2008, Art. 8 (Rn. 48). Vergleiche auch die Ausführungen des IStGH zu Art. 8 (2)(e)(iii)IStGH in Beschl. v. 8. Februar 2010 (Abu Garda, PTC), Rn. 71 und IStGH, Beschl. v. 7. März 2011 (Nourain und Jerbo, PTC), Rn. 61.

473 Art. 8 (2)(b)(xxiv) IStGH-Statut. Erfasst sind vor allem Schutzzeichen des Roten Kreuzes, des Roten Halbmonds und des Roten Kristalls, aber wohl auch Erkennungssignale des Ersten Zusatzprotokolls, vergleiche *Arnold* in: *Triffterer/Ambos* (Hrsg.), Commentary on the Rome Statute of the International Criminal Court, 2. Auflage 2008, Art. 8 (Rn. 215); *Pfirter* in: *Lee* (Hrsg.), The International Criminal Court 2001 (S. 201 f).

474 Art. 8 (2)(b)(ix) IStGH-Statut. Kategorisierung nach *Arnold* in: *Triffterer/Ambos* (Hrsg.), Commentary on the Rome Statute of the International Criminal Court, 2. Auflage 2008, Art. 8 (Rn. 99).

reits das Führen eines Angriffs[475] gegen eine der geschützten Personen- oder Gegenstandsgruppen,[476] ein bestimmter Erfolg wie eine Verletzung oder Beschädigung ist nicht erforderlich.[477] Geeignete Tathandlung sind allerdings nur finale Angriffe, nicht solche, bei denen sich die Verletzung oder Zerstörung der geschützten Personen oder Objekte als ungeplanter Nebeneffekt darstellt.[478] Ob sich eine Zerstörung im Einzelfall als ungeplanter Nebeneffekt darstellt, muss aus Perspektive des autonomen Systems vorgenommen werden. Denn es ist dessen Handlung, welche unmittelbar den strafrechtlich relevanten Erfolg auslöst. Insofern kommt es darauf an, ob sich der Fehler im zweiten oder dritten Fehlerszenario dahingehend auswirkt, dass die geschützten Personen oder Objekte von dem autonomen System gezielt anvisiert werden. Ist dies der Fall, so ist sowohl der konkretisierte Einsatzbefehl als auch das Aktivieren taugliche Tathandlung, denn hierfür genügt jede kausale Handlung.[479] Das fehlerhafte Überwachen scheidet hin-

475 Vergleiche das für Art. 8(2)(b)(i), 8(2)(b)(ii), Art. 8(2)(b)(iii) und Art. 8(2)(b)(ix) IStGH-Statut gleichlautende Verbrechenselement 1: „The perpetrator directed an attack", sowie das anders formulierte, inhaltlich aber gleiche Verbrechenselement 1 zu Art. 8 (2)(b)(xxiv) IStGH-Statut.

476 Für die Gegenstandsgruppe vergleiche für Art. 8(2)(b)(i), 8(2)(b)(ii), Art. 8(2)(b)(iii) und Art. 8(2)(b)(ix) IStGH-Statut jeweils das Verbrechenselement 2, sowie bei Art. 8(2)(b)(iii) IStGH-Statut noch zusätzlich das Verbrechenselement 4. Bei Art. Art. 8 (2)(b)(xxiv) IStGH-Statut ist die Gegenstandsgruppe bereits im Verbrechenselement 1 enthalten.

477 IStGH, Beschl. v. 30. September 2008 (Katanga, PTC), Rn. 270; mit dem Verweis auf die *Travaux préparatoires: Dörmann* in: *Triffterer/Ambos* (Hrsg.), Commentary on the Rome Statute of the International Criminal Court, 2. Auflage 2008, Art. 8 (Rn. 31); *Frank* in: *Lee* (Hrsg.), The International Criminal Court 2001 (S. 142). Anders noch die Rspr. der *Ad hoc*-Strafgerichtshöfe, vergleiche zum Beispiel JStGH, Urt. v. 17. Dezember 2004 (Kordic und Cerkez, AC), Rn. 55 ff; JStGH, Urt. v. 12. Juni 2007 (Martic, TC), Rn. 70, JStGH, Urt. v. 3. März 2000 (Blaskic, TC), Rn. 180.

478 IStGH, Beschl. v. 30. September 2008 (Katanga, PTC), Rn. 274. *Dörmann* in: *Triffterer/Ambos* (Hrsg.), Commentary on the Rome Statute of the International Criminal Court, 2. Auflage 2008, Art. 8 (Rn. 35); *Bothe* in: *Cassese/Gaeta/Jones* (Hrsg.), The Rome Statute of the International Criminal Court – A Commentary 2002, War Crimes (S. 397); A. A. *Kittichaisaree,* der den Tatbestand auch bei unverhältnismäßigen Angriffen erfüllt sieht, *Kittichaisaree,* International Criminal Law, 2001, S. 158, damit aber verkennt, dass dies den Tatbestand von Art. 8(2)(b)(iv) IStGH-Statut überflüssig machen würde. *Werle* scheint die Finalität eher über den subjektiven Tatbestand lösen zu wollen, *Werle,* Völkerstrafrecht, 3. Auflage 2012, Rn. 1275.

479 Die Handlung muss allerdings als „Angriff" zu werten sein, Dörmann in: Triffterer/Ambos (Hrsg.), Commentary on the Rome Statute of the International Criminal Court, 2. Auflage 2008, Art. 8 (Rn. 31).

gegen als taugliche Tathandlung aus, da als Tathandlung insoweit nur positives Tun in Betracht kommt, eine Gleichsetzung von Tun und Unterlassen gibt es bei den Tatbeständen (noch) nicht.[480] In der Vergangenheit ließen die *ad hoc*-Strafgerichtshöfe noch zwei weitere Kategorien von Tathandlungen zu: den Einsatz unterschiedslos wirkender Waffen[481] und die Angriffsführung unter Verletzung der notwendigen Vorsichtsmaßnahmenpflichten.[482] Da sich der IStGH bisher noch nicht hierzu geäußert hat, kann noch keine abschließende Aussage zur ihrer Übertragbarkeit getroffen werden.[483] Sollte eine Übertragbarkeit gegeben sein, so wäre dann wohl auch die fehlerhafte Überwachung eine taugliche Tathandlung.

Zusammenfassend ist festzustellen, dass der konkretisierte Einsatzbefehl und das Aktivieren immer dann taugliche Tathandlungen sind, wenn im Fall des zweiten oder dritten Fehlerszenarios das autonome System gezielt geschützte Personen oder Objekte angreift – die äußere Tatseite der Angriffstatbestände wäre jeweils erfüllt. Eine Strafbarkeit des operativen Befehlshabers und des Soldaten scheitert dann aber regelmäßig an der inneren Tatseite. Die innere Tatseite erfordert zum einen Vorsatz in Bezug auf die Tathandlung[484] und zum anderen sicheres Wissen in Bezug auf den ge-

480 Vielmehr sind nur offensive oder defensive Handlungen erfasst, *Dörmann* in: *Triffterer/Ambos* (Hrsg.), Commentary on the Rome Statute of the International Criminal Court, 2. Auflage 2008, Art. 8 (Rn. 31).

481 Dies ist vor allem die ständige Rspr. des JStGH. Für den Fall der unterschiedslosen Waffen vergleiche zum Beispiel JStGH, Urt. v. 14. Januar 2000 (Kupreskic, TC), Rn. 524; JStGH, Urt. v.12. Juni 2007 (Martic, TC), Rn. 69; JStGH, Urt. v. 5. September 2003 (Galic, TC), Rn. 57. Vergleiche auch IGH, *Legality of the Threat or Use of Nuclear Weapons,* Advisory Opinion of 8. July 1996, I.C.J. Reports 1996, S. 226 ff, Rn. 78, welcher einen unterscheidungslosen Angriff mit einem direkten Angriff auf die Zivilbevölkerung gleichsetzt.

482 JStGH, Urt. v. 14. Januar 2000 (Kupreskic, TC), Rn. 524.

483 Dafür *Kittichaisaree,* International Criminal Law, 2001, S. 159. Kritisch *Dörmann* in: *Triffterer/Ambos* (Hrsg.), Commentary on the Rome Statute of the International Criminal Court, 2. Auflage 2008, Art. 8 (Rn. 32).

484 Hier ist ein doppelter Vorsatz erforderlich: Zum einen muss Vorsatz in Bezug auf das Führen des Angriffs vorliegen, dessen Standard sich nach Art. 30(2)(a) IStGH-Statut bemisst (Str. dafür: *Dörmann* in: *Triffterer/Ambos* (Hrsg.), Commentary on the Rome Statute of the International Criminal Court, 2. Auflage 2008, Art. 8 (Rn. 32), A. A. *Werle,* Völkerstrafrecht, 3. Auflage 2012, Rn. 1275, ohne Positionierung: *Frank* in: *Lee* (Hrsg.), The International Criminal Court 2001 (S. 142). Unklar ist die Position des IStGH hierzu, vergleiche IStGH, Beschl. v. 30. September 2008 (Katanga, PTC), Rn. 272). Zum anderen ist zielgerichtetes Handeln in Bezug auf den geschützten Personen- oder Objektsstatus erforderlich, diesbezüglich genügt nur Dolus directus 1. Grades, IStGH, Beschl. v. 30. September 2008 (Katanga, PTC), Rn. 272; *Dörmann* in: *Triffterer/*

schützten Status des Opfers.[485] Sicheres Wissen um den geschützten Status der Opfer kann aber weder bei dem operativen Befehlshaber, noch bei dem Soldaten vorliegen. Denn selbst wenn im Einzelfall Kenntnis des Defekts besteht, werden die Personen zu dem Zeitpunkt ihrer jeweiligen Handlung nicht wissen, gegen welche Personen- oder Objektsgruppe sich das autonome System wenden wird, ein allgemeines Wissen um eine mögliche Fehlfunktion genügt aber nicht.

III. Das Führen unverhältnismäßiger Angriffe

Die Tatbestände, welche unverhältnismäßige Angriffe sanktionieren, kommen immer dann in Betracht, wenn ein autonomes System unverhältnismäßige Schäden an Zivilpersonen oder zivilen Objekten[486] oder die Zerstörung von geschütztem Eigentum verursacht hat.[487]

1. Art. 8(2)(b)(iv) IStGH-Statut

Für die äußere Tatseite von Art. 8(2)(b)(iv) IStGH-Statut genügt bereits das Führen eines Angriffs von dem mit einiger Wahrscheinlichkeit der Eintritt eines unverhältnismäßigen Schadens zu erwarten ist,[488] zu einem konkreten

Ambos (Hrsg.), Commentary on the Rome Statute of the International Criminal Court, 2. Auflage 2008, Art. 8 (Rn. 32). *Dörmann* löst dies über Art. 30(2)(b), während *Werle* gleich eine Sonderform des Vorsatzes und nicht Art. 30 anwenden will, *Werle,* Völkerstrafrecht, 3. Auflage 2012, Rn. 1275. Die Aussage des IStGH hierzu ist wiederum nicht eindeutig, IStGH, Beschl. v. 30. September 2008 (Katanga, PTC), Rn. 271.

485 *Werle,* Völkerstrafrecht, 3. Auflage 2012, Rn. 1275; *Frank* in: *Lee* (Hrsg.), The International Criminal Court 2001 (S. 142). Der JStGH ließ hier noch eine gesteigerte Form von Fahrlässigkeit genügen (recklessness), schloss allerdings einfache Fahrlässigkeit (negligence) aus, vergleiche zum Beispiel JStGH, Urt. v. 12. Dezember 2007 (D. Milosevic, TC), Rn. 951.

486 In diesem Fall ist Art. 8 (2)(b)(iv) IStGH-Statut die einschlägige Norm. Der Tatbestand enthält ebenfalls die – für autonome Waffensysteme nicht so relevante – Tatvariante der weit reichenden langfristigen und schweren Schäden an der natürlichen Umwelt.

487 Art. 8 (2)(b)(xiii) IStGH-Statut.

488 *Dörmann,* Elements of War Crimes under the Rome Statute of the International Criminal Court, 2003, S. 162; *Werle,* Völkerstrafrecht, 3. Auflage 2012, Rn. 1298; *Arnold* in: *Triffterer/Ambos* (Hrsg.), Commentary on the Rome Statute of the International Criminal Court, 2. Auflage 2008, Art. 8 (Rn. 58); *Kittichaisaree,* International Criminal Law, 2001, S. 164.

Schaden muss es im Einzelfall nicht gekommen sein.[489] Insofern liegt die äußere Tatseite bereits vor, sobald ein autonomes System mit einer fehlerhaften Verhältnismäßigkeitsberechnung eingesetzt wird. Denn das Führen eines Angriffs ist jede offensive oder defensive Handlung gegen die gegnerische Konfliktpartei[490] und damit jedenfalls der Einsatz eines Mittels der Kampfführung. Hierbei kommt es nicht darauf an, zu welchem Zeitpunkt der Defekt auftritt. Taugliche Tathandlung bei Art. 8(2)(b)(iv) IStGH-Statut sind allerdings nur Tätigkeiten auf höherer Befehlsebene.[491] Insofern kommt allein der konkretisierte Einsatzbefehl des operativen Befehlshabers als Tathandlung in Betracht. Weiterhin einschränkend gilt, dass regelmäßig nur besonders offensichtlich unverhältnismäßige Angriffe erfasst sind,[492] wobei auf

489 *Dörmann,* Preparatory Commission for the International Criminal Court: The Elements of War Crimes, International Review of the Red Cross 83 (2001), S. 461 (471) mit Verweis auf die Arbeit der Vorbereitungskommission. Der unverhältnismäßige Schaden muss allerdings mit einem bestimmten Grad an Wahrscheinlichkeit zu erwarten sein, *Pfirter* in: *Lee* (Hrsg.), The International Criminal Court 2001 (S. 148); *Kittichaisaree,* International Criminal Law, 2001, S. 164.

490 *Dörmann* in: *Triffterer/Ambos* (Hrsg.), Commentary on the Rome Statute of the International Criminal Court, 2. Auflage 2008, Art. 8 (Rn. 31); *Arnold* in: *Triffterer/Ambos* (Hrsg.), Commentary on the Rome Statute of the International Criminal Court, 2. Auflage 2008, Art. 8 (Rn. 58).

491 Überzeugend *Dörmann,* Elements of War Crimes under the Rome Statute of the International Criminal Court, 2003, S. 162 mit Verweis auf die Verhandlungen in der Vorbereitungskommission. Ebenso *Fenrick* in der ersten Auflage von *Triffterer/Ambos* (Hrsg.), Commentary on the Rome Statute of the International Criminal Court, Art. 8, Rn. 49, insoweit neutral *Arnold* in: *Triffterer/Ambos* (Hrsg.), Commentary on the Rome Statute of the International Criminal Court, 2. Auflage 2008, Art. 8 (Rn. 58). Im weiteren Schrifttum scheint kein Unterschied zwischen der Tathandlung der Artikel 8(2)(b)(i)-(iii), (ix), (xxiv) und der von Art. 8 (2)(b)(iv) gemacht zu werden, vergleiche zum Beispiel *Werle,* Völkerstrafrecht, 3. Auflage 2012, Rn. 1298; *Schabas,* The International Criminal Court, 2010, S. 230; *Kittichaisaree,* International Criminal Law, 2001, S. 162. Eine Stellungnahme des IStGH gibt es zu dieser Problematik noch nicht, die erste Ansicht ist jedoch überzeugend, da generelle Verhältnismäßigkeitsabwägungen in der Praxis regelmäßig auf höheren Befehlsebenen getroffen werden und einen formellen Planungsprozess beinhalten.

492 *Werle,* Völkerstrafrecht, 3. Auflage 2012, Rn. 1305; *Hebel/Robinson* in: *Lee* (Hrsg.), The International Criminal Court 1999, Crimes within the Jurisdiction of the Court (S. 111); *Kittichaisaree,* International Criminal Law, 2001, S. 162 mit Verweis darauf, dass die Vertragsstaaten bewusst eine von Art. 51 Abs. 5 b) ZP I abweichende Formulierung gewählt haben. A. A. *Dörmann,* Elements of War Crimes under the Rome Statute of the International Criminal Court, 2003, S. 169, sowie die offizielle Position des IKRKs, vergleiche In-

das Urteil eines verobjektivierten, verständigen Befehlshabers aus einer *ex ante* Sicht abzustellen ist.[493] Übertragen auf den Fall des Defekts eines autonomen Systems bedeutet dies, dass es bereits im Vorhinein Anzeichen gegeben haben muss, nach denen eine gestörte Verhältnismäßigkeitsprüfung zu erwarten ist.[494] Denn sofern für einen verständigen Dritten nicht erkennbar war, dass das konkrete System einen Defekt hatte, liegt kein offensichtlich unverhältnismäßiger Angriff vor. Hieraus ergibt sich, dass der Tatbestand nur für das zweite Fehlerszenario relevant sein kann.

Auch für das Vorliegen der inneren Tatseite ist es erforderlich, dass der Fehler vor dem Einsatz erkennbar war. Denn der Täter muss in der Kenntnis handeln, dass sein Angriff unverhältnismäßige Schädigungen hervorrufen wird.[495] Hierbei wird auf den Horizont eines objektiven Dritten abgestellt.[496] Hiervon kann regelmäßig wohl dann ausgegangen werden, wenn es bereits Anzeichen einer Fehlfunktion gab.[497]

ternational Comittee of the Red Cross, Statement of 8 July 1998 Relating to the Bureau Discussion Paper in Document A/CONF.183/C.1/L.53, UN Doc. A/CONF.183/INF/10 zitiert in: *Schabas,* The International Criminal Court, 2010, S. 231, welche denselben Standard wie beim ZP I anwenden wollen.

493 *Arnold* in: *Triffterer/Ambos* (Hrsg.), Commentary on the Rome Statute of the International Criminal Court, 2. Auflage 2008, Art. 8 (Rn. 58). Vergleiche auch Fußnote 36 der Verbrechenselemente. Auch der Begriff „erwartet" ist objektiv auszulegen: *Pfirter* in: *Lee* (Hrsg.), The International Criminal Court 2001 (S. 149).

494 Insgesamt soll den befehlshabenden Offizieren ein weiter Entscheidungsspielraum eingeräumt werden, so dass Fehleinschätzungen nicht sofort den Tatbestand eines Kriegsverbrechens erfüllen, vergleiche *Hebel/Robinson* in: *Lee* (Hrsg.), The International Criminal Court 1999, Crimes within the Jurisdiction of the Court (S. 111); *Kittichaisaree,* International Criminal Law, 2001, S. 162; *Pfirter* in: *Lee* (Hrsg.), The International Criminal Court 2001 (S. 148). Vergleiche auch *Schabas,* The International Criminal Court, 2010, S. 230

495 Dies ergibt sich aus dem dritten Verbrechenselement zu Art. 8 (2)(b)(iv) IStGH-Statut: „The perpetrator knew that the attack would cause incidental death or injury to civilians or damage to civilian objects […] and that such death [… or] injury […] would be of such an extent as to be clearly excessive in relation to the concrete and direct overall military advantage anticipated." Vergleiche auch *Ambos,* Internationales Strafrecht, 4. Auflage 2014, § 7 Rn. 253.

496 *Pfirter* in: *Lee* (Hrsg.), The International Criminal Court 2001 (S. 150); *Kittichaisaree,* International Criminal Law, 2001, S. 163. Wohl auch: *Dörmann,* Elements of War Crimes under the Rome Statute of the International Criminal Court, 2003, S. 164 f.

497 Zusätzlich ist erforderlich, dass der Befehlshaber Vorsatz darauf hat, das getroffene Ziel anzugreifen, wobei sich der Standard des Vorsatzes nach Art. 30 IStGH-Statut richtet, vergleiche *Werle,* Völkerstrafrecht, 3. Auflage 2012, Rn.

2. Art. 8 (2)(b)(xiii) IStGH-Statut

Eine Strafbarkeit nach Art. 8 (2)(b)(xiii) IStGH-Statut[498] scheitert daran, dass, ähnlich wie bei den Tatbeständen, welche schwere Verbrechen gegen die Genfer Konventionen sanktionieren, eine Zerstörung von großem Ausmaß erforderlich ist, ein vereinzelter Zwischenfall mithin nicht genügt.[499]

IV. Sonstige Tatbestände

Bei einer Tötung oder Verwundung von Personen *hors de combat*[500] ist die äußere Tatseite von Art. 8(2)(b)(vi) IStGH-Statut grundsätzlich erfüllt.[501] Eine Strafbarkeit scheitert allerdings wiederum an der inneren Tatseite. Diese

1306. Dies ist regelmäßig unproblematisch, da mit dem Einsatz eines autonomen Systems auch dessen Zielauswahl billigend in Kauf genommen wird.

498 Dieser sanktioniert die Zerstörung von geschütztem Eigentum, welche nicht durch militärische Notwendigkeit gerechtfertigt ist. Für die unterschiedlichen Meinungen in Bezug auf den Schutzbereich, vergleiche *Zimmermann* in: *Triffterer/Ambos* (Hrsg.), Commentary on the Rome Statute of the International Criminal Court, 2. Auflage 2008, Art. 8 (Rn. 144) für die *e.A.*, sowie *Olásolo,* Unlawful attacks in combat situations, 2008, S. 90; *Werle,* Völkerstrafrecht, 3. Auflage 2012, Rn. 1247 für die *A. A.*

499 So der IStGH in IStGH, Beschl. v. 30. September 2008 (Katanga, PTC), Rn. 314 mit Verweis auf Art. 147 GA IV. Für die Rspr. des JStGH vergleiche JStGH, Urt. v. 26. Februar 2001 (Kordic and Cerkez, TC), Rn. 346; JStGH, Prosecutor's Pre-Trial Brief v. 7. Mai 1998 (Kovacevic), S. 16, zitiert in: *Dörmann,* Elements of War Crimes under the Rome Statute of the International Criminal Court, 2003, S. 253. Insoweit kritisch *Werle,* Völkerstrafrecht, 3. Auflage 2012, Rn. 1249 mit dem Argument, dass der Wortlaut von Art. 8(2)(b)(xiii) IStGH-Statut explizit anders sei, als der von Art. 8(2)(a)(iv) IStGH-Statut.

500 Der Schutzbereich der Norm ist umstritten. Umfasst sind wohl nur solche Personen, welche die Voraussetzungen von Art. 43 Abs. 2 ZP I erfüllen, *Werle,* Völkerstrafrecht, 3. Auflage 2012, Rn. 1128 mit Verweis auf den eindeutigen Wortlaut von Art. 8(2)(b)(vi) IStGH-Statut. *A. A. Cottier* in: *Triffterer/Ambos* (Hrsg.), Commentary on the Rome Statute of the International Criminal Court, 2. Auflage 2008, Art. 8 (Rn. 65), welche mit Verweis auf den Wortlaut von Art. 41 ZP I auch Zivilpersonen, welche an den Feindseligkeiten teilnehmen, umfasst sehen.

501 So setzt die äußere Tatseite voraus, dass der Täter eine Person getötet oder verletzt hat (Verbrechenselement 1 zu Art. 8(2)(a)(iv) IStGH-Statut) und dass diese Person *hors de combat* war (Verbrechenselement 2 zu Art. 8(2)(a)(iv) IStGH-Statut). Taugliche Tathandlung sind hierbei nur gezielte Angriffe auf Personen *hors de combat*, bzw. diesbezügliche Anweisungen von Vorgesetzten, *Dörmann,* Elements of War Crimes under the Rome Statute of the International Criminal Court, 2003, S. 185 ff mwN. Hierbei sollte richtigerweise

setzt bei Art. 8(2)(b)(vi) IStGH-Statut positive Kenntnis der Umstände voraus, welche den geschützten Status begründen,[502] Fahrlässigkeit genügt diesbezüglich nicht.[503] Eine positive Kenntnis vor dem Einsatz kann aber nicht vorliegen, da im Vorhinein gar nicht bestimmbar ist, welche Personen oder Objekte ein autonomes System anvisieren wird.

Eine Strafbarkeit nach Art. 8(2)(b)(xx) IStGH-Statut wegen des Einsatzes von Waffen, welche unterschiedslos wirken, kommt zum jetzigen Zeitpunkt noch nicht in Betracht, da die entsprechende Anlage zum Tatbestand nicht verabschiedet wurde.[504] Eine Strafbarkeit nach Art. 8(2)(b)(xii) IStGH-Statut, welcher die Erklärung, dass kein Pardon gegeben wird, unter Strafe stellt, scheidet ebenfalls aus. Im Gegensatz zu dem Verbot in Art. 40 ZP I genügt es nicht, die Feindseligkeiten in der Art und Weise zu führen, dass es keine Überlebenden gibt.[505] Taugliche Tathandlung ist insoweit nur eine direkte Erklärung des Vorgesetzten.[506]

D. Strafbarkeit nach den Grundsätzen der Vorgesetztenverantwortlichkeit

Eine völkerstrafrechtliche Verantwortlichkeit der an dem Einsatz eines autonomen Systems beteiligten Personen lässt sich aber über den Grundsatz

auf die Sicht des autonomen Systems abgestellt werden, so dass ein gezielter Angriff in jedem Fall eines gezielten Anvisierens vorliegt.

502 Vergleiche das dritte Verbrechenselement von Art. 8(2)(b)(vi): „The perpetrator was aware of the factual circumstances that established this status".

503 *Cottier* in: *Triffterer/Ambos* (Hrsg.), Commentary on the Rome Statute of the International Criminal Court, 2. Auflage 2008, Art. 8 (Rn. 70); *Dörmann,* Elements of War Crimes under the Rome Statute of the International Criminal Court, 2003, S. 192.

504 Dies wird wohl auch noch geraume Zeit in Anspruch nehmen, vergleiche *Werle,* Völkerstrafrecht, 3. Auflage 2012, Rn. 1374.

505 Im Rahmen der Vorbereitungskommission des IStGH-Statuts wurde der Zusatz „oder die Feindseligkeiten in diesem Sinne zu führen" aus dem Wortlaut von Art. 8 (2)(b)(xii) gestrichen, vergleiche *Cottier* in: *Triffterer/Ambos* (Hrsg.), Commentary on the Rome Statute of the International Criminal Court, 2. Auflage 2008, Art. 8 (Rn. 131). Dies deckt sich auch mit der bisherigen Rspr. der *Ad hoc*-Tribunale zu diesem Tatbestand, vergleiche *Dörmann,* Elements of War Crimes under the Rome Statute of the International Criminal Court, 2003, S. 247 f mwN.

506 Täter kann insoweit nur ein Offizier ab einer bestimmten Rangstufe sein, vergleiche *Schabas,* The International Criminal Court, 2010, S. 239.

der Vorgesetztenverantwortlichkeit begründen. Die Vorgesetztenverantwortlichkeit ist eine Rechtsfigur des Völkerstrafrechts, nach welcher Vorgesetzte für die Taten ihrer Untergebenen zur Verantwortung gezogen werden können, sofern sie nicht alles in ihrer Macht stehende getan haben, die Begehung der Verbrechen zu verhindern, zu bestrafen oder zu melden. Dieser Rechtsgedanke ist sehr gut auf die Fehlerszenarien bei den Einsätzen autonomer Systeme übertragbar. So ist das autonome System, ähnlich einem menschlichen Untergebenen, unmittelbar Verursacher der völkerrechtswidrigen Handlung. Damit steht der Defekt dem Völkerrechtsverbrechen eines Untergebenen inhaltlich sehr nahe. Die Abläufe des Einsatzes eines autonomen Systems mit den verschiedenen Befehlshierarchien ähneln zudem einer klassischen Vorgesetzten-Untergebenen-Konstruktion. Obwohl eine direkte Strafbarkeit unmittelbar aus der Rechtsfigur der Vorgesetztenverantwortlichkeit (I.) an dem Vorliegen eines Grundverbrechens eines Untergebenen scheitert (II.), liegen die sonstigen Voraussetzungen vor (III.), weshalb eine Analogie möglich und geboten erscheint (IV.).

I. Zur Rechtsfigur der Vorgesetztenverantwortlichkeit

Nach einer längeren Entwicklungsgeschichte[507] ist das gewohnheitsrechtliche[508] Prinzip der Vorgesetztenverantwortlichkeit nunmehr in Art. 28

507 Erste Ansätze der Idee einer Vorgesetztenverantwortlichkeit finden sich bereits in völkerrechtlichen Abkommen des 19. und des beginnenden 20. Jahrhunderts. Parallel hierzu setzte sich zwischen den beiden Weltkriegen in den nationalen Strafrechtsrechtsordnungen langsam das Prinzip der indirekten individuellen Verantwortlichkeit durch. Der eigentliche Durchbruch erfolgte dann nach dem Zweiten Weltkrieg mit den Urteilen des IMG und des IMGFO. Diese sprachen Urteile basierend auf dem Prinzip der Vorgesetztenverantwortlichkeit aus, obwohl dieses Prinzip sich damals nicht in ihren Statuten befand. Eine erste Kodifizierung erfolgte dann erst 1977 im Rahmen der Genfer Zusatzprotokolle mit der Einführung von Art. 86 Abs. 2 ZP I, welcher fortan eine Form der Vorgesetztenverantwortlichkeit für schwere Verletzungen der Genfer Abkommen festlegt. Im Anschluss daran, wurde das Prinzip der Vorgesetztenverantwortlichkeit auch in den Statuten der *ad hoc*- Tribunale verankert, bevor es schließlich Eingang in Art. 28 IStGH-Statut fand. Hierzu umfassend *Werle,* Völkerstrafrecht, 3. Auflage 2012, Rn. 540.

508 *Henckaerts/Doswald-Beck,* Customary International Humanitarian Law – Vol. I: Rules, 2005, Regel 153. Für die Rspr. der *ad hoc*-Tribunale vergleiche auszugsweise: JStGH, Urt. v. 16. November 1998 (Delalic, TC), Rn. 333; JStGH, Urt. v. 20. Februar 2001 (Delalic, AC), Rn. 195; JStGH, Urt. v. 16. November 2005 (Halilovic, TC), Rn. 55; JStGH, Urt. v. 30. Juni 2006 (Oric, TC), Rn. 291; JStGH, Urt. v.15. März 2006 (Hadzihasanovic, TC), Rn. 65. Verglei-

IStGH-Statut kodifiziert. Die genaue Rechtsnatur der Vorgesetztenverantwortlichkeit ist in Rechtsprechung und Schrifttum umstritten. Sofern nicht von einer wechselnden Rechtsnatur ausgegangen wird,[509] wird sie teilweise als echtes Unterlassungsdelikt und damit als gesonderter Tatbestand,[510] teilweise auch als besondere Form der unechten Unterlassungshaftung[511] qualifiziert. Richtigerweise ist davon auszugehen, dass die Vorgesetztenverantwortlichkeit eine völkerstrafrechtliche Verantwortlichkeit *sui generis* darstellt,[512] ein Streitentscheid kann letztendlich aber dahinstehen, da zu-

che ebenfalls Report of the International Commission of Inquiry on Darfur to the Secretary General Pursuant to Security Council resolution 1564 (2004) vom 18. September 2004 (UN Doc S/2005/60), S. 12, Fn. 1. Ob allerdings das Prinzip genauso wie es in Art. 30 IStGH-Statut kodifiziert wurde dem Gewohnheitsrecht entspricht, ist nicht eindeutig, *Cassese/Acquaviva/Fan/Whiting,* Cassese's International Criminal Law, 3. Auflage 2013, S. 39.

509 So schlägt *Meloni* vor, die Rechtsnatur von der Art der Pflichtverletzung des Vorgesetzten abhängig zu machen, also davon, ob der Schwerpunkt der Vorwerfbarkeit auf der Verletzung präventiver Pflichten, repressiver Pflichten oder Meldepflichten liegt, *Meloni,* Command Responsibility in International Criminal Law, 2010, S. 143 ff. Ähnlich *Cassese/Acquaviva/Fan/Whiting,* Cassese's International Criminal Law, 3. Auflage 2013, S. 192.

510 So zum Beispiel *Schabas,* The International Criminal Court, 2010, S. 457; *Ambos,* Joint Criminal Enterprise and Command responsibility, Journal of International Criminal Justice 5 (2007), S. 159 (176); *Sliedregt,* The criminal responsibility of individuals for violations of international humanitarian law, 2003, S. 222. Auch die *ad hoc*-Tribunale folgten anfangs dieser Einstufung, vergleiche JStGH, Urt. v. 25. Juni 1999 (Aleksovski, TC), Rn. 67; JStGH, Urt. v. 26. Februar 2009 (Milutinovic, TC), Rn. 79. Diese Ansicht ist zumindest in Bezug auf den IStGH-Statut aber nicht mehr haltbar, da die Vorgesetztenverantwortlichkeit im allgemeinen Teil des Statuts und nicht in dem (abschließenden) Verbrechenskatalog des Art. 5(1) IStGH-Statut aufgeführt ist, *Arnold* in: *Triffterer/Ambos* (Hrsg.), Commentary on the Rome Statute of the International Criminal Court, 2. Auflage 2008, Art. 28 (Rn. 90).

511 In diesem Sinne *Olásolo,* Unlawful attacks in combat situations, 2008, S. 190.

512 Allein diese Ansicht wird der Tatsache gerecht, dass sich der Schuldvorwurf sowohl auf das von dem Untergebenen begangene Verbrechen, als auch auf eigenes Unterlassen des Vorgesetzten stützt. Damit liegt die Vorgesetztenverantwortlichkeit richtigerweise irgendwo zwischen einer Teilnahme am Delikt des Untergebenen und einer Verantwortlichkeit für eigenes Unterlassen. Ebenso *Arnold* in: *Triffterer/Ambos* (Hrsg.), Commentary on the Rome Statute of the International Criminal Court, 2. Auflage 2008, Art. 28 (Rn. 90); *Mettraux,* The Law of Command Responsibility, 2009, S. 38; *Triffterer,* „Command responsibility" – crimen sui generis or participation as „otherwise provided" in Art. 28 of the Rome Statute? in: Arnold (Hrsg.), Menschengerechtes Strafrecht, 2005, S. 901 (921); *Werle,* Völkerstrafrecht, 3. Auflage 2012, Rn. 544. Wohl auch *Burghardt,* Die Vorgesetztenverantwortlichkeit im völkerrechtlichen Straftatsystem, 2008,

mindest über die Existenz und die einzelnen Voraussetzungen der Vorgesetztenverantwortlichkeit Einigkeit besteht.

Die Vorgesetztenverantwortlichkeit ist grundsätzlich subsidiär gegenüber einer Strafbarkeit aus eigener Handlung,[513] der Grundsatz der Subsidiarität greift vorliegend aber nicht, da wie oben dargelegt wurde, bei den möglichen Fehlerszenarien keine Strafbarkeit der beteiligten Personen aus eigener Handlung in Betracht kommt.

II. Fehlende Gleichsetzbarkeit mit dem Verbrechen eines Untergebenen

Eine Strafbarkeit aus einer direkten Anwendung der Vorgesetztenverantwortlichkeit scheitert an dem fehlenden Vorliegen der Vor-Voraussetzung des Grundverbrechens eines Untergebenen[514].[515] So kann keines der Fehlerszenarien mit einem völkerstrafrechtlichen Verbrechen eines menschlichen Untergebenen gleichgesetzt werden. Bereits die für ein Verbrechen stets erforderliche *mens rea* kann bei Maschinen nicht vorliegen. Denn nach Art. 30 IStGH-Statut setzt sich *mens rea* aus Wissen und Wollen[516] zusammen. Wis-

S. 403. Auch die *ad hoc*-Tribunale scheinen sich mittlerweile dieser Ansicht angeschlossen zu haben, vergleiche SGSL, Urt. v. 2. August 2007 (Fofana, TC), Rn. 234; JStGH, Urt. v. 16. November 2005 (Halilovic, TC), Rn. 78; JStGH, Urt. v. 15. März 2006 (Hadzihasanovic, TC), Rn. 75; JStGH, Urt. v. 15. September 2008 (Delic, TC), Rn. 562. Dies ist wohl auch die Ansicht des IStGH, wenngleich eine eindeutige Positionierung bisher noch ausgeblieben ist, vergleiche IStGH, Beschl. v. 15. Juni 2009 (Bemba, PTC), Rn. 405.

513 IStGH, Beschl. v. 15. Juni 2009 (Bemba, PTC), Rn. 342; *Meloni,* Command Responsibility in International Criminal Law, 2010, S. 212.

514 Obwohl diese Voraussetzung vom IStGH in seinem *Bemba*-Urteil nur indirekt angesprochen wurde, IStGH, Beschl. v. 15. Juni 2009 (Bemba, PTC), Rn. 420, 423, 426, 478, ergibt sich die Bedingung aus dem Wortlaut von Art. 28(1) (a) IStGH-Statut und entspricht auch der bisherigen Rspr. der *Ad hoc*-Tribunale, vergleiche zum Beispiel JStGH, Urt. v. 3. März 2000 (Blaskic, TC), Rn. 291; JStGH, Urt. v. 30. Juni 2006 (Oric, TC), Rn. 295 ff; RStGH, Urt. v. 21. Mai 1999 (Kayishema, TC), Rn. 475 f. Vergleiche auch *Mettraux,* The Law of Command Responsibility, 2009, S. 131 ff; *Meloni,* Command Responsibility in International Criminal Law, 2010, S. 84 ff und 147.

515 Mit demselben Ergebnis *Frau,* Völkerstrafrechtliche Aspekte automatisierter und autonomer Kriegsführung in: Frau (Hrsg.), Drohnen und das Recht, 2014, S. 233 (244), welcher allerdings den Schritt zu einer Analogie nicht für notwendig hält.

516 Beziehungsweise „intent and knowledge" in der englischen Version, Art. 30 Abs. 1 IStGH-Statut. Zur Kritik an der deutschen Übersetzung vergleiche *Werle,*

sen ist im Weiteren als „Bewusstsein, dass ein Umstand vorliegt oder dass im gewöhnlichen Verlauf der Ereignisse eine Folge eintreten wird“[517] definiert. Auch wenn autonome Waffensysteme die Fähigkeit besitzen werden, ihre Umgebung mittels Rezeptoren wahrzunehmen und Kausalprozesse zu verarbeiten, so ist höchst fraglich, ob dieses mit einem „Bewusstsein“ i.S.v. Art. 30 IStGH-Statut gleichgesetzt werden kann. Gleiches gilt für das Element des „Wollens“, welches, wenn überhaupt, nur bei Vorliegen einer Form von künstlicher Intelligenz, vergleichbar mit dem menschlichen Gehirn, denkbar ist. Eine vertiefende Diskussion kann dahinstehen, da jedenfalls das IStGH-Statut zum jetzigen Zeitpunkt eine Verantwortlichkeit nichtmenschlicher Entitäten nicht vorsieht.[518]

Dieses Ergebnis vermag sich auch nicht zu ändern, wenn man der Position im Schrifttum folgt, wonach es für eine Vorgesetztenverantwortlichkeit keiner vollen strafrechtlichen Verantwortlichkeit des Untergebenen bedarf.[519] Denn diese Position bezieht sich ausschließlich auf Fälle, in denen eine Strafbarkeit des Untergebenen am Vorliegen von Schuldausschließungsgründen scheitert,[520] nicht aber auf Fälle, in denen bereits die Voraussetzungen der inneren Tatseite nicht erfüllt sind.

III. Vorliegen der sonstigen Voraussetzungen

Allerdings bietet es sich an, die Rechtsfigur der Vorgesetztenverantwortlichkeit auf die Fehlerszenarien bei den Einsätzen autonomer Waffensysteme im Wege der Analogie anzuwenden, da deren weitere Voraussetzungen[521] regelmäßig vorliegen werden.

Völkerstrafrecht, 3. Auflage 2012, Rn. 430.

517 Art. 30 Abs. 3 IStGH-Statut.

518 Vergleiche bereits *supra* S. 98.

519 *Meloni,* Command Responsibility in International Criminal Law, 2010, S. 153 mit einer Parallele zu Art. 25(3)(a) IStGH-Statut.

520 *Meloni,* Command Responsibility in International Criminal Law, 2010, S. 153.

521 Vergleiche hierzu IStGH, Beschl. v. 15. Juni 2009 (Bemba, PTC), Rn. 407. Mit Ausnahme des von Art. 28 IStGH-Statut neu eingeführten Kausalitätserfordernisses wurden dieselben Voraussetzungen von den *ad hoc*-Tribunalen definiert, vergleiche zum Beispiel JStGH, Urt. v. 16. November 2005 (Halilovic, TC), Rn. 56; JStGH, Urt. v. 15. März 2006 (Hadzihasanovic, TC), Rn. 76 ff; JStGH, Urt. v. 15. September 2008 (Delic, TC), Rn. 56; RStGH, Urt. v. 18. Dezember 2008 (Bagosora, TC), Rn. 2011 und haben gewohnheitsrechtlichen Status, vergleiche Regel 153 in: *Henckaerts/Doswald-Beck,* Customary International Humanitarian Law – Vol. I: Rules, 2005.

1. Militärischer oder ziviler Befehlshaberstatus

Ein militärischer[522] oder ziviler[523] Befehlshaberstatus wird bei allen am Einsatz autonomer Systeme beteiligten Personen regelmäßig vorliegen, da der Einsatz im Rahmen einer militärischen Operation erfolgt und die Beteiligten Angehörige der Streitkräfte des Ursprungsstaates sein werden.

2. Pflichtverletzung

Auch eine Subsumtion unter die zweite Voraussetzung, die Verletzung einer Handlungs- oder Aufsichtspflicht[524] ist unproblematisch möglich. Art. 28(a) (ii) IStGH-Statut sieht drei mögliche Pflichtverletzungen des militärischen Befehlshabers vor: die Verletzung einer präventiven Pflicht[525] (a.), die Verletzung einer repressiven Pflicht[526] (b.) und die Verletzung einer Meldepflicht[527] (c.).

522 Ein militärischer Befehlshaberstatus umfasst sämtliche Formen offiziell eingesetzter militärischer Vorgesetzter innerhalb einer hierarchisch strukturierten militärischen Befehlskette (*de jure*-Befehlshaber), aber auch Personen, welche auf Grund tatsächlicher Befehlsgewalt weisungsbefugt sind (*de facto*-Befehlshaber) wie zum Beispiel Befehlshaber in Milizen oder privaten Söldnertrupps, IStGH, Beschl. v. 15. Juni 2009 (Bemba, PTC), Rn. 408 ff; *Werle,* Völkerstrafrecht, 3. Auflage 2012, S. 548: Rn. 550.

523 Der zivile Vorgesetztenstatus umfasst alle Personen, welche keine offizielle militärische Position innehaben, sondern sonstige Befehlsgewalt ausüben, *Arnold* in: *Triffterer/Ambos* (Hrsg.), Commentary on the Rome Statute of the International Criminal Court, 2. Auflage 2008, Art. 28 (Rn. 99); *Meloni,* Command Responsibility in International Criminal Law, 2010, S. 155; *Schabas,* The International Criminal Court, 2010, S. 459. Die Verantwortlichkeit des zivilen Befehlshabers ist in Art. 28 (b) geregelt und enthält z.T. von Art. 28 (a) leicht abweichende Voraussetzungen, insbesondere in Bezug auf die innere Tatseite vergleiche *Werle,* Völkerstrafrecht, 3. Auflage 2012, Rn. 551, ist aber insgesamt in Bezug auf die Fehlerszenarien autonomer Systeme nicht weiter von Relevanz.

524 Weiterführend *Werle,* Völkerstrafrecht, 3. Auflage 2012, Rn. 560.

525 Art. 28 (a)(ii) 1. Variante IStGH-Statut. Diese Tatvariante geht auf Art. 86(2) ZP I zurück und findet sich auch in den Statuten der *Ad hoc*-Tribunale, vergleiche Art. 7 (3) JStGH-Statut, Art. 6 (3) RStGH-Statut und Art. 6 (3) SGSL-Statut.

526 Art. 28 (a)(ii) 2. Variante IStGH-Statut. Diese Tatvariante geht auf Art. 87(3) ZP I zurück und findet sich ebenfalls in den *Ad hoc* –Statuten, vergleiche Art. 7 (3) JStGH-Statut, Art. 6 (3) RStGH-Statut und Art. 6 (3) SGSL-Statut.

527 Die Tatvariante des Art. 28 (a)(ii) 3. Variante wurde mit dem IStGH-Statut neu eingeführt.

a. Verletzung präventiver Pflichten

Adressat der präventiven Pflichten ist allein der operative Befehlshaber im zweiten Fehlerszenario. Eine Verletzung präventiver Pflichten kann potentiell darin liegen, dass er das defekte System auswählt und dessen Einsatz befiehlt. Denn der IStGH hat in Anlehnung an die Rechtsprechung der *Ad hoc*-Tribunale folgende typische Fallgruppen einer Verletzung präventiver Pflichten etabliert: Zum einen hat der Befehlshaber zu gewährleisten, dass die ihm unterstehenden Truppen ausreichend im humanitären Völkerrecht ausgebildet sind.[528] Übertragen auf den Einsatz eines autonomen Systems, kann dies nur mit der völkerrechtskonformen Programmierung autonomer Waffensysteme gleichgesetzt werden. Zum anderen hat der Befehlshaber Berichte zu veranlassen, dass die militärischen Aktionen in Übereinstimmung mit dem Völkerrecht durchgeführt werden.[529] Übertragen auf den Einsatz eines autonomen Systems kann dies mit der regelmäßigen Auswertung der Einsätze autonomer Systeme an Hand aufgezeichneter Daten gleichgesetzt werden. Hierzu müsste ein, einem Flugschreiber vergleichbares, Gerät in ein autonomes System eingebaut werden, welches im Nachhinein regelmäßig ausgewertet werden müsste. Hierbei hat der operative Befehlshaber die Pflicht, sich regelmäßig von der korrekten Funktionsweise eines autonomen Systems zu überzeugen, andernfalls darf er es nicht weiter einsetzen. Schließlich hat der Befehlshaber die entsprechenden Befehle zu erteilen, um die Praktiken seiner Untergebenen in Konformität mit dem humanitären Völkerrecht zu bringen[530] sowie disziplinarische Maßnahmen zu ergreifen, um die Begehung von Kriegsverbrechen zu verhindern.[531] Diese letzte Pflicht kann nur mit einer Re-Programmierung eines defekten Systems beziehungsweise einer Neutralisierung im Fall einer Irreparabilität gleichgesetzt werden.

Alle diese Pflichten hat der operative Befehlshaber potentiell in dem Moment verletzt, in welchem er den Befehl zum Einsatz des defekten Systems erteilt, da es ihm oblag, nur ein korrekt funktionierendes und völkerrechtskonform programmiertes System einzusetzen.

528 IStGH, Beschl. v. 15. Juni 2009 (Bemba, PTC), Rn. 438.

529 IStGH, Beschl. v. 15. Juni 2009 (Bemba, PTC), Rn. 438 mit Verweis auf JStGH, Urt. v. 31. Januar 2005, (Strugar, TC), Rn. 374; JStGH, Urt. v.15. März 2006 (Hadzihasanovic, TC), Rn. 153.

530 IStGH, Beschl. v. 15. Juni 2009 (Bemba, PTC), Rn. 438.

531 IStGH, Beschl. v. 15. Juni 2009 (Bemba, PTC), Rn. 438.

b. Verletzung repressiver Pflichten

Adressat der repressiven Pflichten ist der Offizier *on the loop* und teilweise auch der operative Befehlshaber, jeweils sowohl im zweiten als auch im dritten Fehlerszenario. Eine Verletzung der Pflichten kann im Einzelfall darin liegen, dass der Offizier die Überwachung fehlerhaft durchgeführt und das defekte System nicht rechtzeitig mittels eines Deaktivierungsmechanismus neutralisiert hat.

In Bezug auf die Verpflichtung eines Befehlshabers, nach einem von Untergebenen begangenen Kriegsverbrechen repressive Maßnahmen zu ergreifen, identifiziert der IStGH nämlich zwei Handlungspflichten: Sind die Verbrechen gerade im Begriff, begangen zu werden, so muss der Befehlshaber alles tun, um ihre weitere Begehung zu verhindern.[532] Dies setzt allerdings voraus, dass er von ihrer Begehung Kenntnis hatte oder diese kennen musste.[533] Bezogen auf den Fall eines defekten Systems bedeutet dies, dass diese Pflicht nur den Offizier *on the loop* treffen kann, da dieser den laufenden Einsatz verfolgt und so als einziger Kenntnis von dem Verlauf der Mission hat. Der Offizier hat in diesem Fall die Pflicht, den weiteren Einsatz zu stoppen und das autonome zu deaktivieren.

Wurde das Verbrechen bereits begangen, so besteht lediglich die Pflicht des Befehlshabers, seine Untergebenen zu bestrafen.[534] Diese Pflicht entsteht in dem Moment, in dem der Befehlshaber von der Begehung des Verbrechens erfährt.[535] Eine direkte Übertragung auf den Fall eines defekten Systems ist nicht möglich, da in Bezug auf eine Bestrafung eine Parallele zwischen einem menschlichen Untergebenen und einer Maschine nicht möglich und auch nicht sinngemäß erscheint.[536] Stellt man auf den Sinn und Zweck

532 IStGH, Beschl. v. 15. Juni 2009 (Bemba, PTC), Rn. 439 mit Verweis auf JStGH, Urt. v. 31. Januar 2005, (Strugar, TC), Rn. 446 und JStGH, Urt. v.15. März 2006 (Hadzihasanovic, TC), Rn. 127.

533 So wohl auch IStGH, Beschl. v. 15. Juni 2009 (Bemba, PTC), Rn. 439. Ebenso *Mettraux,* The Law of Command Responsibility, 2009, S. 233.

534 IStGH, Beschl. v. 15. Juni 2009 (Bemba, PTC), Rn. 439. Vergleiche auch JStGH, Urt. v.15. März 2006 (Hadzihasanovic, TC), Rn. 127 und JStGH, Urt. v. 31. Januar 2005, (Strugar, TC), Rn. 446.

535 *Meloni,* Command Responsibility in International Criminal Law, 2010, S. 168; *Mettraux,* The Law of Command Responsibility, 2009, S. 234.

536 An dieser Stelle sei nur kurz auf die weitergehende Diskussion in der Literatur zu diesem Thema verwiesen. So vertritt *Arkin* die Ansicht, dass eine Bestrafung autonomer Waffensysteme mittels eines *Ethical Govenors* möglich sein wird, vergleiche *Arkin,* Governing lethal behavior in autonomous robots, 2009; *A. A. Sharkey,* Saying 'No!' to Lethal Autonomous Targeting, Journal of Military Ethics 9 (2010), S. 369 (381), welcher die Möglichkeit einer Bestrafung

der Bestrafung des menschlichen Untergebenen ab, nämlich die Verhinderung, dass dieser ähnliche Verbrechen in Zukunft noch einmal begeht, wäre möglicherweise ein Vergleich mit der dauerhaften Immobilisierung des defekten Systems vergleichbar. Diese Pflicht träfe neben dem Offizier *on the loop* auch den operativen Befehlshaber und zwar insoweit es um die Neutralisierung des defekten Systems geht, so dass dieses in Zukunft nicht mehr zum Einsatz kommt.

c. Verletzung von Meldepflichten

Adressat der Meldepflichten sind sowohl der operative Befehlshaber als auch der Soldat und der Offizier *on the loop.* Inhalt der Meldepflicht ist die Weiterleitung der Angelegenheit an die zuständigen Behörden zur Untersuchung und Strafverfolgung.[537] Diese Pflicht entsteht erst, nachdem das Verbrechen bereits begangen wurde.[538]

In Bezug auf den Defekt eines autonomen Systems bedeutet dies, dass alle im Zusammenhang mit dem System involvierten Personen einen Defekt an die zuständige Stelle melden müssen, sobald sie hiervon Kenntnis erlangen oder erlangen hätten können. Insbesondere trifft dies den Soldaten, der den Startknopf betätigt und den Offizier *on the loop.*

3. Tatsächliche Befehls- beziehungsweise Führungsgewalt und Kontrolle

Das Merkmal der tatsächlichen Befehls- beziehungsweise Führungsgewalt[539] des Vorgesetzten über den Untergebenen ist unproblematisch anzunehmen. Denn tatsächliche Befehls- beziehungsweise Führungsgewalt besteht bereits dann, wenn die materielle Möglichkeit, eine Verbrechensbegehung zu ver-

kategorisch ablehnt. Insoweit zweifelnd *Lin/Bekey/Abney,* Autonomous Military Robotics: Risk, Ethics, and Design, 20.12.2008, S. 55–62; *Sparrow,* Killer Robots, Journal of Applied Philosophy 24 (2007), S. 62 (66); *Schörnig,* Die Automatisierung des Krieges: Eine kritische Bestandsaufnahme in: Schmidt-Radefeldt/Meissler (Hrsg.), Automatisierung und Digitalisierung des Krieges, 2012, S. 33 (56). Für eine grundlegende Arbeit zur Bestrafung von künstlicher Intelligenz *Hallevy,* The Criminal Liability of Artificial Intelligence Entities, 2010, S. 33–40.

537 IStGH, Beschl. v. 15. Juni 2009 (Bemba, PTC), Rn. 442; *Meloni,* Command Responsibility in International Criminal Law, 2010, S. 169.

538 IStGH, Beschl. v. 15. Juni 2009 (Bemba, PTC), Rn. 442.

539 Der Ausdruck „Befehlsgewalt" bezieht sich hierbei auf *de jure* – Befehlshaber, der Ausdruck „Führungsgewalt" auf *de facto* – Befehlshaber, IStGH, Beschl. v. 15. Juni 2009 (Bemba, PTC), Rn. 412 f.

hindern oder zu bestrafen[540] vorliegt, was regelmäßig in einem Vorgesetzten-Untergebenen-Verhältnis impliziert ist.[541] Übertragen auf den Fall eines autonomen Waffensystems ist dies sowohl bei dem Offizier *on the loop,* als auch bei dem operativen Befehlshaber anzunehmen, da beide es in der Hand haben, das System zu deaktivieren beziehungsweise über dessen dauerhafte Immobilisierung zu entscheiden. Es kann diesbezüglich auch dahinstehen, zu welchem Zeitpunkt die Kontrolle des Befehlshabers über den Untergebenen vorgelegen haben muss,[542] da eine Demobilisierung und damit eine effektive Kontrolle jedenfalls mittels eines Deaktivierungsmechanismus über den gesamten Einsatz vorliegt.

4. Kausalitätserfordernis

Die durch den Defekt verursachten Schäden werden sich auch regelmäßig als Folge der Pflichtverletzung des operativen Befehlshabers, beziehungsweise des Offiziers *on the loop* darstellen. Das Kausalitätserfordernis besteht zumindest in Bezug auf nach der Pflichtverletzung begangene Verbrechen.[543] Es handelt sich hierbei nicht um eine Kausalität im Sinne einer

540 IStGH, Beschl. v. 15. Juni 2009 (Bemba, PTC), Rn. 415 mit Verweis auf: JStGH, Urt. v. 20. Februar 2001 (Delalic, AC), Rn. 256; RStGH, Urt. v. 27. Januar 2000 (Musema, TC), Rn. 135; RStGH, Urt. v. 3. Juli 2002 (Bagilishema, AC), Rn. 51.

541 So IStGH, Beschl. v. 15. Juni 2009 (Bemba, PTC), Rn. 414 ff, welcher jedoch trotzdem auf die Umstände des Einzelfalles abstellen will.

542 Für die Ansicht, dass die Kontrolle im Zeitpunkt der Verbrechensbegehung vorliegen muss vergleiche JStGH, Urt. v. 16. November 2005 (Halilovic, TC), Rn. 61; RStGH, Urt. v. 18. Dezember 2008 (Bagosora, TC), Rn. 2012; für die Ansicht, dass es auf den Zeitpunkt der eigenen Pflichtverletzung ankommt, vergleiche zum Beispiel JStGH, Urt. v. 30. Juni 2006 (Oric, TC), Rn. 327 und 335; SGSL, Urt. v. 2. März 2009 (Sesay, TC), Rn. 299; für die Notwendigkeit effektiver Kontrolle zu beiden Zeitpunkten: *Mettraux,* The Law of Command Responsibility, 2009, S. 191; *Greenwood,* Command responsibility and the Hadzihasanovic Decision, International Journal of Criminal Justice 2 (2004), S. 598 (599); JStGH, Urt. v. 3. Juli 2008 (Oric, AC), Rn. 165, Hadzihasanovic, Interlocutary Appeal Decision, Rn. 37. Der IStGH hat sich bisher noch nicht eindeutig positioniert. So urteilte er in Bemba, dass die Kontrolle jedenfalls zu dem Zeitpunkt der Verbrechensbegehung bestehen muss, schloss aber auch eine später weitergehendes Kriterium nicht aus, vergleiche IStGH, Beschl. v. 15. Juni 2009 (Bemba, PTC), Rn. 419.

543 Ein solches Kausalitätserfordernis wurde noch von den *ad hoc*-Tribunalen zum größten Teil abgehlehnt, vergleiche zum Beispiel: JStGH, Urt. v. 29. Juli 2004 (Blaskic, TC), Rn. 77; JStGH, Urt. v. 22. April 2008 (Hadzihasanovic, AC), Rn. 38 f; JStGH, Urt. v. 17. Dezember 2004 (Kordic und Cerkez, AC), Rn.

condicio sine qua non- Bedingung, Kausalität ist vielmehr bereits dann anzunehmen, wenn die Pflichtverletzung des Befehlshabers das Risiko der Verbrechensbegehung erhöht hat.[544] Dies bedeutet, dass die unsorgfältige Prüfung der korrekten Funktionsweise durch den operativen Befehlshaber im zweiten Fehlerszenario das Risiko von Schäden durch die Fehlfunktion erhöht haben muss. Gleichfalls muss die nicht ordnungsgemäße Überwachung des Offiziers *on the loop* im zweiten und dritten Fehlerszenario das Risiko weiterer Schäden durch die Fehlfunktion erhöht haben. Beides ist unproblematisch anzunehmen.

5. Innere Tatseite

Im Gegensatz zu den Verbrechen aus eigener Handlung wird auch die innere Tatseite bei der Vorgesetztenverantwortlichkeit regelmäßig vorliegen. Denn im Vergleich zu Art. 30 IStGH-Statut enthält Art. 28(a) IStGH-Statut einen abgesenkten Vorsatzstandard.[545] Die innere Tatseite setzt nur die Kenntnis oder das Kennenmüssen des Grundverbrechens durch den Vorgesetzten voraus.[546] Von einer Kenntnis – also dem positiven Wissen von der

830 ff, dafür allerdings: JStGH, Urt. v.15. März 2006 (Hadzihasanovic, TC), Rn. 188, ergab sich aber auch nicht eindeutig aus den Statuten der Gerichtshöfe. Der (von den Statuten der Gerichtshöfe abweichende) Wortlaut des Art. 28 (a) IStGH-Statut ist nach dem IStGH dahingehend zu interpretieren, dass ein Kausalitätserfordernis nur für nach der Pflichtverletzung begangene Verbrechen besteht, vergleiche IStGH, Beschl. v. 15. Juni 2009 (Bemba, PTC), Rn. 424; *Schabas,* The International Criminal Court, 2010, S. 462. A. A. *Werle,* welcher das Kausalitätserfordernis nur für die Verletzung präventiver Pflichten gelten lassen will, *Werle,* Völkerstrafrecht, 3. Auflage 2012, Rn. 574, wohl ebenso: *Cryer,* Prosecuting international crimes, 2005, S. 323. *Mettraux* verlangt neben eine Kausalität zwischen der Verletzung präventiver Pflichten und der Begehung des Verbrechens auch eine Kausalität zwischen der Verletzung einer repressiven Pflicht und der daraus resultierenden Straffreiheit des Untergebenen, *Mettraux,* The Law of Command Responsibility, 2009, S. 82.

544 *Ambos* in: *Cassese/Gaeta/Jones* (Hrsg.), The Rome Statute of the International Criminal Court – A Commentary 2002, Superior responsibility (S. 860), zustimmend: IStGH, Beschl. v. 15. Juni 2009 (Bemba, PTC), Rn. 425.

545 *Schabas,* The International Criminal Court, 2010, 463; *Arnold* in: *Triffterer/Ambos* (Hrsg.), Commentary on the Rome Statute of the International Criminal Court, 2. Auflage 2008, Art. 28 (Rn. 114); *Werle,* Völkerstrafrecht, 3. Auflage 2012, Rn. 554, wohl auch: IStGH, Beschl. v. 15. Juni 2009 (Bemba, PTC), Rn. 354.

546 Vergleiche Art. 28(a)(i) IStGH-Statut, sowie weiterführend *Meloni,* Command Responsibility in International Criminal Law, 2010, S. 179 ff; *Mettraux,* The Law of Command Responsibility, 2009, S. 197 ff.

Begehung der Tat durch den Untergebenen[547] – wird man regelmäßig nicht ausgehen können, da dies das Wissen um den Defekt voraussetzte. Für ein Kennenmüssen i.S.v. Art. 30 IStGH-Statut scheint der IStGH aber bereits einfache Fahrlässigkeit genügen zu lassen.[548] Insofern ist die innere Tatseite immer dann erfüllt, wenn der operative Befehlshaber bei Ausübung seiner Prüfungspflichten hätte wissen müssen, dass es sich um ein defektes Waffensystem handelt beziehungsweise der Offizier *on the loop* dieses bei sorgfältiger Überwachung während des Einsatzes hätte erkennen können.

IV. Zwischenergebnis: Anpassung der Verträge erforderlich

Zusammenfassend ist damit festzustellen, dass die Rechtsfigur der Vorgesetztenverantwortlichkeit die Verantwortlichkeit im Fall der Fehlerszenarien autonomer Systeme sehr gut erfasst. Eine direkte Anwendung der Vorschriften scheitert jedoch daran, dass der Defekt nicht als Grundverbrechen eines Untergebenen qualifiziert werden kann. Eine analoge Anwendung würde dem Grundsatz der Normbindung[549] und des Verbots der strafbegründenden Analogie[550] im Völkerstrafrecht zuwiderlaufen. Zur Vermeidung von Strafbarkeitslücken sollte deshalb eine Anpassung des Romstatuts durch die Vertragsparteien erfolgen.

547 IStGH, Beschl. v. 15. Juni 2009 (Bemba, PTC), Rn. 429.

548 IStGH, Beschl. v. 15. Juni 2009 (Bemba, PTC), Rn. 432 f mit der Begründung, dass an das Wissen von Befehlshabern auf Grund ihrer besonderen Position verschärfte Anforderungen gestellt werden muss und der Befehlshaber die aktive Pflicht hat, sich über das Verhalten seiner Untergebenen zu informieren und diesbezügliche Nachforschungen anzustellen. Ebenso: *Meloni,* Command Responsibility in International Criminal Law, 2010, S. 185. Diesbezüglich kritisch: *Mettraux,* The Law of Command Responsibility, 2009, S. 211 ff.

549 Vergleiche Art. 22(1) IStGH-Statut, wonach eine Person nur dann strafrechtlich verantwortlich gemacht werden kann, wenn das fragliche Verhalten zum Zeitpunkt der Tat den Tatbestand eines der Gerichtsbarkeit des IStGH unterliegenden Verbrechens erfüllt. Weitergehend zu dem Thema der Normbindung: *Werle,* Völkerstrafrecht, 3. Auflage 2012, Rn. 110 ff; *Cassese/Acquaviva/Fan/Whiting,* Cassese's International Criminal Law, 3. Auflage 2013, S. 24 ff.

550 Art. 22(2) IStGH-Statut; IStGH, Beschl. v. 15. Juni 2009 (Bemba, PTC), Rn. 423; *Werle,* Völkerstrafrecht, 3. Auflage 2012, Rn. 114; *Cassese/Acquaviva/Fan/Whiting,* Cassese's International Criminal Law, 3. Auflage 2013, S. 33 f.

E. Mögliches Forum einer völkerstrafrechtlichen Verfolgung

Mit dem Erreichen der erforderlichen Anzahl an Ratifikationen des IStGH-Statuts[551] gibt es nunmehr seit dem 1. Juli 2002 ein räumlich und zeitlich (prinzipiell) unbeschränkt zuständiges Strafgericht. Vorbehaltlich der Gründung eines weiteren, auf autonome Waffensysteme oder einen bestimmten Konflikt spezialisierten Straftribunals ist der IStGH damit momentan das einzig mögliche Forum für die Verfolgung von Schäden im Zusammenhang mit dem Einsatz autonomer Waffensysteme.

Um tätig werden zu können muss die Situation dem IStGH entweder von einem Vertragsstaat des IStGH-Statuts[552] oder dem Sicherheitsrat der Vereinten Nationen[553] zugewiesen werden; unter bestimmten Voraussetzungen kann der IStGH zudem auf eigene Initiative tätig werden.[554] In Bezug auf die Zuständigkeitsvoraussetzungen des IStGH bei Fehlerszenarien im Zusammenhang mit autonomen Waffensystemen ist allein die Zuständigkeit *ratione loci* diskussionswürdig.[555] Die Zuständigkeit *ratione loci* kann

551 Eine erste Überarbeitung des Statuts fand vom 31. Mai bis zum 11. Juni 2010 auf der Kampala-Konferenz statt. Die hier beschlossenen Änderungen wurden am 20. Februar 2013 von Deutschland ratifiziert und sind abgedruckt in BGBl. II 2013/4, S. 139 ff.

552 Art. 13 (a), 14 IStGH-Statut. Hierbei muss es sich nicht notwendigerweise um den Ausgangs- oder Zielstaat des autonomen Systems handeln, auch eine Zuweisung durch einen unbeteiligten Drittstaat genügt.

553 Art. 13 (b) IStGH-Statut sieht eine Zuweisung durch den Sicherheitsrat der VN auf Basis von Kapitel VII der VN-Charta vor. Eine solche Überweisung wird jedoch in der Praxis relativ selten vorkommen, da sie Konsens zwischen den fünf Vetomächten im Sicherheitsrat voraussetzt. Nach dem jetzigen Stand der Entwicklung ist es relativ wahrscheinlich, dass zumindest eine der Vetomächte direkt oder indirekt in den Einsatz des autonomen Waffensystems verwickelt ist

554 Gemäß Art. 13 (c), 15 IStGH-Statut kann der Ankläger jederzeit aus eigener Initiative Ermittlungen einleiten, sofern ausreichend Anhaltspunkt für ein Verbrechen vorliegen.

555 Die Zuständigkeit *ratione materiae* ergibt sich für die Verfolgung von Kriegsverbrechen unproblematisch aus Art. 5(1)(c), 8 IStGH-Statut, die Zuständigkeit *ratione temporis* ist potentiell für solche Sachverhalte gegeben, welche sich nach dem Wirksamwerden des Beitritts desjenigen Staates, von dem sich die Gerichtsbarkeit des IStGH ableitet gegeben, Art. 11(b) IStGH-Statut, es ist aber auch jederzeit eine partielle Anerkennung durch einen der betroffenen Staaten nach Art. 12 (3) IStGH-Statut möglich. Die Zuständigkeit *ratione personae* setzt voraus, dass die potentiell involvierten Personen mindestens 18 Jahre alt sind, Art. 26 IStGH-Statut.

sich zum einen von der Nationalität der des Verbrechens beschuldigten Person, also des operativen Befehlshabers oder des Offiziers *on the loop* ableiten.[556] Zum anderen kann die Zuständigkeit auch über das Gebiet auf dem sich die Tathandlung ereignet hat begründet werden.[557] Für letzteres kommen bei den Fehlerszenarien autonomer Waffensysteme regelmäßig zwei Orte in Betracht: Zum einen ist dies der Ort, an dem der operative Befehlshaber den Einsatzbefehl erteilt hat beziehungsweise der Offizier *on the loop* seine Überwachungspflicht verletzt hat. Je nach Art der näheren Umstände kann dies das Gebiet des Entsendestaats, eines Drittstaats oder des Zielstaats sein. Zum anderen kann auf den Ort abgestellt werden, an dem sich der Defekt konkret manifestiert, also das autonome System den völkerrechtswidrigen Schaden verursacht. Dies wird regelmäßig nur der Zielstaat des autonomen Systems sein. Praktische Relevanz entfaltet dies immer dann, wenn nur einer der beiden Staaten die Zuständigkeit des IStGH anerkannt hat. Eine Entscheidung kann aber dahinstehen, da nach vorherrschender Auffassung bei Verbrechen, deren Einzelakte auf dem Gebiet mehrerer Staaten begangen wurden, die Zuständigkeit des IStGH durch jeden der betroffenen Staaten begründet werden kann.[558] Insgesamt erscheint es auch lebensnah den Defekt zusammen mit der jeweiligen Pflichtverletzung als einheitlichen Lebenssachverhalt einzustufen. Somit wird es regelmäßig genügen, wenn der Zielstaat die Zuständigkeit des IStGH (partiell) anerkennt, sofern er die Untersuchung eines konkreten Vorfalls begehrt.

F. Fazit – Identifizierung der Strafbarkeitslücken im Völkerstrafrecht

I. Vorhandene Strafbarkeitslücke

Die Untersuchung hat gezeigt, dass eine Verantwortlichkeit der an dem Einsatz eines autonomen Waffensystems beteiligten Personen nach dem geltenden Völkerstrafrecht nur in sehr begrenzten Ausnahmefällen möglich ist. Eine Strafbarkeit des operativen Befehlshabers aus eigener Handlung ist nur

556 Art. 12 (2)(b) IStGH-Statut.

557 Art. 12(2)(a) IStGH-Statut.

558 Hierzu ausführlich *Frulli* in: *Cassese/Gaeta/Jones* (Hrsg.), The Rome Statute of the International Criminal Court – A Commentary 2002, Jurisdiction ratione personae (S. 567 f).

aus Art. 8(2)(b)(iv) IStGH-Statut zu begründen, sofern das autonome System bereits vor dem Einsatzbefehl defekt war und Anzeichen für diesen Defekt äußerlich erkennbar waren. Im Übrigen scheitert eine Strafbarkeit jedenfalls an der inneren Tatseite. Eine Strafbarkeit des Offiziers *on the loop* ist mangels tauglicher Tathandlung ebenfalls nicht zu begründen: Das Unterlassen einer Aufsichtspflicht wird hierfür regelmäßig nicht genügen. Eine Strafbarkeit des Soldaten, welcher das autonome System aktiviert wird wiederum an der inneren Tatseite scheitern. Da der Defekt eines autonomen Systems nicht mit dem Grundverbrechen eines Untergebenen gleichgesetzt werden kann, kommt auch eine Strafbarkeit nach den Grundsätzen der Vorgesetztenverantwortlichkeit für keine der drei Personengruppen in Betracht. Zusammenfassend ist damit festzustellen, dass das Völkerstrafrecht in seiner jetzigen Form, die Situation der Fehlerszenarien autonomer Systeme nicht zufriedenstellend regelt.[559]

II. Gefahrenpotential: Gefährdung des Strafzwecks des Völkerstrafrechts

Mit jeder Strafbarkeitslücke geht aber regelmäßig eine Gefährdung des Strafzwecks des Völkerstrafrechts einher. Denn Sinn und Zweck des Völkerstrafrechts ist, durch die Bestrafung Einzelner zu einer Verhinderung weiterer Verstöße beizutragen.[560] Neben der Straffunktion steht damit insbesondere die Präventionswirkung im Mittelpunkt.[561] Im Wege der Spezialprävention soll der einzelne Täter von der Begehung erneuter, im Wege der Generalprävention die generelle Öffentlichkeit von der Begehung ähnlicher Verstöße in Zukunft abgehalten werden.[562] Daneben ist eine weitere wichtige Funktion des Völkerstrafrechts die Individualisierung von Verantwortlichkeit, welche den Opfern beziehungsweise deren Angehörigen Genugtuung

559 So aber *Frau,* Völkerstrafrechtliche Aspekte automatisierter und autonomer Kriegsführung in: Frau (Hrsg.), Drohnen und das Recht, 2014, S. 233 (250).

560 *Werle,* Völkerstrafrecht, 3. Auflage 2012, Rn. 105.

561 JStGH, Urt. v. 14. Januar 2000 (Kupreskic et al., TC), Rn. 848 f; JStGH, Urt. v. 27. September 2006 (Krajisnik, TC), Rn. 1134 ff. Vergleiche ebenfalls IStGH-Statut Präambel Abs. 5. Weitergehend: *Werle,* Völkerstrafrecht, 3. Auflage 2012, Rn. 103.

562 JStGH, Urt. v. 14. Januar 2000 (Kupreskic et al., TC), Rn. 848; JStGH, Urt. v. 27. September 2006 (Krajisnik, TC), Rn. 1136. Vergleiche ebenfalls IStGH-Statut Präambel Abs. 5. Weitergehend: *Werle,* Völkerstrafrecht, 3. Auflage 2012, Rn. 106; *Triffterer,* Der lange Weg zu einer internationalen Strafgerichtsbarkeit, ZStW 114 (2002), S. 321 (S. 334 f).

verschafft,[563] auch dies ist bei einer systematischen Strafbarkeitslücke gefährdet. Würden nun Defekte autonomer Systeme, deren Auswirkungen mit denen eines Kriegsverbrechens vergleichbar sind, regelmäßig nicht zu einer völkerstrafrechtlichen Verantwortlichkeit von Individualpersonen führen, so könnte dies den Staaten als Anreiz dienen, in Konfliktsituationen vermehrt autonome Systeme an Stelle von Soldaten einzusetzen. Dem gilt es aber entgegenzuwirken.

III. Handlungsgebot: Anpassung der Vorschriften zur Vorgesetztenverantwortlichkeit

Mit der Vorgesetztenverantwortlichkeit gibt es bereits ein Rechtsinstrument, welches die Problematik des Defekts autonomer Systeme erfassen könnte. Insbesondere die Aspekte des Unterlassens und der Fahrlässigkeit, welche bei der völkerstrafrechtlichen Verantwortlichkeit im Zusammenhang mit den Defekten autonomer Systeme eine große Rolle spielen, können von der Rechtsfigur adäquat aufgenommen werden. Da das Instrument wegen seines Wortlauts momentan nicht direkt zur Anwendung kommen kann und eine Analogie wegen des Grundsatzes der Normbindung und des Verbots der strafbegründenden Analogie ausscheidet, ist eine Anwendung allerdings von einer Legalisierung abhängig. Die Vertragsstaaten des IStGH-Statuts sind somit gehalten, in Zukunft im Fall einer Entwicklung von autonomen Waffensystemen eine entsprechende Anpassung des Statuts vorzunehmen. Hierfür würde es bereits genügen, einen zusätzlichen Absatz in Art. 28 IStGH-Statut einzufügen, wonach dem Verbrechen des Untergebenen der Defekt eines autonomen Systems gleichgestellt wird.

IV. Gesamtergebnis

Es kann festgestellt werden, dass sich ein Verbot der Entwicklung und des Einsatzes autonomer Waffensysteme momentan unter keinem rechtlichen Gesichtspunkt herleiten lässt und somit von einem noch zu schließenden völkerrechtlichen Abkommen abhängig wäre. Aus den Vorschriften des humanitären Völkerrechts ergeben sich aber Design- und Einsatzbeschränkungen für autonome Waffensysteme. So ist es grundsätzlich notwendig, ein autonomes System durch einen Menschen *on the loop* überwachen zu lassen. Dies ergibt sich zum einen aus der Pflicht der ständigen Vorsichts-

563 *Werle,* Völkerstrafrecht, 3. Auflage 2012, Rn. 108.

maßnahmen in Bezug auf die Zielauswahl und der Pflicht, einen Angriff einzustellen, sobald sich herausstellt, dass kein legitimes Ziel vorliegt. Zum anderen ergibt sich dies aus den Schwierigkeiten, programmierbare Kriterien für einen Schutzverlust, etwa von Kulturgüterstätten oder Sanitätseinheiten, -fahrzeugen und -personal zu finden, weshalb diese einer menschlichen Entscheidung vorbehalten werden sollten. Die Überwachungspflicht *on the loop* ist nicht absolut, wird aber umso enger sein, desto geringer der technische Standard ist. Aus der Pflicht, unrechtmäßige Angriffe einzustellen ergibt sich ebenfalls, dass autonome Waffensysteme notwendigerweise mit einem Rückruf- und Deaktivierungsmechanismus versehen sein müssen. Da nach der hier vertretenen Auffassung eine Objektivierbarkeit des Verhältnismäßigkeitsgrundsatzes nicht möglich ist, müsste die Toleranz für Kollateralschäden für autonome Waffensysteme bei Null angesetzt werden. Wegen der Schwierigkeiten, Kriterien für eine Programmierung auf die Unterscheidung von Zivilisten und Kombattanten beziehungsweise Personen, welche unmittelbar an den Kampfhandlungen teilnehmen zu finden und insbesondere eine Identifizierung von Personen *hors de combat* gewährleisten zu können, wird empfohlen, den Einsatz von autonomen Waffensystemen zunächst gegen Objekte zu beschränken. Dies ist aber keine inhärente Voraussetzung des humanitären Völkerrechts. Ist der technische Standard eines autonomen Systems in Bezug auf den Unterscheidungsgrundsatz nicht hoch genug und wird es trotzdem eingesetzt, so kann sich hieraus im Einzelfall ein Verstoß gegen das Verbot, kein Pardon zu erteilen, sowie das Verbot des Einsatzes unterscheidungsloser Waffen ergeben. Insgesamt ist das humanitäre Völkerrecht in seiner jetzigen Form dazu geeignet, die Besonderheiten des Einsatzes autonomer Waffensysteme zu erfassen. Eine Ausnahme ergibt sich für das Seerecht, hier wäre es nötig, dass eine veränderte Definition des Kriegsschiffs geschaffen wird, da autonome UUS und USS ansonsten nicht an Kampfhandlungen teilnehmen dürfen.

Im Gegensatz zum humanitären Völkerrecht regelt das Völkerstrafrecht den Einsatz autonomer Systeme nicht zufriedenstellend. In seiner jetzigen Form kann es die Verantwortlichkeiten der an dem Einsatz autonomer Systeme beteiligten Personen nur ansatzweise erfassen. So kann nach momentanem Recht allein eine Strafbarkeit des operativen Befehlshabers wegen des Führens eines unverhältnismäßigen Angriffs begründet werden, falls ein autonomes System bereits vor dem Einsatzbefehl defekt und dieser Defekt äußerlich erkennbar war. Eine Strafbarkeit der weiteren Personen, insbesondere des Offiziers *on the loop* ist nicht möglich, da das Völkerstrafrecht das Unterlassen einer Aufsichtspflicht nicht unter Strafe stellt. Dies ist nicht wünschenswert, da gerade dem Offizier *on the loop* eine tragende Rolle bei dem Einsatz zukommt. Aus diesem Grund wird es der Staatengemeinschaft dringend empfohlen, die Vorschriften der Vorgesetztenverantwortlichkeit, welche für sich genommen den Fall autonomer Systeme gut erfassen, allerdings nicht direkt angewendet werden können, so zu erweitern, dass eine Fehlfunktion autonomer Systeme mit dem Grundverbrechen eines Untergebenen gleichgesetzt wird.

Die Staatengemeinschaft hat bereits mit einer Diskussion um den Einsatz autonomer Waffensysteme begonnen, es wäre wünschenswert, wenn insbesondere dieser letzte Aspekt auch Beachtung fände.

Dokumentenverzeichnis

I. Gesetze

Parlamentsbeteiligungsgesetz vom 18. März 2005 (BGBl. 2005 I S. 775).

II. Völkerrechtliche Verträge

Konvention über die Verbesserung des Loses der verwundeten Soldaten der Armeen im Felde vom 22. August 1864 (*Auswärtiges Amt/Deutsche Rotes Kreuz/Bundesministerium der Verteidigung,* Dokumente zum Humanitären Völkerrecht, 2. Auflage 2012, S. 13).

Erklärung betreffend Nichtanwendung der Sprenggeschosse im Krieg vom 29. November/11. Dezember 1868 (*Auswärtiges Amt/Deutsche Rotes Kreuz/Bundesministerium der Verteidigung,* Dokumente zum Humanitären Völkerrecht, 2. Auflage 2012, S. 19).

Entwurf einer Erklärung über die Gesetze und Gebräuche des Krieges vom 27. August 1874 (ZaöRV 16 (1955), S. 76 ff).

Abkommen betreffend die Gesetze und Gebräuche des Landkrieges vom 29. Juli 1899 (II. Haager Abkommen von 1899) (RGBl. 1901 S. 423).

Genfer Abkommen zur Verbesserung des Loses der Verwundeten und Kranken bei den im Felde stehenden Heeren vom 6. Juli 1906 (RGBl. 1907 S. 279).

Abkommen betreffend die Gesetze und Gebräuche des Landkrieges vom 18. Oktober 1907 (IV. Haager Abkommen von 1907) mit Anlage zum Abkommen: Ordnung der Gesetze und Gebräuche des Landkriegs (Haager Landkriegsordnung) (RGBl. 1919, 107).

Genfer Protokoll über das Verbot der Verwendung von erstickenden, giftigen oder ähnlichen Gasen sowie von bakteriologischen Mitteln im Kriege vom 17. Juni 1925 (*Auswärtiges Amt/Deutsche Rotes Kreuz/Bundesministerium der Verteidigung,* Dokumente zum Humanitären Völkerrecht, 2. Auflage 2012, S. 105).

Genfer Abkommen zur Verbesserung des Loses der Verwundeten und Kranken der Heere im Felde vom 27. Juli 1929 (RGBl. 1934 II S. 208).

I. Genfer Abkommen vom 12. August 1949 zur Verbesserung des Loses der Verwundeten und Kranken der Streitkräfte im Felde vom 12. August 1949 (BGBl. 1954 II S. 783).

II. Genfer Abkommen vom 12. August 1949 zur Verbesserung des Loses der Verwundeten, Kranken und Schiffbrüchigen der Streitkräfte zur See vom 12. August 1949 (BGBl. 1954 II S. 813).

III. Genfer Abkommen vom 12. August 1949 über die Behandlung der Kriegsgefangenen vom 12. August 1949 (BGBl. 1954 II S. 838).

IV. Genfer Abkommen vom 12. August 1949 zum Schutze von Zivilpersonen in Kriegszeiten vom 12. August 1949 (BGBl. 1954 II S. 917).

Konvention zum Schutz vom Kulturgut bei bewaffneten Konflikten vom 14. Mai 1954 (BGBl. 1967 II S. 1235).

Vertrag über die Nichtverbreitung von Kernwaffen vom 1. Juli 1968 (BGBl. 1974 II S. 786).

Wiener Übereinkommen über das Recht der Verträge vom 23. Mai 1969 (BGBl. 1985 II S. 927).

Übereinkommen über das Verbot der Entwicklung, Herstellung und Lagerung bakteriologischer (biologischer) Waffen und von Toxinwaffen sowie über die Vernichtung solcher Waffen vom 10. April 1972 (BGBl. 1983 II S. 133).

Übereinkommen über das Verbot der militärischen oder einer sonstigen feindseligen Nutzung umweltverändernder Techniken vom 18. Mai 1977 (BGBl. 1998 II S. 125).

Zusatzprotokoll zu den Genfer Abkommen vom 12. August 1949 über den Schutz der Opfer internationaler bewaffneter Konflikte (Protokoll I) vom 8. Juni 1977 (BGBl. 1990 II S. 1551).

Zusatzprotokoll zu den Genfer Abkommen vom 12. August 1949 über den Schutz der Opfer nicht internationaler bewaffneter Konflikte (Protokoll II) vom 8. Juni 1977 (BGBl. 1990 II S. 1637).

Seerechtsübereinkommen der Vereinten Nationen vom 10. Dezember 1982 (BGBl. 1994 II S. 1799).

Übereinkommen über das Verbot oder die Beschränkung des Einsatzes bestimmter konventioneller Waffen, die übermäßig Leiden verursachen oder unterschiedslos wirken können vom 10. Oktober 1980 (mit Prot), (BGBl. II 1992, 959).

Übereinkommen über das Verbot der Entwicklung, Herstellung, Lagerung und des Einsatzes chemischer Waffen und über die Vernichtung solcher Waffen vom 13. Januar 1993 (BGBl. 1994 II, 807).

Statut des Sondergerichtshofs für Sierra Leone (Statute of the Special Court for Sierra Leone), im Anhang des Übereinkommens zwischen den Vereinten Nationen und der Regierung von Sierra Leone über die Errichtung des Sondergerichtshofs für Sierra Leone vom 16. Januar 2002, UN Doc. S/2002/246.

Römisches Statut des Internationales Strafgerichtshofs vom 17. Juli 1998 (BGBl. 2000 II S. 1393), zuletzt geändert durch Resolution RC/Res. 6 vom 11. Juni 2010 (BGBl. 2013 II S. 139 i. V. m. Bek. v. 12. Juni 2013, BGBl. II S. 1042).

III. Sonstige völkerrechtliche Dokumente

Statut des Internationalen Strafgerichtshofs für das ehemalige Jugoslawien (Statute of the International Criminal Tribunal for the former Yugoslavia), Resolution 827 (1993) des Sicherheitsrats der Vereinten Nationen vom 25. Mai 1993, UN Doc S/RES/827 (1993).

Statut des Internationalen Strafgerichtshofs für Ruanda (Statute of the International Criminal Tribunal for Rwanda), Resolution 955 (1994) des Sicherheitsrats der Vereinten Nationen vom 8. November 1994, UN Doc. S/RES/955 (1994).

Verbrechenselemente (Elements of Crimes), Report of the Preparatory Commission for the International Criminal Court, Addendum, Part II, UN Doc. PCNICC/2000/INF/3/Add.2 vom 6. Juli 2000.

Draft Articles on Responsibility of States for Internationally Wrongful Acts in: Report of the International Law Commission, U.N. GAOR, 53rd Session, Supp. No 10, U.N. Doc. A/56/10 (2001).

JStGH, Final Report to the Prosecutor by the Committee Established to Review the NATO Bombing Campaign Against the Federal Republic of Yugoslavia vom 8. Juni 2002, unter http://www.icty.org/sid/10052, zuletzt abgerufen am 30. März 2015.

Entscheidungsverzeichnis

I. Internationaler Gerichtshof (IGH)

IGH, *Legality of the Threat or Use of Nuclear Weapons,* Advisory Opinion of 8. July 1996, I.C.J. Reports 1996, S. 226 ff.

II. Internationaler Strafgerichtshof (IStGH)

IStGH, Beschluss vom 30. September 2008, ICC-01/04-01/07 (Katanga, PTC).

IStGH, Beschluss. vom 15. Juni 2009, ICC-01/05-01/08 (Bemba, PTC).

IStGH, Beschluss vom 7. März 2011, ICC-02/05-03/09 (Nourain und Jerbo, PTC).

III. Internationaler Strafgerichtshof für das ehemalige Jugoslawien (JStGH)

JStGH, Decision on the Defence Motion for Interlocutary Appeal on Jurisdiction vom 2. Oktober 1995 (Prosecutor v. Dusko Tadic, AC).

JStGH, Urteil vom 16. November 1998, IT-96-21-T (Delalic,TC).

JStGH, Urteil vom 25. Juni 1999, IT-95-14/1-T (Aleksovski, TC).

JStGH, Urteil vom 14. Januar 2000, IT-95-16-T (Kupreskic, TC).

JStGH, Urteil vom 3. März 2000, IT-95-14-T (Blaskic, TC).

JStGH, Urteil vom 20. Februar 2001, IT-96-21-A (Delalic et al., AC).

JStGH, Urteil vom 26. Februar 2001, IT-95-14/2-T (Kordic und Cerkez, TC).

JStGH, Urteil vom 31. März 2001, IT-98-34-T (Naletilic und Martinovic, TC).

JStGH, Urteil vom 5. September 2003, IT-98-29-T (Galic, TC).

JStGH, Urteil vom 17. Dezember 2004, IT-95-14/2-A (Kordic und Cerkez, AC).

JStGH, Urteil vom 31. Januar 2005, IT-01-42-T (Strugar, TC).

JStGH, Urteil vom 16. November 2005, IT-01-48-T (Halilovic, TC).

JStGH, Urteil vom 15. März 2006, IT-01-47-T (Hadzihasanovic und Kubura, TC).

JStGH, Urteil vom 30. Juni 2006, IT-03-68-T (Oric, TC).

JStGH, Urteil vom 27. September 2006, IT-00-39-T (Krajisnik, TC).

JStGH, Urteil vom 12. Juni 2007, IT-95-11-T (Martic, TC).

JStGH, Urteil vom 12. Dezember 2007, IT-98-29/1-T (D. Milosevic, TC).

JStGH, Urteil vom 22. April 2008, IT-01-47-A (Hadzihasanovic und Kubura, AC).

JStGH, Urteil vom 3. Juli 2008, IT-03-68-A (Prosecutor v. Naser Oric, AC).

JStGH, Urteil vom 15. September 2008, IT-04-83-T (Delic, TC).

JStGH, Urteil vom 26. Februar 2009, IT-05-87-T (Milutinovic et al., TC).

JStGH, Decision on Interlocutary Appeal challenging Jurisdiction in relation to Command Responsibility vom 16. Juli 2003, IT-01-47-AR72 (Hadzihasanovic et al., AC).

IV. Internationaler Strafgerichtshof für Ruanda (RStGH)

RStGH, Urteil vom 21. Mai 1999, ICTR-95-1 (Kayishema und Ruzindana, TC).

RStGH, Urteil vom 27. Januar 2000, ICTR-96-13-A (Musema, TC).

RStGH, Urt. v. 3. Juli 2002, ICTR-95-1A-A (Bagilishema, AC).

RStGH, Urteil vom 18. Dezember 2008, ICTR-98-41-T (Bagosora et al., TC).

V. Sondergerichtshof für Sierra Leone (SGSL)

SGSL, Urteil vom 2. August 2007, SCSL-04-14-T (Fofana und Kondewa, TC).

SGSL, Urteil vom 2. März 2009, SCSL-04-15-T (Sesay et al., TC).

Literaturverzeichnis

Adams, Thomas K., Future Warfare and the Decline of Human Decisionmaking, Parameters (2001/2002), S. 57–71.

Akerson, David, The Illegality of Offensive Lethal Autonomy in: *Saxon, Dan* (Hrsg.), International Humanitarian Law and the Changing Technology of War, Leiden 2013, S. 65–98.

Alston, Philip, Lethal Robotic Technologies: The Implications for Human Rights and International Humanitarian Law, Journal of Law, Information and Science 21 (2011/2012), S. 35–60.

Altmann, Jürgen, Preventive Arms Control for Uninhabited Military Vehicles in: *Capurro, Rafael/Nagenborg, Michael* (Hrsg.), Ethics and Robotics, Heidelberg 2009, S. 69–82.

Altmann, Jürgen, Arms control for armed uninhabited vehicles: an ethical issue, Ethics and Information Technology 15 (2013), S. 137–152.

Ambos, Kai, Joint Criminal Enterprise and Command responsibility, Journal of International Criminal Justice 5 (2007), S. 159–183.

Ambos, Kai, Internationales Strafrecht - - Strafanwendungsrecht, Völkerstrafrecht, Europäisches Strafrecht, Rechtshilfe, München, 4. Auflage 2014.

Anderson, Kenneth/Waxman, Matthew, Law and Ethics for Robot Soldiers, Policy Review (2012), S. 35–49.

Arendt, Rieke, Der Einsatz autonomer Waffensysteme im Lichte des Verhältnismäßigkeits- und des Unterscheidungsgrundsatzes in: *Frau, Robert* (Hrsg.), Drohnen und das Recht, Tübingen 2014, S. 19–34.

Arkin, Ronald C., Governing Lethal Behavior: Embedding Ethics in a Hybrid Deliberative/Reactive Robot Architecture, 2007, unter http://www.cc.gatech.edu/ai/robot-lab/online-publications/formalizationv35.pdf, zuletzt abgerufen am 30. März 2015.

Arkin, Ronald C., Ethical robots in warfare, IEEE Technology and Society Magazine 28 (2009), S. 30–33.

Arkin, Ronald C., Governing lethal behavior in autonomous robots, Boca Raton 2009.

Artikel 36, Killer Robots: UK Goverment Policy on Fully Autonomous Weapons Systems, April 2013, unter http://www.article36.org/wp-content/uploads/2013/04/Policy_Paper1.pdf, zuletzt abgerufen am 30. März 2015.

Asaro, Peter M., How just could a robot war be?, unter http://peterasaro.org/writing/Asaro%20Just%20Robot%20War.pdf, zuletzt abgerufen am 30. März 2015.

Asaro, Peter M., Robots and responsibility from a legal perspective Proceedings of the IEEE Conference on Robotics and Automation, 2007, unter http://www.peterasaro.org/writing/ASARO%20Legal%20Perspective.pdf, zuletzt abgerufen am 30. März 2015.

Asaro, Peter M., On banning autonomous weapon systems: human rights, automation, and the dehumanization of lethal decision-making, International Review of the Red Cross 94 (2012), S. 687–709.

Backstrom, Alan/Henderson, Ian, New Capabilities in warfare: an overview of contemporary technological developments and the associated legal and engineering issues in article 36 weapons review, International Review of the Red Cross 94 (2012), S. 483–514.

Bellinger, John B./Haynes, William J., A US government response to the International Committee of the Red Cross study Customary International Humanitarian Law, International Review of the Red Cross 89 (2007), S. 443–471.

Boivin, Alexandra, The Legal Regime Applicable to Targeting Military Objectives in the Context of Contemporary Warfare University Center for International Humanitarian Law - Research Paper Series, Genf, n° 2/2006, unter http://www.geneva-academy.ch/docs/publications/collection-research-projects/CTR_objectif_militaire.pdf, zuletzt abgerufen am 30. März 2015.

Bolt, Alexander, The Use of Autonomous Weapons and the Role of the Legal Advisor in: *Saxon, Dan* (Hrsg.), International Humanitarian Law and the Changing Technology of War, Leiden 2013, S. 123–150.

Boothby, William H., Weapons and the Law of Armed Conflict, Oxford 2009.

Boothby, William H., The law of targeting, Oxford 2012.

Boothby, William H., How Far Will the Law Allow Unmanned Targeting to Go? in: *Saxon, Dan* (Hrsg.), International Humanitarian Law and the Changing Technology of War, Leiden 2013, S. 45–64.

Boothby, William H., Conflict law - The influence of new weapons technology, human rights and emerging actors, Den Haag 2014.

Borenstein, Jason, The ethics of autonomous military robots, Studies in Ethics, Law and Technology 2 (2008), S. 1–17.

Borrmann, Robin, Autonome unbemannte bewaffnete Luftsysteme im Lichte des Rechts des internationalen bewaffneten Konflikts.: Anforderungen an das Konstruktionsdesign und Einsatzbeschränkungen, Berlin 2014.

Bothe, Michael, Friedenssicherung und Kriegsrecht in: *Vitzthum, Wolfgang/ Bothe, Michael u. a.* (Hrsg.), Völkerrecht, Berlin, Boston, Mass, 6. Auflage 2013, S. 573–662.

Bothe, Michael/Partsch, Karl J./Solf, Waldemar A./Eaton, Martin, New rules for victims of armed conflicts – Commentary on the two 1977 protocols additional to the Geneva Conventions of 1949, Leiden, 2. Auflage 2013.

Bundesministerium der Verteidigung, Wörterbuch der Bundeswehr für Einsätze der Streitkräfte – Allgemeiner Umdruck 1/200, Bonn, Dezember 2001.

Bundesministerium der Verteidigung, Humanitäres Völkerrecht in bewaffneten Konflikten – Handbuch, ZDv 15/2, Mai 2013.

Bundesregierung, Antwort der Bundesregierung auf die Kleine Anfrage der Abgeordneten Alexander Bonde, Winfried Nachtwei, Omid Nouripour, weiterer Abgeordneter und der Fraktion BÜNDNIS 90/DIE GRÜNEN Bundestagsdrucksache 16/12481, 26.03.2009.

Burghardt, Boris, Die Vorgesetztenverantwortlichkeit im völkerrechtlichen Straftatsystem – Eine Untersuchung zur Rechtsprechung der internationalen Strafgerichtshöfe für das ehemalige Jugoslawien und Ruanda, Berlin 2008.

Canning, John, "Weaponized Unmanned Systems: A Transformational Warfighting Opportunity, Government Roles in Making it Happen", unter http://www.sevenhorizons.org/docs/CanningWeaponizedunmannedsystems.pdf, zuletzt abgerufen am 30. März 2015.

Canning, John, "You've just been disarmed. Have a nice day!", IEEE Technology and Society Magazine 28 (2009), S. 13–15.

Cannizzaro, Enzo, Proportionality in the Law of Armed Conflict in: *Clapham, Andrew/Gaeta, Paola* (Hrsg.), The Oxford Handbook of International Law in Armed Conflict, Oxford 2014, S. 332–352.

Cassese, Antonio, The Martens Clause: Half a loaf or simply pie in the sky?, European Journal of International Law 11 (2000), S. 187–216.

Cassese, Antonio/Acquaviva, Guido/Fan, Mary/Whiting, Alex, Cassese's International Criminal Law – Cases & Commentary, Oxford, 3. Auflage 2013.

Cho, George, Unmanned Aerial Vehicles: Emerging Policies and Regulatory Issues, Journal of Law, Information and Science 22 (2013), S. 201–236.

Corn, Geoffrey S., The law of armed conflict – An operational approach, New York 2012.

Coupland, Robin, The SIrUS Project: Towards a determination of which weapons cause "superfluous injury or unnecessary suffering", Genf 1997.

Crawford, Emily, The Modern Relevance of the Martens Clause, ISIL Yearbook of International Humanitarian and Refugee Law VI (2006), S. 1–18.

Crawford, Emily, The treatment of combatants and insurgents under the law of armed conflict, Oxford 2010.

Cryer, Robert, Prosecuting international crimes – Selectivity and the international criminal law regime, Cambridge 2005.

Daillier, Patrick/Forteau, Matthias/Pellet, Alain, Droit international public, Paris, 8. Auflage 2009.

Danner, Allison M./Martinez, Jenny S., Guilty Associations: Joint Criminal Enterprise, Command Responsibility, and the Development of International Criminal Law, California Law Review 93 (2005), S. 75–169.

David, Éric, Principes de droit des conflits armés, Brüssel 2002.

Dinstein, Yoram, Legitimate Military Objectives Under The Current Jus In Bello in: *Wall, Andru E.* (Hrsg.), International Law Studies, Vol. 78, Legal and Ethical Lessons of NATO's Kosovo Campaign, Newport 2002, S. 139–172.

Dinstein, Yoram, The conduct of hostilities under the law of international armed conflict, Cambridge, 2. Auflage 2010.

Dodig-Crnkovic, Gordana/Persson, Daniel, Sharing moral responsibility with robots: a pragmatic approach in: *Funk, Peter/Holst, Anders u. a.* (Hrsg.), Tenth Scandinavian Conference on Artificial Intelligence – SCAI 2008, Amsterdam 2008, S. 165–168.

Dörmann, Knut, Preparatory Commission for the International Criminal Court: The Elements of War Crimes, International Review of the Red Cross 83 (2001), S. 461–487.

Dörmann, Knut, Elements of War Crimes under the Rome Statute of the International Criminal Court, Cambridge 2003.

Doswald-Beck, Louise, San Remo Manual on International Law applicable to Armed Conflicts at Sea, Cambridge 1995.

Evans, Tyler D., At war with the robots: Autonomous Weapons Systems and the Martens Clause, Hofstra Law Review 41 (2012), S. 697–733.

Fenrick, William J., The Rule of Proportionality and Protocol I in Conventional Warfare, Military Law Review (1982), S. 91–128.

Frau, Robert, Regulatory Approaches to Unmanned Naval Systems in International Law of Peace and War, Humanitäres Völkerrecht – Informationsschriften (2012), S. 84–91.

Frau, Robert, Völkerstrafrechtliche Aspekte automatisierter und autonomer Kriegsführung in: *Frau, Robert* (Hrsg.), Drohnen und das Recht, Tübingen 2014, S. 233–250.

Gardam, Judith G., Necessity, proportionality, and the use of force by states, Cambridge 2004.

Gasser, Hans-Peter, Humanitäres Völkerrecht – Eine Einführung, Baden-Baden/Zürich 2007.

Gillespie, Tony/West, Robin, Requirements for autonomous unmanned air systems set by legal issues, The international C2 journal 4 (2010), S. 1–32.

Grant, John P./Barker, J. C., Encyclopaedic Dictionary of International Law, Oxford 2009.

Green, L. C., The contemporary law of armed conflict, Huntington, 3. Auflage 2008.

Greenwood, Christopher, Command responsibility and the Hadzihasanovic Decision, International Journal of Criminal Justice 2 (2004), S. 598–605.

Haines, Steven, The Developing Law of Weapons: Humanity, Distinction and Precautions in Attack in: *Clapham, Andrew/Gaeta, Paola* (Hrsg.), The Oxford Handbook of International Law in Armed Conflict, Oxford 2014, S. 273–295.

Hallevy, Gabriel, The Criminal Liability of Artificial Intelligence Entities, 2010, unter http://papers.ssrn.com/sol3/papers.cfm?abstract_id=1564096, zuletzt abgerufen am 30. März 2015.

Hallevy, Gabriel, Unmanned Vehicles: Subordination to Criminal Law under the Modern Concept of Criminal Liability, Journal of Law, Information and Science 21 (2011/2012), S. 200–211.

Heintschel von Heinegg, Wolff, Warships in: *Wolfrum* (Hrsg.), Max Planck Encyclopedia of Public International Law, Online Edition, S. Stand November 2014.

Heintschel von Heinegg, Wolff, The Law of Armed Conflict at Sea in: *Fleck, Dieter/Bothe, Michael* (Hrsg.), The Handbook of International Humanitarian Law, Oxford, 3. Auflage 2013, S. 463–548.

Henckaerts, Jean-Marie/Doswald-Beck, Louise, Customary International Humanitarian Law – Vol. I: Rules, Cambridge 2005.

Henderson, Ian, The contemporary law of targeting – military objectives, proportionality and precautions in attack under additional Protocol I, Leiden 2009.

Hensel, Howard M., The Protection of Cultural Objects During Armed Conflict in: *Hensel, Howard M.* (Hrsg.), The law of armed conflict – Constraints on the contemporary use of military force, Aldershot 2005, S. 9–193.

Herbach, Jonathan D., Into the Caves of Steel: Precaution, Cognition and Robotic Weapon Systems under the International Law of Armed Conflict, Amsterdam Law Forum 4 (2012), S. 3–20.

Heyns, Christof, Report of the Special Rapporteur on extrajudicial, summary or arbitrary executions, A/HRC/23/47, 9. April 2013.

Hladik, Jan, Marking of cultural property with the distinctive emblem of the 1954 Hague Convention for the Protection of Cultural Property in the Event of Armed Conflict, International Review of the Red Cross (2004), S. 379–387.

Huang, Hui-Min, Autonomy Levels for Unmanned Systems (ALFUS) Framework: Safety and Application Issues, 2007, unter http://www.nist.gov/customcf/get_pdf.cfm?pub_id=823619, zuletzt abgerufen am 30. März 2015.

Human Rights Watch, Losing humanity - The case against killer robots, 2012, unter http://www.hrw.org/sites/default/files/reports/arms1112ForUpload_0_0.pdf, zuletzt abgerufen am 30. März 2015.

Human Rights Watch/Harvard International Human Rights Clinic, Review of the 2012 US Policy on Autonomy in Weapons Systems, April 2013, unter http://www.hrw.org/sites/default/files/related_material/2013_arms_killerrobotsdodmemo.pdf, zuletzt abgerufen am 30. März 2015.

Humanitarian Policiy and Conflict Research at Harvard University, HPCR manual on international law applicable to air and missile warfare, Cambridge, Mass 2010.

IKRK, Report of the ICRC Expert Meeting on ‘Autonomous weapon systems: technical, military, legal and humanitarian aspects’, 26-28 March 2014, Geneva, unter http://www.icrc.org/eng/assets/files/2014/expert-meeting-autonomous-weapons-icrc-report-2014-05-09.pdf, zuletzt abgerufen am 30. März 2015.

Infeld, Danielle, Precision guided munitions demonstrated their pinpoint accuracy in Desert Storm: but is a country obligated to use precision technology to minimize collateral civilian injury and damage?, George Washington Journal of International Law and Economics 26 (1992), S. 109–142.

Ipsen, Knut, Combatants and Non-Combatants in: *Fleck, Dieter/Bothe, Michael* (Hrsg.), The Handbook of International Humanitarian Law, Oxford, 3. Auflage 2013, S. 79–114.

Ipsen, Knut, Völkerrecht, München, 6. Auflage 2014.

Karlshoven, Frits/Zegveld, Liesbeth, Constraints on the waging of war – An introduction to international humanitarian law, Cambridge, 4. Auflage 2011.

Kastenberg, Joshua E., The Legal Regime for Protecting Cultural Property During Armed Conflict, Air Force Law Review 42 (1997), S. 277–305.

Kellenberger, Jakob, Über humanitäres Völkerrecht – Ein Essay, Frauenfeld 2008.

Kellenberger, Jakob, International Humanitarian Law and New Weapons Technologies - 34th Round Table on current issues of international humanitarian law, San Remo, 8–10 September 2011, International Review of the Red Cross 94 (2012), S. 809–818.

Kittichaisaree, Kriangsak, International Criminal Law, Oxford 2001.

Kleffner, Jann K., Protection of the Wounded, Sick and Shipwrecked in: *Fleck, Dieter/Bothe, Michael* (Hrsg.), The Handbook of International Humanitarian Law, Oxford, 3. Auflage 2013, S. 321–358.

Kleffner, Jann K., Scope of Application of International Humanitarian Law in: *Fleck, Dieter/Bothe, Michael* (Hrsg.), The Handbook of International Humanitarian Law, Oxford, 3. Auflage 2013, S. 43–78.

Kolb, Robert, Ius in bello – Le droit international des conflits armés, Basel/Brüssel 2003.

Krishnan, Armin, Automating War: The Need for Regulation, Contemporary Security Policy 30 (2009), S. 172–193.

Krishnan, Armin, Killer Robots – Legality and Ethicality of autonomous weapons, Surrey 2009.

Kurzweil, Ray, The age of spiritual machines – When computers exceed human intelligence, New York 2000.

Larson, David A., Artificial Intelligence: Robots, Avatars and the Demise of the Human Mediator, Ohio State Journal on Dispute Resolution 25 (2010), S. 105–164.

Lawand, Kathleen, A Guide to the Legal Review of New Weapons, Means and Methods of Warfare – Measures to implement articles 36 of additional protocol I of 1977, Genf, 2006.

Lawand, Kathleen, Fully autonomous weapons systems – Feature, 2013, unter https://www.icrc.org/eng/resources/documents/statement/2013/09-03-autonomous-weapons.htm, zuletzt abgerufen am 30. März 2015.

LeMieux, Jerry, Introduction to unmanned systems – Air, ground, sea and space : Technologies and commercial applications, Lake Havasu City 2013.

Lin, Patrick/Bekey, George/Abney, Keith, Autonomous Military Robotics: Risk, Ethics, and Design - Report for US Department of Navy, 20.12.2008, unter http://ethics.calpoly.edu/ONR_report.pdf, zuletzt abgerufen am 30. März 2015.

Lin, Patrick/Bekey, George/Abney, Keith, Robots in War: Issues of Risk and Ethics in: *Capurro, Rafael/Nagenborg, Michael* (Hrsg.), Ethics and Robotics, Heidelberg 2009, S. 49–67.

Liu, Hin-Yan, Categorization and Legality of Autonomous and Remote Weapons Systems, International Review of the Red Cross 94 (2012), S. 627–652.

Mahn-Gauseweg, Carolin, Automated Warfare – Operationen unbemannter Systeme in: *Frau, Robert* (Hrsg.), Drohnen und das Recht, Tübingen 2014, S. 1–17.

Marchant, Gary E./Allenby, Brady/Arkin, Ronald C./Barret, Edward T./Borenstein, Jason/Gaudet, Lyn M./Kittrie, Orde/Lin, Patrick/Lucas, George R./O'Meara, Richard/Silberman, Jared, International governance of autonomous military robots, The Columbia Science and Technology Law Review 12 (2011), S. 272–316.

Marra, William C./McNeil, Sonia K., Understanding „The Loop“: Regulating the Next Generation of War Machines, Harvard Journal of Law and Public Policy 36 (2013), S. 1139–1185.

McCauley, Lee, AI Armageddon and the Three Laws of Robotics, Ethics and Information Technology 9 (2007), S. 153–164.

McClelland, J., The Review of Weapons in Accordance with Article 36 of Additional Protocol I, International Review of the Red Cross 85 (2003), S. 397–420.

Meloni, Chantal, Command Responsibility in International Criminal Law, Den Haag 2010.

Melzer, Nils, The Principle of Distinction Between Civilians and Combatants in: *Clapham, Andrew/Gaeta, Paola* (Hrsg.), The Oxford Handbook of International Law in Armed Conflict, Oxford 2014, S. 296–331.

Meron, Theodor, The Martens Clause, Principle of Humanity, and Dictates of Public Conscience, American Journal of international law 94 (2000), S. 78–89.

Mettraux, Guénaël, International Crimes and the Ad hoc Tribunals, Oxford, New York 2005.

Mettraux, Guénaël, The Law of Command Responsibility, Oxford 2009.

Momtaz, Djamchid, State Organs and Entities Empowered to Exercise Elements of Governmental Authorities in: *Crawford, James/Pellet, Alain u. a.* (Hrsg.), The Law of International Responsibility, Oxford 2010, S. 237–246.

Nato Cooperative Cyber Defence Center of Excellence, Tallinn Manual on Cyber Warfare, Cambridge 2013.

Nils Melzer, Interpretative Guidance on the Notion of Direct Participation in Hostilities under International Humanitarian Law, Genf, 2009.

O'Connell, Mary E., Historical Development and Legal Basis in: *Fleck, Dieter/Bothe, Michael* (Hrsg.), The Handbook of International Humanitarian Law, Oxford, 3. Auflage 2013, S. 1–42.

O'Connell, Mary E., Banning Autonomous Killing: The Legal and Ethical Requirement That Humans Make Near-Time Lethal Decisions in: *Evangelista, Matthew/Shue, Henry u. a.* (Hrsg.), The American way of bombing – Changing ethical and legal norms, from flying fortresses to drones 2014, S. 224–236.

Oeter, Stefan, Methods and Means of Combat in: *Fleck, Dieter/Bothe, Michael* (Hrsg.), The Handbook of International Humanitarian Law, Oxford, 3. Auflage 2013, S. 115–230.

O'Keefe, Roger, Protection of Cultural Property in: *Fleck, Dieter/Bothe, Michael* (Hrsg.), The Handbook of International Humanitarian Law, Oxford, 3. Auflage 2013, S. 425–462.

Olásolo, Héctor, Unlawful attacks in combat situations – From the ICTY's case law to the Rome Statute, Leiden, Boston 2008.

Osinga, Frans P. B., Science, Strategy and War – The Strategic Theory of John Boyd, London 2007.

Pagallo, Ugo, Robots and Just War: A Legal Perspective, Philosophy and Technology 24 (2011), S. 307–323.

Parasuraman, Raja/Sheridan, Thomas B./Wickens, Christopher D., A Model for Types and Levels of Human Interaction with Automation, IEEE Transactions on Systems, Man, and Cybernetics Part A: Systems and Humans 30 (2000), S. 286–297.

Petermann, Thomas/Grünwald, Reinhard, Stand und Perspektiven der militärischen Nutzung unbemannter Systeme – Arbeitsbericht Nr. 144 des Büros für Technikfolgenabschätzung beim Bundestag, Mai 2011.

Pictet, Jean S./Uhler, Oscar M./Griffin, Ronald, The Geneva Conventions of 12 August 1949 – Commentary Vol. IV: Convention Relative to the Protection of Civilian Persons in Time of War, Geneva 1958.

Prott, Lyndel/O'Keefe, Patrick J., „Cultural Heritage" or „Cultural Property", International Journal of Cultural Property 1 (1992), S. 307–320.

Quintana, Elizabeth, The Ethics and Legal Implications of Military Unmanned Vehicles - Royal United Services Institute for Defence and Security Studies Occasional Paper, unter http://www.rusi.org/downloads/assets/RUSI_ethics.pdf, zuletzt abgerufen am 30. März 2015.

Reeves, Shane R./Thurnher, Jeffrey S., Are We Reaching a Tipping Point? How Contemporary Challenges Are Affecting the Military Necessity-Humanity Balance, Harvard National Security Journal – Online Feature (2013), S. unter http://harvardnsj.org/2013/06/are-we-reaching-a-tipping-point-how-contemporary-challenges-are-affecting-the-mili tary-necessity-humanity-balance/, zuletzt abgerufen am 30. März 2015.

Rodriguez Iglesias, Gil C., State Ships in: *Wolfrum* (Hrsg.), Max Planck Encyclopedia of Public International Law, Online Edition, S. Stand November 2014.

Rogers, A. P. V., Law on the battlefield, Hungtington, 3. Auflage 2012.

Salmon, Jean, Dictionnaire de droit international public, Brüssel 2001.

Sandoz, Yves, Land Warfare in: *Clapham, Andrew/Gaeta, Paola* (Hrsg.), The Oxford Handbook of International Law in Armed Conflict, Oxford 2014, S. 91–117.

Sandoz, Yves/Zimmermann, Bruno, Commentary on Protocol Additional to the Geneva Conventions of 12 August 1949, and relating to the Protection of Victims of International Armed Conflicts (Protocol I), 8 June 1977, Genf 1987.

Saxon, Dan, Introduction in: *Saxon, Dan* (Hrsg.), International Humanitarian Law and the Changing Technology of War, Leiden 2013, S. 1–16.

Schabas, William A., The International Criminal Court – A Commentary on the Rome Statute, Oxford 2010.

Schlögel, Anton, Geneva Red Cross Conventions and Protocols in: *Bernhardt, Rudolf* (Hrsg.), Encyclopedia of Public International Law – Vol. 2, Amsterdam 1995, S. 531–541.

Schmitt, Michael N., Precision attack and international humanitarian law, International Review of the Red Cross 87 (2005), S. 445–466.

Schmitt, Michael N., Targeting in operational law in: *Gill, Terry D./Fleck, Dieter* (Hrsg.), Handbook of the international law of military operations, Oxford 2010, S. 245–277.

Schmitt, Michael N., Autonomous Weapon Systems and International Humanitarian Law: A Reply to the Critics, Harvard National Security Journal – Online Feature (Februar 2013), S. unter http://harvardnsj.org/2013/02/autonomous-weapon-systems-and-international-humanitarian-law-a-reply-to-the-critics/, zuletzt abgerufen am 30. März 2015.

Schmitt, Michael N./Thurnher, Jeffrey S., „Out of the Loop": Autonomous Weapon Systems and the Law of Armed Conflict, Harvard National Security Journal 5 (2013), S. 231–281.

Schörnig, Niklas, Die Automatisierung des Krieges: Eine kritische Bestandsaufnahme in: *Schmidt-Radefeldt, Roman/Meissler, Christine* (Hrsg.), Automatisierung und Digitalisierung des Krieges – Drohnenkrieg und Cyberwar als Herausforderungen für Ethik, Völkerrecht und Sicherheitspolitik, Baden-Baden 2012, S. 33–59.

Schulzke, Markus, Robots as Weapons in Just War, Philosophy and Technology 24 (2011), S. 293–306.

Schulz, Marcel, Autonomie zur See in: *Frau, Robert* (Hrsg.), Drohnen und das Recht, Tübingen 2014, S. 103–118.

Schwarzenberger, Georg, The legality of nuclear weapons, London 1958.

Seiring, Olaf, Drohneneinsätze gegen feindliche Kämpfer – besteht eine Pflicht zur Gefangennahme als milderes Mittel? in: *Frau, Robert* (Hrsg.), Drohnen und das Recht, Tübingen 2014, S. 83–102.

Sharkey, Noel, Automated killers and the computing profession, Computer Journal (2007), S. 122–124.

Sharkey, Noel, Saying 'No!' to Lethal Autonomous Targeting, Journal of Military Ethics 9 (2010), S. 369–383.

Sharkey, Noel, Automating Warfare: Lessons Learned from the Drones, Journal of Law, Information and Science 21 (2011/2012), S. 140–154.

Sharkey, Noel, The evitability of autonomous robot warfare, International Review of the Red Cross 94 (2012), S. 787–800.

Singer, Peter W., Robots at war: the new battlefield, Wilson Quarterly 33 (2009), S. 30–48.

Singer, Peter W., War of the Machines: What Is the Real Story of Robotic Weaponry in: *Schmidt-Radefeldt, Roman/Meissler, Christine* (Hrsg.), Automatisierung und Digitalisierung des Krieges – Drohnenkrieg und Cyberwar als Herausforderungen für Ethik, Völkerrecht und Sicherheitspolitik, Baden-Baden 2012, S. 23–32.

Sliedregt, E. v., The criminal responsibility of individuals for violations of international humanitarian law, Den Haag 2003.

Sparrow, Robert, Killer Robots, Journal of Applied Philosophy 24 (2007), S. 62–77.

Sparrow, Robert, Building a Better WarBot: Ethical Issues in the Design of Unmanned Systems for Military Applications, Science and Engineering Ethics 15 (2009), S. 169–187.

Sparrow, Robert, Predators or plowshares? arms control of robotic weapons, IEEE Technology and Society Magazine 28 (2009), S. 25–29.

Sparrow, Robert, Robotic Weapons and the Future of War in: *Tripodi, Paolo/Wolfendale, Jessica* (Hrsg.), New wars and new soldiers – Military ethics in the contemporary world, Farnham 2011, S. 117–133.

Spoerri, Philip, Conclusions to International Humanitarian Law and New Weapon Technologies, 34th Round Table on current issues of international humanitarian law, San Remo 8-10 September 2011, International Review of the Red Cross 94 (2012), S. 814–817.

Stewart, Darren M., New technology and the law of armed conflict in: *Pedrozo, Raul A./Wollschlaeger, Daria P.* (Hrsg.), International law and the changing character of war, Newport 2011, S. 271–298.

Strebel, Helmut, Martens' Clause in: *Bernhardt, Rudolf* (Hrsg.), Encyclopedia of public international law - Vol. III, Amsterdam 1997, S. 326–327.

The Judge Advocate General's School, Air Force Operations and the Law – A Guide for Air, Space & Cyber Forces, 3. Auflage 2014.

Thurnher, Jeffrey S., The Law that applies to Autonomous Weapon Systems, ASIL insights 17 (2013), S. http://harvardnsj.org/2013/02/autonomous-weapon-systems-and-international-humanitarian-law-a-reply-to-the-critics/.

Thurnher, Jeffrey S., Examining Autonomous Weapon Systems from a Law of Armed Conflict Perspective in: *Nasu, Hitoshi/McLaughlin, Ro-*

bert (Hrsg.), New technologies and the law of armed conflict 2014, S. 213–228.

Ticehurst, Rupert, The Martens Clause and the Laws of Armed Conflict, International Review of the Red Cross 37 (1997), S. 125–134.

Triffterer, Otto, Der lange Weg zu einer internationalen Strafgerichtsbarkeit, ZStW 114 (2002), S. 321–371.

Triffterer, Otto, „Command responsibility" – crimen sui generis or participation as „otherwise provided" in Art. 28 of the Rome Statute? in: *Arnold, Jörg* (Hrsg.), Menschengerechtes Strafrecht – Festschrift für Albin Eser zum 70. Geburtstag, München 2005, S. 901–924.

Triffterer, Otto/Ambos, Kai (Hrsg.), Commentary on the Rome Statute of the International Criminal Court – Observers' notes, article by article, München, 2. Auflage 2008.

U.K. Ministry of Defence, The UK Approach to Unmanned Aircraft Systems – Joint Doctrine Note 2/11, 30. März 2011, unter https://www.gov.uk/government/uploads/system/uploads/attachment_data/file/33711/20110505JDN_211_UAS_v2U.pdf, zuletzt abgerufen am 30. März 2015.

U.K. Ministry of Defence, The Manual of the Law of Armed Conflict, Oxford 2004.

U.S. Department of Defense, Unmanned Aircraft Systems Roadmap 2010-2035, unter http://www.globalsecurity.org/intell/library/reports/2007/dod-unmanned-systems-roadmap_2007-2032.pdf, zuletzt abgerufen am 30. März 2015.

U.S. Department of Defense, Unmanned Systems Integrated Roadmap 2011-2036, unter https://publicintelligence.net/dod-unmanned-systems-integrated-roadmap-fy2011-2036/, zuletzt abgerufen am 30. März 2015.

U.S. Department of Defense, Unmanned Systems Roadmap 2007-2032, 2007, unter http://www.fas.org/irp/program/collect/usroadmap2007.pdf, zuletzt abgerufen am 30. März 2015.

U.S. Department of Defense, Dictionary of Military and Associated Terms – Joint Publication 1-02, vom 8. November 2010, zuletzt geändert am 15. August 2014, unter http://www.dtic.mil/doctrine/new_pubs/jp1_02.pdf, zuletzt abgerufen am 30. März 2015.

U.S. Department of Defense, Directive Number 3000.09 Autonomy in Weapon Systems, 21. November 2012, unter http://www.dtic.mil/whs/directives/corres/pdf/300009p.pdf, zuletzt abgerufen am 30. März 2015.

U.S. Department of the Navy, The Navy Unmanned Undersea Vehicle (UUV) Master Plan, 9. November 2004, unter http://www.navy.mil/navydata/technology/uuvmp.pdf, zuletzt abgerufen am 30. März 2015.

U.S. Department of Defense, Unmanned Systems Integrated Roadmap 2013-2039, unter http://www.defense.gov/pubs/DOD-USRM-2013.pdf, zuletzt abgerufen am 30. März 2015.

Vöneky, Silja, Implementation and Enforcement of International Humanitarian Law in: *Fleck, Dieter/Bothe, Michael* (Hrsg.), The Handbook of International Humanitarian Law, Oxford, 3. Auflage 2013, S. 647–700.

Wagner, Markus, Taking Humans out of the Loop: Implications for International Humanitarian Law, Journal of Law, Information and Science 21 (2011/2012), S. 155.

Wagner, Markus, Autonomy in the Battlespace: Independently Operating Weapon Systems and the Law of Armed Conflict in: *Saxon, Dan* (Hrsg.), International Humanitarian Law and the Changing Technology of War, Leiden 2013, S. 99–122.

Wagner, Norbert B., Aspekte des „Kriegsrechts" – Erwiderung auf Kay Wächter, JZ 2007, 61-68, unter http://www.humanitaeres-voelkerrecht.de/ErwiderungWaechter.pdf, zuletzt abgerufen am 30. März 2015.

Walzer, Michael, Just and Unjust Wars – A Moral Argument with Historical Illustrations, New York, 3. Auflage 1977 // 2000.

Weiner, Tim, New Model Army Soldier Rolls Closer to Battle, New York Times (16. Februar 2005.

Werle, Gerhard, Völkerstrafrecht, Tübingen, 3. Auflage 2012.

White, Stephen E., Brave New World: Neurowarfare and the limits of international humanitarian law, Cornell International Law Journal 41 (2008), S. 177–210.

Wieczorek, Judith, Unrechtmässige Kombattanten und humanitäres Völkerrecht, Berlin 2005.

Wright, Jason D., „Excessive" ambiguity: analysing and refining the proportionality standard, International Review of the Red Cross 94 (2012), S. 819–854.